HEYNE BÜCHER

Vom gleichen Autor erschienen außerdem
als Heyne-Taschenbücher:

Die Rollbahn · Band 497
Das Herz der 6. Armee · Band 564
Sie fielen vom Himmel · Band 582
Der Himmel über Kasakstan · Band 600
Natascha · Band 615
Strafbataillon 999 · Band 633
Dr. med. Erika Werner · Band 667
Liebe auf heißem Sand · Band 717
Liebesnächte in der Taiga · Band 729
Der rostende Ruhm · Band 740
Entmündigt · Band 776
Der letzte Karpatenwolf · Band 807
Die Tochter des Teufels · Band 827
Der Arzt von Stalingrad · Band 847
Das geschenkte Gesicht · Band 851
Privatklinik · Band 914
Ich beantrage Todesstrafe · Band 927
Auf nassen Straßen · Band 938
Agenten lieben gefährlich · Band 962
Zerstörter Traum vom Ruhm · Band 987
Agenten kennen kein Pardon · Band 999
Der Mann, der sein Leben vergaß · Band 5020
Fronttheater · Band 5030
Der Wüstendoktor · Band 5048
Ein toter Taucher nimmt kein Gold · Band 5053
Die Drohung · Band 5069
Eine Urwaldgöttin darf nicht weinen · Band 5080
Viele Mütter heißen Anita · Band 5086
Wen die schwarze Göttin ruft · Band 5105
Ein Komet fällt vom Himmel · Band 5119
Straße in die Hölle · Band 5145
Ein Mann wie ein Erdbeben · Band 5154
Diagnose · Band 5155
Ein Sommer mit Danica · Band 5168
Aus dem Nichts ein neues Leben · Band 5186
Des Sieges bittere Tränen · Band 5210
Die Nacht des schwarzen Zaubers · Band 5229
Alarm! – Das Weiberschiff · Band 5231
Bittersüßes 7. Jahr · Band 5240
Engel der Vergessenen · Band 5251
Die Verdammten der Taiga · Band 5304
Das Teufelsweib · Band 5350
Im Tal der bittersüßen Träume · Band 5388
Liebe ist stärker als der Tod · Band 5436
Haie an Bord · Band 5490
Niemand lebt von seinen Träumen · Band 5561
Das Doppelspiel · Band 5621
Die dunkle Seite des Ruhms · Band 5702
Das unanständige Foto · Band 5751
Der Gentleman · Band 5796
Konsalik – Der Autor und sein Werk · Band 5848
Der pfeifende Mörder/ Der gläserne Sarg · Band 5858
Die Erbin · Band 5919
Die Fahrt nach Feuerland · Band 5992
Der verhängnisvolle Urlaub/ Frauen verstehen mehr von Liebe · Band 6054

HEINZ G. KONSALIK

Dr. med. ERIKA WERNER

Roman einer jungen Ärztin

WILHELM HEYNE VERLAG
MÜNCHEN

HEYNE-BUCH Nr. 667
im Wilhelm Heyne Verlag, München

25. Auflage
Taschenbuchausgabe mit Genehmigung
des Hestia-Verlags, Bayreuth

Printed in Germany 1982
Umschlaggestaltung: Atelier Heinrichs, München
Umschlagfoto: Bildagentur Mauritius, Mittenwald
Gesamtherstellung: Zettler, Schwabmünchen

ISBN 3-453-00095-1

Sie stand verloren und ein wenig ängstlich in dem langen, weiß gekachelten Gang. Niemand beachtete sie.

Hinter den in Gummi gelagerten, lautlosen Türen mit den großen Milchglasscheiben hatte die Arbeit bereits begonnen. Einige Ärzte standen in Gruppen auf dem Gang, diskutierten und rauchten. Sie hatten die OP-Mäntel in den Vorbereitungszimmern gelassen. In weißen Leinenhosen und kurzärmeligen Hemden lehnten sie an der Wand und besprachen die Operation.

Den Eintritt der jungen Ärztin hatte niemand bemerkt. Als sie näher kam und den Kollegen zunickte, grüßte man nur kurz und sprach weiter.

Aufmerksam las Dr. Erika Werner den Tagesplan auf der Tafel: 10 Uhr. Neurinom. Doz. Dr. Bornholm. OP I.

Ihr Fall. Ihre erste Operation in diesem Riesenhaus der Hoffnungen und Schmerzen. Ihre erste Assistenz. Am vergangenen Abend war sie zu dieser Operation eingeteilt worden. Eilig war sie in die Bibliothek gerannt und hatte alles nachgelesen, was über Neurinome zu finden war. Bisher hatte sie nur gewußt, daß es Nervengeschwülste waren. Die halbe Nacht hatte sie am Tisch gesessen und die Operationslehren studiert. Am Ende wußte sie nur eins: Dr. Bornholm darf mich nicht ansehen. Ich werde alles falsch machen, wenn er mich ansieht.

Die Gespräche auf dem Gang verstummten. Aus der Tür kam ein mittelgroßer, stämmiger Mann. Sein weißes Haar war schweißverklebt, die Brille beschlagen. Mit kritischem Blick übersah er die Versammlung der auf dem Gang wartenden Ärzte. Dann wandte er sich wortlos ab und ging mit schnellen, kleinen Schritten davon.

Der Chef. Professor Dr. Rahtenau. Der König der Klinik.

Als die Tür hinter ihm zupendelte, atmeten die Ärzte auf. »Na ja, scheint alles geklappt zu haben!« sagte einer laut. »Der Alte meckert nicht. Jetzt wird's gemütlich.«

Erika Werner ging hinüber zu der Gruppe, die vor dem OP I stand. Das Team Dr. Bornholms, dem sie heute zugeteilt war.

Aus dem Aufzug rollte ein Bett durch den Gang. Ein 20jähriges Mädchen starrte mit großen, ängstlichen Augen auf die vielen weißen Gestalten.

Erika trat an das Bett heran. Sie hatte das Mädchen vor zwei Tagen auf ihrer Station kennengelernt. Dozent Dr. Bornholm hatte sich die Röntgenaufnahmen angesehen und fast zufrieden gesagt: »Welch ein Klotz von Neurinom im hinteren Mediastinum! Das werden wir herausholen! Bereiten Sie die Patientin auf die Operation vor.«

Dann war er weitergegangen, ohne Erika zu beachten. Das war er. Dozent Dr. Alf Bornholm. Der Mann, von dem die Patientinnen schwärmten wie Verliebte. Der Arzt, dessen Diagnosen selbst

Professor Rahtenau anerkannte. Der Chirurg, dessen Operationstechnik atemberaubend war.

Erika Werner beugte sich über das Bett und legte ihre Hand auf die schweißnasse Stirn des Mädchens.

»Sie brauchen keine Angst zu haben«, sagte sie leise. »Dr. Bornholm operiert Sie ja . . . In sechs Wochen sind Sie ganz gesund.«

»Versprechen Sie mir das?«

Erika Werner nickte. Sie strich behutsam über das schmale Gesicht des Mädchens.

Die Tür des OP I ging einen Spalt breit auf. Der Narkosearzt steckte seinen Kopf heraus. »Wo bleibt die Thorakotomie?« rief er in den Gang. »Soll ich den Tubus selber schlucken?«

Erika richtete sich auf. »Sie sind ja heute umwerfend höflich!«

»Ei, ei, wer ist denn das?« Der Kopf des Anästhesisten wakkelte im Türspalt. »Eine zartbesaitete Kollega! In einer Viertelstunde kommt der Oberarzt. Wenn dann die Kleine noch nicht intubiert ist, sollen Sie mal den Krach hören! Aber ich werde sagen: Zu was intubieren? Die Kollegin narkotisiert durch Handauflegen!«

Die Ärzte auf dem Gang lachten. Erika Werner drehte sich wütend um. Das Bett mit dem ängstlichen Mädchen rollte in den Vorbereitungsraum des OP I. Idioten, dachte sie. Nur weil man ein Mädchen ist, nehmen sie sich diese Frechheiten heraus. Dabei sind sie wie geprügelte Hunde, wenn der Chef kommt.

Mit gesenktem Kopf wollte sie zur Tafel zurückgehen. Aber nach ein paar Schritten stieß sie gegen eine weiße Brust. Erschrokken sah sie hoch.

Oberarzt Dr. Bornholm stand vor ihr. Er war verblüfft. Daß man seine 1,85 Meter übersehen konnte, war ihm neu.

»Hoppla!« sagte er. »Rammen Sie immer Ihren Kollegen den Brustkorb ein?«

Erika trat einen Schritt zurück. »Verzeihung, Herr Oberarzt! Ich bin nur wütend. Ich scheine hier kindische Kollegen zu haben.«

Bornholm sah hinüber zu den grinsenden Ärzten, dann zurück auf Erika Werner. Ihr Gesicht war gerötet, die blauen Augen brannten vor Zorn. Hübsch, dachte er, und jung . . .

»Das alte Spiel, liebe Kollegin. Männer kommen sich immer unendlich überlegen vor! Beachten Sie sie nicht! Wie lange sind Sie bei uns?«

»Vierzehn Tage, Herr Oberarzt. Auf Station III. Es ist meine erste Stelle . . .«

»Vierzehn Tage schon, und ich habe Sie noch nicht gesehen? Das soll anders werden. Sicherlich habe ich einen blauen Fleck auf der Brust. Ich werde ihn — wie heißen Sie übrigens?«

»Erika Werner.«

»Richtig! Ich werde den blauen Fleck ›Hämatom Erika Werner‹ nennen!«

Erika spürte, daß sie bis unter die Haarwurzeln rot anlief. Bornholm schien es nicht zu merken. »Alles klar, meine Herren?« wandte er sich an sein Team.

»Patientin wird eben intubiert.«

Bornholm sah auf die Uhr. Noch zehn Minuten. »Ich darf Ihnen eine neue Kollegin vorstellen. Dr. Erika Werner. Die Begrüßung durch Sie war nicht gerade korrekt. Ich nehme an, daß Sie sich in Zukunft zu benehmen wissen.«

Bornholm ging als erster in den Vorbereitungsraum. Die anderen warteten und sahen auf Erika.

»Nach Ihnen«, sagte einer. In der Stimme lag so viel Spott, daß Erika stehenblieb und als letzte den Raum betrat.

»Wir werden eine transpleurale hintere Mediastinotomie machen«, sagte Bornholm, während er sich die Arme schrubbte und immer wieder unter das heiße Wasser hielt. »Das Neurinom ist ziemlich zentral. Lassen Sie die Patientin in die Overholtsche Bauchlage bringen.«

Der 1. Assistent nickte. Erika sah, wie er durch ein Telefon die Anweisung in den OP gab.

Mit erhobenen Händen stand Bornholm im Raum. Eine Schwester band ihm die Gummischürze um, eine andere streifte ihm die Handschuhe über. Mundtuch und Kappe wurden aus den Sterilbehältern genommen.

Das Telefon summte. Vom OP rief die Oberschwester an. Alles fertig.

»Wir können«, sagte der 1. Assistent.

»Sie werden die Nummer vier machen«, sagte Bornholm zu Erika. »Und passen Sie genau auf: Wenn ich ›sperren‹ sage, müssen Sie die Wundspalte mit dem Rippensperrer weit offenhalten.«

»Ich will mir alle Mühe geben«, sagte Erika leise.

»Nur Mut!« Bornholm nickte ihr zu.

Fasziniert sah sie, wie Bornholm den Mediastinalraum öffnete, wie er die Pleurakuppel und den großen Tumor freilegte. Ein fast faustdickes Gewächs, das die obere Hohlvene abzudrücken begann und mit ihr die Venen am Hals und im Brustkorb.

»Das ist ein Klotz, was?« sagte Bornholm zufrieden. »Vor zwanzig Jahren war so ein Eingriff noch eine Großtat, unsere Eltern waren rettungslos verloren, und bei unseren Großeltern konnte man so etwas noch nicht einmal diagnostizieren. So herrlich weit haben wir's gebracht! Nur gegen den Schnupfen gibt's kein Mittel!«

Die Ärzte lachten. Ein Bornholm-Witz mußte belacht werden. Bornholm galt als der kommende Mann . . .

Vorsichtig trennte Bornholm das Neurinom heraus. Blutungen wurden sofort gestillt, die Wundhöhle mit einem Sauger freigehalten. Die letzten Schnitte machte Bornholm mit einem Elektromesser. Die feinen Blutgefäße schlossen sich dabei von selbst.

Bornholm sah zu Erika, als er den Tumor gelöst hatte.

›Na‹, hieß dieser Blick, ›Nummer vier, wo bleibst du?‹

Erika beugte sich über die Operationshöhle. Mit beiden Händen griff sie hinein und umfaßte den Tumor. Ganz vorsichtig hob sie ihn heraus, den Tod, den Bornholm herausgeschnitten hatte. Jetzt nichts mehr als ein widerlicher Klumpen.

Sie warf ihn in den Eimer unter den Tisch. Der 1. Assistent reinigte die Wundhöhle. Unter dem Kopf des Mädchens saß der Anästhesist, das Stethoskop in den Ohren. Die Membrane hatte er mit Leukoplast auf die Brust des Mädchens geklebt. Neben ihm zitterten die Zeiger der Kontrolluhren.

»Atmung normal – Puls weich – Herz unregelmäßig ...«

Auf einen Wink Bornholms wurde eine Blutkonserve angesetzt. Während das frische Blut in den Körper floß, suchte er in der Tiefe der Brustkorbhöhle nach möglichen kleineren Tumoren.

Erika hielt einen starken Handscheinwerfer in die Wundhöhle.

»Nichts«, sagte Bornholm zufrieden. »Wir können zumachen.« Er nickte dem 1. Assistenten zu und trat vom OP-Tisch zurück. Seine Arbeit war getan. Das Schließen der Wunde war Assistentenarbeit.

»Sie können mitkommen, Fräulein Werner«, sagte er. »Das machen die Kollegen schon allein.«

Gehorsam trat Erika von der Patientin zurück. Sie sah nicht, wie die Blicke der Ärzte ihr folgten, als sie den OP verließ.

»Was hat er denn?« fragte der 1. Assistent und knotete einen Faden in der Tiefe der Pleurahöhle. »Seit wann kümmert der sich um den Nachwuchs?«

»Wenn er weiblich ist und so nett wie die Kleine?« Der zweite Assistent streckte die Hand aus und nahm der Instrumentenschwester die Nadel mit der eingefädelten Seide ab.

»Blödsinn! Bornholm hat andere Pläne. Man munkelt von der Tochter des Alten. Eine solidere Stufe auf der Leiter des Ruhms kann er sich gar nicht bauen.«

»Quatscht nicht!« Der Anästhesist kontrollierte Atmung und Herztätigkeit. »Macht zu, und zwar schnell! Ich habe Durst auf 'ne Tasse Kaffee mit Cognac. Im übrigen ist Bornholm viel zu arrogant, um sich für ein Mädchen wie die Werner zu interessieren ...«

Stumm arbeiteten die Ärzte weiter.

Die bequemen Sessel im Zimmer des 1. Oberarztes waren so tief, daß die weiblichen Besucher nur sitzen konnten, wenn sie die engen Röcke hochschoben. Bornholm hatte eine Schwäche für ein schönes Frauenbein.

Erika saß auf dem vorderen Sesselrand. Sie sah zu, wie Bornholm zwei Gläser aus einem Wandschrank holte und aus einer geschliffenen Glaskaraffe dunkelgoldenen Cognac eingoß.

»Machen Sie es sich bequem, Kollegin«, sagte er. Sie hat schöne, schlanke Beine, dachte er dabei. Dünne, sehnige Fesseln. Lange Oberschenkel. Auch ihr Gesicht ist nett. Lebensfrische mit einem Hauch Mädchenhaftigkeit. Nur die Augen sind anders. In ihrem Blau liegt Willenskraft und Träumerei. Eine erregende Mischung.

»Prost!« Erika Werner trank einen kleinen Schluck. Es schmeckte seifig. Französischer Cognac, dachte sie.

»Sie kommen aus München?« fragte Dr. Bornholm. Erika stellte das Glas auf die Sessellehne.

»Ja. Mein Vater war dort Vertreter, bis er durch einen Autounfall starb. Mutter machte einen Buchladen auf, damit ich weiterstudieren konnte. Ich habe Nachhilfestunden gegeben, in den Semesterferien in Kindergärten gearbeitet — schließlich habe ich es dann doch geschafft.«

»Tapfer, tapfer!«

Dr. Bornholm trank sein Glas aus. Er musterte Erika Werner aus den Augenwinkeln. »Sie wollen in der Chirurgie bleiben? Es ist äußerst selten, daß ein Mädchen . . .«

»Warum sehen die Männer uns Frauen immer als zweitrangig an?« Erika hob die Brauen. »Darf man nur Kinderärztin werden?«

»Kinder! Sie sprechen es aus. Eine Frau ist dazu da . . .«

»O Gott, die alte Walze!« Erika knöpfte ihren weißen Kittel wieder zu. »Schönen Dank für den Cognac. Ich glaube, ich muß zu der Frischoperierten.«

»Das macht Ihr Stationsarzt.« Dr. Bornholm goß sich noch einmal das Glas voll. »Ich habe was anderes für Sie. Einige externe Fälle, die wir beobachten. Darunter ein Bronchialkarzinom. Ich fahre morgen vormittag hinaus zu dem Kranken. Sie können mich begleiten.«

»Morgen habe ich Stationsdienst.«

»Dann lassen ich Sie mit einem anderen Assistenten tauschen. Ich möchte Ihnen diesen Fall vorstellen. Morgen früh zehn Uhr am zweiten Ausgang.«

Erika Werner verließ das Zimmer. Erst auf dem Flur fiel die Beherrschung von ihr ab. Sie lief die Treppe empor und schloß sich in ihrem kleinen Zimmer ein. Erschöpft ließ sie sich auf das Bett fallen.

Er hat mit mir gesprochen, dachte sie. Er hat mich in sein

Zimmer geholt. Er hat mir einen Cognac angeboten. Er nimmt mich mit zu seinen Privatpatienten.

Der große Bornholm. Der Mädchentraum.

»Sie werden staunen, Erika, wenn Sie den Mann sehen.«

Bornholm sah auf seine goldene Armbanduhr. Burschikos hatte er den Hut in den Nacken geschoben, den Schlips heruntergezogen und den Hemdkragen geöffnet. Erika Werner lehnte sich zurück. Sie saßen in seinem großen amerikanischen Wagen. Um sie herum das Panorama einer großartigen Bergwelt. Die Schneegipfel leuchteten in der Sonne. Aus den Tälern und Schluchten zogen Nebelschleier in den blauen Himmel und lösten sich dort auf.

Sie hielten vor einem der großen Bauernhäuser mit den geschnitzten Holzbalkonen und den herrlich bemalten Fronten. Ein Hüne von Mannsbild kam ihnen entgegen. Gesund aussehend, kräftig, in einer langen Lederhose, mit Muskeln, die das Hemd zu sprengen schienen.

»Mir geht's sauguat, Doktor!« brüllte er schon in der Tür.

Bornholm untersuchte ihn gründlich.

»Wir müssen mal wieder röntgen«, sagte er dann. »Jedes Vierteljahr ...«

»I bin g'sund, Doktor! Aba guat, ich komm'. Nächste Wochen. Dös is a fesch's Madl, dös S' bei sich hab'n. Auch a Doktorin?«

»Und eine gute dazu!«

»Mag's an Enzian?«

»Aber sicher.«

»Tja«, sagte Bornholm später, als der Großbauer sie einen Augenblick allein ließ. »Ein Bär, nicht wahr? Aber seine Milz ist übernormal geschwollen, und in der Leber sitzen die Metastasen. Noch merkt er nichts. In drei Monaten sieht es anders aus.« Bornholm steckte sich eine Zigarette an.

»So gemein ist das Leben, liebe Kollegin. So hinterlistig und brutal. Es stiehlt uns die Stunden, und wir merken es erst, wenn es zu spät ist. Man sollte daraus lernen.«

»Was lernen, Herr Oberarzt?«

»Das Leben zu ergreifen, wo man es greifen kann. Man sollte das Leben nicht hinnehmen, sondern ihm entgegenlaufen. Es kommt ja nichts wieder, keine Minute, keine Sekunde. Plötzlich sind sechzig oder siebzig Jahre herum – es geht zu Ende, und man weiß nicht einmal, warum man gelebt hat! Das ist doch furchtbar, Erika! Wenn ich daran denke, bekomme ich Angst. Ich möchte nichts versäumen, was das Leben bietet.«

»Ist das nicht eine gefährlich Philosophie, Herr Oberarzt?«

»Nicht gefährlicher als das Leben selbst.«

»Ich weiß nicht.« Erika hob die Schultern. »Vielleicht bin ich noch zu jung, um das zu verstehen. Ich habe Ziele, Ideale, Vorstellungen, wie mein Leben sein soll.«

»Ich bin mit meinen siebenunddreißig Jahren auch noch kein Greis!« Dr. Alf Bornholm zerdrückte seine Zigarette und trank den Enzian aus. »Aber ich habe gelernt. Ich beneide jeden Menschen, der noch Ideale hat — und gleichzeitig bedaure ich ihn.«

Dann saßen sie im Wagen, sahen zu den Schneegipfeln auf. Sie betrachteten atemlos die herabstürzenden Wildwasser, aßen in einer Sennhütte Spiegeleier mit Speck und tranken frische Milch dazu, wanderten über die Almen und lagen in der Sonne, im hohen Gras, umgeben von Blumen und den schweigenden Bergriesen mit ihren glitzernden Gipfeln und steil abfallenden, zerklüfteten Wänden. Die Klinik war vergessen.

Als die Dämmerung über die Grate kroch und die Sonne hinter den Felsen sank, richtete Erika sich auf. Bornholm lag neben ihr im Gras, mit geschlossenen Augen, als schlafe er. Sie betrachtete ihn lange. Das schmale, kantige Gesicht, den zusammengepreßten Mund, die Falten, die sich in die Mundwinkeln eingegraben hatten, das harte Kinn . . .

Wieder stieg Angst in ihr auf. Sie sah zur Seite auf die Alm und das Tal, das vor ihnen lag. Es war ja alles Dummheit. Die kleine Assistentin und der große Chirurg. Wie konnte sie nur solchen Unsinn denken?

Mit einem Sprung stand sie auf. Bornholm blinzelte zu ihr hoch.

»Warum diese Unruhe?«

»Es wird dunkel. Wir fahren bestimmt drei Stunden bis zur Klinik.«

Bornholm sah auf seine Uhr. »Schon sechs . . . Wir müssen tatsächlich fahren!« Er sprang auf, legte den Arm um Erikas Schulter und zog sie an sich. »War das ein schöner Tag?« fragte er.

Erika nickte verstört. »Ja«, sagte sie leise. Sie befreite sich aus seinem Griff und strich die Haare aus dem Gesicht. »Gehen wir . . .«

Sie rannte den leichten Hang hinab zum Weg, wo der Wagen parkte. Ihr weiter Rock flatterte, die Haare wehten im Wind.

Bornholm sah ihr nach. Seine Unterlippe wölbte sich leicht vor. »Elf Jahre jünger als ich. Elf Jahre Jugend — man kann sie nicht einholen. Man kann sie nur nehmen, erobern, an sich reißen.«

Langsam ging er hinunter. Erika saß schon im Wagen. Das Radio plärrte einen Charleston.

Er stieg ein und ließ den Wagen an. Vorsichtig fuhr er hinab auf die Chaussee, aber nicht zurück ins Tal, sondern weiter in die Berge. Über steile Serpentinen schraubte er sich in die Felsen, bis die Straße enger wurde, die feste Decke aufhörte und nur ein Schotterweg in die Wildnis zu führen schien.

»Verfahren wir uns nicht?« fragte Erika und sah mit einem leichten Schauder hinaus. Neben ihr fiel der Berghang steil ab, bewachsen mit Krüppelkiefern und Latschen.

Alf Bornholm bremste. Mit jugendlichem Schwung sprang er auf den Weg.

»Hier wartet unser Abendessen.«

»Hier?«

»Lassen Sie sich überraschen, Erika.«

Nach ein paar Schritten standen sie vor einem kleinen, weißen Haus mit hellgrünen Fensterläden, einem winzigen, verwitterten und zugewachsenen Garten und einem mächtigen Stapel Holzscheite. Die Läden waren zugeklappt, die Tür verriegelt. Erika blieb stehen.

»Fehlanzeige – niemand zu Hause!«

»Aber ja«, lachte Bornholm. »Wir sind doch da!«

Er griff in die Tasche, zog ein Schlüsselbund heraus und begann aufzuschließen.

»Na, ist das vielleicht keine Überraschung?«

»Das kann man wohl sagen.«

»Ich werde uns ein Abendessen kochen, wie es das Palast-Hotel nicht besser kann.« Er drehte sich um, stieß die Tür auf und machte eine einladende Handbewegung. »Wenn es gefällt: Haifischflossensuppe, kaltes Huhn mit Sauce Bearnaise, Omelette mit Trüffeln gefüllt, Fruchtsalat mit Maraschino, Cognac und Mokka ...«

»Sie sind ein Zauberer, was?« Erika lachte, aber es klang ein wenig gequält.

Die Hütte war mit modernen Möbeln ausgestattet, hell, großräumig, farbenfroh und voller Phantasie. Von der Balkendecke hingen an dicken Hanfseilen runde, schwebende Sessel. Auf dem Boden lagen weiße, langhaarige Lammfelle. Im Hintergrund, durch einen Vorhang vom Raum getrennt, stand ein breites, langes Bett.

»Na, wie gefällt es Ihnen?« Bornholm stieß die Fensterläden auf. Die Abendsonne flutete rotgolden in den Raum, die weißen Felle leuchteten, durch das Flechtwerk der hängenden Sessel warf das Licht bizarre Schattenmuster auf den Boden. Erika stand staunend an der Tür.

»Man sollte es nicht für möglich halten«, sagte sie leise.

Er klappte einen Propangasherd aus der Wand, öffnete den Eisschrank und suchte aus dem Stapel Büchsen sein angekündigtes Souper zusammen. Dann holte er eine Weinflasche aus der Ecke, warf sie Erika zu und den Korkenzieher hinterher.

»Kredenzen Sie uns den Begrüßungstrunk«, rief er. »Köche sind immer durstig!«

Bald brutzelte es in der Pfanne. Erika schaukelte in einem der hängenden Sessel.

»Sogar Musik haben wir hier. Mit Batterie! Bitte!« Er drehte ein Radio an. Ein langsamer Walzer klang durch den Raum. Bornholm setzte sich auf ein Kissen zu Füßen der schaukelnden Erika und prostete zu ihr hinauf.

»Was denken Sie jetzt eigentlich, Fräulein Doktor?«

Erika stemmte die Beine gegen den Boden und bremste. »Ich denke jetzt nur, wie schön Sie es hier haben. Weiter nichts.«

»In diesem Raum habe ich die ersten Grundlagen für meine wissenschaftliche Arbeit gefunden. Im Herbst lebt man hier über den Wolken. Die Erde ist ein Nebelmeer. Manchmal reißt es auf, und man sieht alles ganz klar. So ging es mir auch mit meiner Blutforschung ...« Er schwieg sekundenlang. »Ein faszinierendes Thema. Wenigstens für mich. Was wissen wir vom Leben? Was wissen wir vom Blut? Erst für uns moderne Chirurgen ist die Arbeit am offenen Herzen durch die Herz-Lungen-Maschine möglich geworden. Aber wie viele Geheimnisse liegen noch darin!«

Er stellte sein Glas auf den Boden und drehte das Radio leiser. Erika sah ihm nach, wie er durch den Raum ging, groß, schlank, mit eleganten, geschmeidigen Bewegungen. Ihr Herz klopfte plötzlich.

»Die große Sehnsucht der gesamten Medizin ist die völlige Kenntnis vom Blut, ihr Traum die künstliche Herstellung von Blut. Wir haben Plasma, wir können den Flüssigkeitshaushalt des Körpers mit physiologischer Kochsalzlösung ausgleichen, nur die genaue chemische Zusammensetzung des Blutserums — die kennen wir nicht. Gelingt uns das ...« Er hantierte in der Küche und sprach leise weiter, wie zu sich selbst: »Wir würden das Geheimnis allen Lebens in der Hand halten!«

»Und daran arbeiten Sie?« fragte Erika kaum hörbar.

Bornholm nickte. Er stach mit einer Gabel in das Steak, legte es auf einen Teller, garnierte mit Tomatensalat und brachte Erika den Teller an das offene Fenster.

»Ich habe nun einmal diese fixe Idee. Vielleicht ist es eine Wahnidee ... Aber warum soll es nicht gelingen, Blut herzustellen?«

»Das ist doch unmöglich!«

»Wer vor fünfzig Jahren gesagt hätte: Ich werde eine verengte Mitralklappe mit einem Fingermesser spalten, den hätte man in eine Irrenanstalt gesperrt. Und wer gesagt hätte: Ich werde einen zerbrochenen Oberschenkel durch einen Marknagel wieder festmachen, den hätte man als Scharlatan aus der Stadt getrieben.

Heute ist das alles selbstverständlich. Immer mehr bröckeln die Geheimnisse ab — warum soll es nicht mit dem Blut ebenso sein?« Er stellte den Teller auf das Fensterbrett. »Wollen Sie einmal mein Labor sehen?«

»Gern, Herr Oberarzt.«

»Und darf ich Sie dann fragen, ob Sie mitarbeiten wollen an diesem Traum?«

»Ich?« Erika preßte die Hände hinter sich gegen die Wand. Sie atmete schnell. »Ich bin doch nur eine kleine Assistenzärztin. Ich habe doch gar keine Ahnung ...«

Bornholm sah sie groß an. Seine graublauen Augen drangen in sie ein.

»In Ihren Augen ist etwas, das mich zu dieser Frage berechtigt«, sagte er langsam. »Sie können an etwas glauben und für diesen Glauben sich selbst aufgeben. Solche Menschen suche ich, Menschen, die sich ganz einer Idee verschreiben. In Ihren Augen liegt etwas von dieser Selbstaufgabe. Wollen Sie es versuchen, Fräulein Werner?«

»Ja ...«, stammelte sie. »Ja. Ich will es versuchen.«

»Wissen Sie jetzt, warum ich Sie in meine Hütte mitgenommen habe? Ich wollte Sie kennenlernen. Fern vom Klinikbetrieb. Jetzt kann ich sagen: Ich würde mich freuen, wenn Sie meine Mitarbeiterin würden.« Er hob abwehrend die Hand. »Sagen Sie noch nichts. Sehen Sie sich erst bei mir um. Und denken Sie daran, daß unsere Arbeit zusätzlich ist — nach dem Dienst. Sie werden viele Nachtstunden opfern müssen.«

»Ich habe keine Angst davor.«

»Bravo!« Er strich Erika über das Haar. Es fühlte sich an, als berühre sie ein starker elektrischer Strom. Sie schloß die Augen und preßte die Lippen zusammen. »Trinken wir auf unsere Zusammenarbeit!«

Der schwere, süße Wein löste die Schüchternheit, die sie befallen hatte. »Was werden sie in der Klinik dazu sagen?« fragte sie.

»Wieso?« Sein Erstaunen war echt.

»Sie kennen doch die Kollegen, Herr Oberarzt.«

»Und?« fragte er nur, »stört Sie das?«

Wieder spürte Erika die heiße Röte in ihr Gesicht steigen. Sie nahm das Glas, ging zurück zum Hängesessel und setzte sich. Mit einem Zug trank sie das Glas leer.

»Ich glaube, ich habe einen Schwips!« sagte sie schaukelnd. »Alles schwebt an mir vorbei ...«

Bornholm lachte. Er hielt den Sessel an und hob Erika aus der Sitzschale.

»Ich gehe jetzt noch einmal ums Haus, um zu sehen, wie das

Wetter ist. Wenn ich zurückkomme, liegen Sie im Bett, verstanden?«

Erika stand leicht schwankend mitten im Zimmer und sah sich um. »Und wo schlafen Sie?«

»Auf einer Luftmatratze.« Er führte sie zu dem großen Bett und stellte sie davor. »So. In zehn Minuten schlafen Sie. Gute Nacht!«

»Gute Nacht ...«

Erika sah, wie er draußen am Fenster vorbeiging. Dann drehte sich das Zimmer wieder. »Der Wein«, dachte sie, »dieser honigsüße Wein ... Wenn er mich jetzt umarmen würde, ich würde einfach die Augen schließen und glücklich sein. So verrückt bin ich, so voller Sehnsucht, so dumm ...«

Sie ließ sich auf das Bett fallen. Kaum lag sie da, schlief sie ein wie in einer schweren Betäubung.

Als Dozent Dr. Alf Bornholm in die Hütte zurückkam, zog er Erika die Schuhe aus und legte eine Decke über ihren Körper. Dann blies er eine Luftmatratze auf und rauchte noch eine Zigarette, ehe er das Licht löschte. Aber er schlief nicht sofort ein. Er lauschte auf den Atem Erikas und wunderte sich über sich selbst.

Es war eine ungewohnte Situation, die Alf Bornholm staunend auskostete.

Als Erika Werner aufwachte, wirtschaftete Bornholm bereits in der Küchenecke. Er kochte Kaffee.

»Guten Morgen, Herr Oberarzt«, sagte sie leise. Er fuhr herum und hob entschuldigend die Arme.

»Guten Morgen, Fräulein Assistentin.«

Er nahm ein Tablett, stellte Geschirr darauf, goß den Kaffee auf, holte Sandwiches aus dem Eisschrank und kam hinüber zu dem kleinen Tisch, der vor dem Bett stand. Er deckte den Tisch, goß Erika und sich Kaffee ein und sah sie fragend an.

»Zucker?«

»Zwei Stückchen.«

»Gut geschlafen?«

»Wie eine Ratte.«

Erika nahm ein Sandwich und ihre Tasse. Mit Gewalt zwang sie sich, die Hand ruhig zu halten. »Wie spät ist es?« fragte sie, nur um etwas zu sagen.

»Kurz nach acht.« Dr. Bornholm sah auf seine Armbanduhr. »In einer halben Stunde müssen wir abfahren. Ich habe heute noch eine Operation. Übrigens – dort hinten in der Ecke ist eine Brause. Den Wasserbehälter habe ich vorhin vollgepumpt.« Er trank seinen Kaffee aus und erhob sich. »Ich gehe solange spazieren. Frische Luft in die Lungen – das sollte man allen sagen. Es gäbe viel weniger Bronchialkarzinome, wenn die Menschen vernünftig atmen lernten!«

Eine halbe Stunde später hatten sie das Geschirr gespült und aufgeräumt. Während Bornholm die Hütte abschloß, ging Erika schon zum Wagen und starrte hinunter ins Tal.

Aber der Weg war in Nebel gehüllt.

Noch vor dem Mittagessen wurde Dr. Bornholm zu Professor Rahtenau gerufen. Der Oberarzt hatte die Visite gemacht. Erika hatte ihn durch die Station geführt, als sei die vergangene Nacht nicht gewesen. Nur als Bornholm sich auf dem Flur verabschiedete, sagte er leise:

»Ich werde gleich mit Rahtenau sprechen und Sie vom Vormittagsdienst befreien lassen. Haben Sie es sich überlegt?«

»Da gibt es nichts zu überlegen, Herr Oberarzt. Ich betrachte es als eine Auszeichnung.«

Erika blieb an der Tür stehen und sah ihm nach, wie er die Treppe zur Unfallstation hinabging. Die Stationsschwester kam mit einem Tablett aus der Teeküche. Über ihr Gesicht zog ein mildes Lächeln.

»Ein herrlicher Mann, was?« sagte sie leise. Erika zuckte zusammen wie eine ertappte Diebin. »Halten Sie Ihr Herz ganz fest, Fräulein Doktor. Er wird bald die Tochter des Chefs heiraten.«

Erika fror plötzlich. »Die Tochter von Rahtenau? Wirklich?« Ihre Stimme war tonlos.

»Alle in der Klinik warten auf die Verlobungsmeldung. Das Mädchen vom Chef hat versprochen, gleich anzurufen, wenn es soweit ist ...«

Erika senkte den Kopf und ging auf ihr Zimmer. Eine dumme Gans bin ich, dachte sie. Natürlich die Tochter des Chefs. Warum tut das so weh?

Professor Rahtenau thronte hinter einem Stapel von Krankenblättern und Röntgenbildern, als Bornholm eintrat.

»Herr Bornholm«, sagte er, »ich habe Sie vermißt. Auf meinem Terminkalender steht: Durchsprache Operationsplan mit OI. 10 Uhr.«

»Ich bin erst kurz vor 11 Uhr aus den Bergen zurückgekommen, Herr Professor.«

»Das habe ich gehört. Vielleicht geben Sie mir die genaue Adresse Ihrer geheimnisvollen Baude bekannt? Dann kann ich in Zukunft zu Ihnen hinauskommen und die Klinikangelegenheiten durchsprechen. Mir macht das gar nichts aus.« Es sollte spöttisch klingen, aber Rahtenaus Stimme war so scharf, daß der Spott zu einer Anklage wurde. Bornholm verbeugte sich leicht.

»Ich hatte versäumt, mich zu entschuldigen. Ich hole es hiermit nach, Herr Professor.«

»Das müssen Sie jemand anderem sagen, Bornholm. Petra hat sich bei mir beschwert. Sie hatten eine Verabredung mit meiner Tochter, gestern abend. Im Parkhaus. Ganz abgesehen davon, daß ich zum erstenmal höre, daß Sie sich mit meiner Tochter treffen — ich finde es wenig schmeichelhaft, daß Sie Petra einfach sitzenlassen. Sie hat über eine Stunde gewartet!«

»Mein Gott!« Bornholm war ehrlich verlegen. »Ich gestehe, daß ich ...«

»Geständnisse sind woanders abzugeben!« Professor Rahtenau lächelte schwach. »Seit wann kennen Sie meine Tochter? Und warum erfahre ich das erst durch Ihre Vergeßlichkeit? Warum diese Heimlichkeit? Herr Bornholm — ich bin jetzt nicht Ihr Klinikchef, sondern nur der Vater von Petra. Ich bitte um Ihre Erklärung!«

Bornholm nickte. Die Peinlichkeit der Lage machte ihn unsicher. Daß er eine Verabredung mit Petra vergessen konnte, war mehr als nur eine Beleidigung der Tochter Rahtenaus. Es war ein Riß in einem wohldurchdachten Gebäude, den er sofort beheben mußte.

»Ich kenne Ihr Fräulein Tochter seit einem halben Jahr.«

»Was?« Rahtenau setzte sich mit durchgedrücktem Rücken auf. »Und das erfahre ich erst jetzt? Eine ganz klare Frage, Bornholm: Lieben Sie meine Tochter?«

»Diese Frage ist etwas direkt, Herr Professor!« Dr. Alf Bornholm war sichtlich verlegen. Er dachte an Petra Rahtenau, die Tochter des Chefs. Gewiß, ein nettes, schlankes, blondes Mädchen mit einem runden Gesicht und Kulleraugen, etwas exaltiert und mit den Manieren eines Mädchens, das in einem sorgenfreien Haus aufgewachsen war. Sie war weder hübsch noch alltäglich, weder klug noch affig, weder versnobt noch hausbacken ... sie war eigentlich von allem etwas, eine Mischung aller Eigenschaften, die man umfassend mit ›modern‹ bezeichnet. Und außerdem war sie die einzige Tochter des Ordinarius für Chirurgie. Das war für Alf Bornholm in erster Linie maßgebend. Aber Liebe? Alf Bornholm sah Professor Rahtenau etwas verlegen an.

»Um Ihre Frage klar mit einem Ja beantworten zu können, müßte ich mir über die Gefühle Ihrer Tochter klar sein, Herr Professor. Das ist aber nicht der Fall. Wir sind gute Freunde, wenn man so sagen darf. Es ist zwischen uns nie ein Wort über tiefere Gefühle gefallen, und ich versichere ...«

»Schon gut!« Professor Rahtenau winkte ab. »Meine Tochter war jedenfalls sehr böse! Was sie alles gesagt hat, möchte ich nicht wiederholen.« Er winkte wieder zu dem Sessel hin. Bornholm setzte sich.

»Ein ehrliches Wort, Herr Bornholm: Haben Sie feste Absichten mit Petra?«

»Ja, Herr Professor.«

»Das freut mich!« Es klang ehrlich. »Sie wissen, ich schätze Sie als guten Chirurgen, und Ihre Habilitierung war ein kleines Glanzstück. Wenn jetzt noch eine familiäre Bindung hinzukommt, bin ich sehr glücklich darüber.«

»Ich habe mit Petra noch nicht darüber ...«

»Ich weiß, ich weiß. Unter Männern aber kann man etwas weiterdenken. Sie haben doch die Absicht, eines Tages bei mir im dunklen Anzug zu erscheinen ...« Professor Rahtenau lachte und goß Bornholm ein Glas Rotwein ein. »Ich gebe heute abend eine kleine Gesellschaft. Sie kommen auch ...«

»Verbindlichsten Dank, Herr Professor.« Dr. Bornholm verbeugte sich im Sitzen und nippte an dem Rotwein. »Wenn Sie vorher bei Petra ein gutes Wort für mich einlegen wollen ...«

»Noch nicht verheiratet, und schon Manschetten vor der Frau!« Rahtenau lachte schallend. »Lieber Bornholm, das fängt ja gleich fröhlich an! Wenn's auch meine Tochter ist ... lassen Sie sich nichts gefallen! Frauen sind Raubkatzen, die gern ihre Krallen zeigen ... sie beugen sich nur zwei Dingen: Dem harten Dompteur und einem zärtlichen Streicheln. Beides zu verbinden und gut zu dosieren, ist die Kunst des erfolgreichen Ehemannes! Prost! Bis heute abend!«

Dozent Dr. Alf Bornholm ging nach dieser merkwürdigen Unterredung sehr nachdenklich in sein Oberarztzimmer zurück. Von den Stationen waren die Morgenberichte bereits eingegangen, Röntgenplatten von Neuaufnahmen, Todesscheine von drei Verstorbenen, Krankengeschichten von Neuanmeldungen. Unlustig, immer wieder durch die Gedanken an Petra abgelenkt, ging er die Röntgenplatten durch. Als es klopfte, hörte er es gar nicht. Erst, als Dr. Erika Werner schon im Zimmer stand, sah er fast erschrocken hoch.

»Ich habe Sie gar nicht gehört!« sagte er und schichtete die Röntgenplatten aufeinander. »Ist etwas Besonderes?«

»Sie wollten mir die Labors zeigen, Herr Oberarzt.« Erikas Stimme klang steif, ein wenig heiser. Sie zwang sich, nicht an den vergangenen Tag zu denken und an den Zauber, den sie in der einsamen Berghütte wie eine bleibende Wahrheit in sich aufgesogen hatte. Daß es nur ein flüchtiger Hauch von Glück gewesen war, hatte sie nun begriffen, und es war eine große innere Überwindung gewesen, das zu verstehen.

»Die Labors. Ach ja!« Er erhob sich hinter dem Schreibtisch. »Kommen Sie ...«

»Haben Sie mit dem Herrn Professor gesprochen?«

»Ich bin nicht dazu gekommen. Er war sehr ungnädig.«

Sie wußte, daß er log. Ihr schmales Gesicht wurde fast traurig. Ohne Grund, vor sich selbst innerlich erschreckend, spürte sie, wie sie diese unbekannte Petra Rahtenau zu hassen begann.

»Gehen wir!« sagte Dr. Bornholm.

In einem kleinen Anbau der Klinik hatte er sich ein Privatlabor eingerichtet. Er betrieb seine Forschungen mit Billigung Professor Rahtenaus, aber ohne finanzielle Unterstützung der Universität. Rahtenau unterstützte ihn indirekt, indem er Bornholm die meisten Gutachten zuschob und fünf Betten der Privatstation zuteilte. Trotz allem aber war das Labor noch in den Anfangsstadien, fast kläglich mit seinen wenigen Instrumenten. Nur die Tierställe waren gut eingerichtet. Hier steckte Bornholm jeden verfügbaren Pfennig hinein. Er hatte sieben Affen, zweiunddreißig Meerschweinchen, dreiundvierzig Ratten und drei Hunde. Sie lebten in sauberen Käfigen, wurden von einem alten Wärter betreut, der als Nachtwächter der Klinik ein kleines Gehalt bezog, und diese Tiere bildeten den wichtigsten Teil der Bornholmschen Forschung: Sie waren die Blutlieferanten für die Frischblutanalysen.

Dr. Bornholm setzte sich an einen großen Tisch mit einer dicken Marmorplatte, die vorn eine tiefe Rille hatte, die zu einem Abfluß führte. Es war ein Seziertisch. Mit einem leichten Schauern setzte Erika sich neben Bornholm. Vor dem großen, mit weißer Farbe undurchsichtig gestrichenen Fenster, standen in langen Reihen die Reagenzgläser mit Blutproben.

Der Nachtwächter steckte den Kopf in den Laborraum. Hinter ihm quietschten die Meerschweinchen, pfiffen die Ratten, bellten die Hunde und kreischten die Affen.

»Nummer siebenundfünfzig?!« brüllte er durch den Lärm.

»Ja.« Bornholm streifte Gummihandschuhe über, die er aus einer Sterildose nahm. »Ich will Ihnen jetzt zeigen, Fräulein Werner, wie ich hier arbeite. Es ist keine einfache Laborarbeit ... es ist Forschung am lebenden Körper! Sehen Sie mich nicht so entsetzt an! Ich weiß, was Sie denken. Vivisektion, Versuche in den KZs, Unmenschlichkeit ... wirklich, das war Medizin ohne Menschlichkeit! Aber was ich hier mache, soll einmal Millionen Menschen das Leben retten! Das klingt überheblich, ich weiß ... aber das Problem des Blutverlustes ist so brennend in der Medizin, daß man den Gedanken des Tierschutzes nicht über den des Menschenschutzes stellen sollte.«

Der Tierpfleger kam aus dem Stallteil in das Labor. Er trug auf dem Arm, wie ein kleines Kind, einen narkotisierten Affen. Den schlaffen Körper legte er auf den Marmortisch. Erika sah, daß beide Armbeugen über den Venen bereits glattrasiert und mit Jod eingepinselt waren. Der kleine Affe schnarchte, und die Augendeckel flatterten, als träume er etwas Aufregendes.

»Kleiner Kerl«, sagte Erika und streichelte über den Leib des Äffchens. Bornholm schob einen fahrbaren Instrumententisch an die Marmorplatte. Er schielte zu Erika hinauf.

»Mitleid ist ein Feind der Wissenschaft ...«

»Was wollen Sie mit ihm tun?«

»Ich werde ihn ausbluten lassen ...«

»Nein!« rief Erika, etwas lauter, als sie es selbst wollte.

»Es klingt roher, als es ist, Fräulein Werner.« Dr. Bornholm suchte die großen Hohlnadeln. Mit Kunststoffschläuchen verband er sie mit einer gläsernen Maschine, die der Wärter heranschob. Ein Thermometer zeigte an, daß im Inneren der Maschine die gleiche Temperatur herrschte wie im Körper des kleinen Affen. »Dem haarigen Burschen wird nichts geschehen ...« Er legte die Hohlnadeln neben die Armbeugen des Affen und sah voll zu Erika auf. Ihr Gesicht war bleich und wie versteinert.

»Das Problem ist, einen Körper, der ausgeblutet ist, doch noch am Leben zu halten! Das klingt verrückt, ich weiß. Ich habe eine physiologische Flüssigkeit entwickelt, die als Blutersatz gelten soll. Nun weiß jeder Student im zweiten Semester, daß Blut ja keine bloße rote Flüssigkeit ist, sondern ein Zellverband in flüssiger Form. Kein Mensch aber kann Zellen herstellen. Könnten wir das, hielten wir das ewige Leben in der Hand. Mir geht es darum, einem ausgebluteten Körper so viel physiologische, blutverwandte Flüssigkeit zuzuführen, bis die Bluterneuerungsorgane Leber und Milz in die Flüssigkeit so viel Zellen abgeben, daß aus dem ›synthetischen‹ Blut wieder echtes Blut wird!«

Der Tierwärter hatte unterdessen den kleinen Affen festgeschnallt. Vorsichtig, aber mit großer Sicherheit führte Bornholm die Hohlnadeln in die Armvenen ein. Das Kontrollglasröhrchen am Ende der Nadel füllte sich mit Blut. Leise summte der Motor der gläsernen Blutmaschine. Bornhalm überflog noch einmal die Uhren und Thermometer, dann öffnete er den kleinen Hahn an den Kunststoffschläuchen. Das Blut des Äffchens rann in den Glaszylinder der Maschine, in den künstlichen Körper.

Gleichzeitig kontrollierte Bornholm mit einem Membranstethoskop die Herztätigkeit. Erika Werner hielt den Puls unter Beobachtung.

Das Herz des kleinen Affen begann zu flattern, der Puls wurde weich, immer weniger tastbar, ein Flimmern flog durch den schmächtigen Körper, die Haut unter dem struppigen Fell wurde kalt und weißlich. Bornholm schloß den rechten Hahn, zog die Hohlnadel aus der Vene und stieß eine andere Hohlnadel in die Oberschenkelvene des Tieres. Von einer zweiten gläsernen Pumpe aus lief eine wässrige, trübe Flüssigkeit durch den Schlauch bis zum Sperrhahn. Sie hatte die gleiche Körpertemperatur wie das echte Blut, den gleichen Sauerstoff- und Kohlesäuregehalt.

Erika richtete sich auf. Ihr Gesicht war noch blasser.

»Puls weg«, sagte sie heiser.

Bornholm beugte sich über die Brust des Affen. Sein Stethoskop tastete über das Herz. Es war nicht mehr zu hören.

»Klinisch ein exitus!« sagte er laut. »Tod durch Verbluten!« Er zog die zweite Hohlnadel aus der Armvene und überklebte das kleine Loch mit einem Leukoplaststreifen. Dann öffnete er den Hahn der zweiten gläsernen Maschine. Gleichzeitig legte der Tierpfleger einen elektrischen Reizapparat auf die Brust des Affen und begann, Stromstöße durch den Körper zu schicken. Während sein sogenannter ›Blutersatz‹ in den ausgebluteten Körper gepumpt wurde, massierte Bornholm das Herz des kleinen Tieres, preßte den Brustkorb zusammen, ließ ihn wieder hochschnellen, immer und immer wieder, bis ein Zittern unter seinen Händen spürbar wurde.

»Hören Sie!« rief er Erika zu. »Das Herz kommt wieder! Es pumpt ...«

Die zusammengesunkene Brust des Äffchens hob sich plötzlich, als würde sie von innen wie ein Ballon aufgeblasen. Langsam begann die Atmung wieder, die Augendeckel flatterten, die kleinen, schwarzen Krallenhände öffneten und schlossen sich.

Mit starren Augen sah Erika auf die Rückkehr ins Leben. Was Dr. Alf Bornholm hier an einem kleinen Tier bewies, konnte morgen schon die Rettung unzähliger Menschen bedeuten, die heute noch an zu großem Blutverlust starben.

Als die Flüssigkeitsmenge der des abgelaufenen Blutes entsprach, schloß Bornholm den Regulierhahn und stellte die Maschine ab. Er entfernte die Hohlnadel aus der Oberschenkelvene und regte die Herztätigkeit zusätzlich durch eine Injektion direkt in den Herzmuskel an. Dann nickte er dem alten Wärter zu. Das Äffchen wurde vom Marmortisch geschnallt, und der Nachtwächter schlurfte mit ihm wieder hinaus zu den Ställen. Dort wurde der Affe in einen besonderen, sauberen und gewärmten Käfig gelegt, in den man reinen Sauerstoff leitete. Ein Sauerstoffzelt im kleinen.

Dr. Bornholm zog seine Gummihandschuhe aus und warf sie

weg. »Wir müssen jetzt einige Tage warten, ob sich vom Körper aus neues Blut bildet und meine Flüssigkeit dadurch abgebaut wird.«

»Es ist phantastisch«, sagte Erika Werner ehrlich.

»Es ist noch ein Tasten im dunkeln, liebe Kollegin. Wir stehen erst am Anfang. Was man bei Ratten, Meerschweinchen und Affen tun kann, gilt noch lange nicht für den Menschen! Aber in all der Dunkelheit haben wir jetzt einen Weg gefunden. Ob er ans Ziel führt ... das wird sich zeigen! Wollen Sie mithelfen auf dieser Suche?«

»Ja!« rief Erika Werner.

Das Telefon schrillte. Bornholm nahm den Hörer ab und winkte Erika Werner zu.

»Für Sie, Kollegin! Auf Ihrer Station ist ein Neueingang. Sie werden gebraucht.«

Er sah ihr nach, wie sie über die Wiese des Klinikgartens lief, eine schlanke, biegsame, jugendfrische Gestalt mit langen Beinen. Plötzlich wußte er, daß es nicht nur ein medizinisches Interesse war, das ihm Erika Werner zu seiner Mitarbeiterin werden ließ. Er empfand etwas wie Ungeduld und Begehrlichkeit, den überaus starken Drang, sie in seine Arme zu nehmen und zu küssen, ihren Körper zu streicheln und die Wärme ihrer glatten Haut an seiner Haut zu spüren.

Dr. Bornholm nagte an der Unterlippe, als der Tierwärter zurückkehrte.

»Koko ist aufgewacht«, sagte er. »Aber er erkennt noch nichts.«

»Herztätigkeit?«

»Fast normal.«

Dr. Bornholm wartete, bis er Erika Werner nicht mehr sehen konnte. Es wäre Dummheit, so weiter zu denken, sagte er sich. Ich werde Petra Rahtenau heiraten und einmal Professor sein. Vielleicht werde ich einmal sogar Ordinarius sein. Der Alte wird dafür sorgen.

Noch heute abend werde ich mit Petra sprechen.

Im Garten der Villa Rahtenau brannten einige Lampions. Über die Terrasse klang ein langsamer Walzer hinaus in die fahle Dunkelheit und flatterte durch die Buschgruppen und Rosenbeete.

Dr. Bornholm und Petra Rahtenau standen an den Stamm einer dicken Kastanie gelehnt, im Schatten der tief herabhängenden Zweige, und sahen hinüber zu den geöffneten Terrassentüren. Die Mehrzahl der Gäste saß in den tiefen Sesseln um den Kamin und trank Wein. Zwei oder drei Paare glitten im Takt der Musik tanzend an den Fenstern vorbei, schemenhaft, wie japanische Schattentheater-Bilder.

»Man wird uns vermissen«, sagte Bornholm und legte gleichzeitig seinen Arm um Petras Schulter. Die Berührung durchfuhr sie wie Feuer, und sie kroch in sich zusammen vor dieser Hitze.

»Vater erzählt aus seiner Studentenzeit in Marburg und Heidelberg. Da vermißt er keinen. Außerdem ist es mir zu heiß im Zimmer. Und dann wollte ich mit dir reden.«

»So ernst auf einmal?« Er beugte sich über sie und küßte sie auf die Augen. Einen Moment lang war sie versucht, die Arme um seinen Nacken zu werfen und wie vorhin nur in der Liebe zu leben, dann aber besann sie sich auf das, was sie sagen wollte. Sie drückte die Hände gegen seine breite Brust und stemmte sich von ihm ab.

»Vater hat mit dir gesprochen?«

»Ja.«

»Was hat er gefragt?«

»Wie lange wir uns kennen, ob wir miteinander klar seien, wie wir zueinander stehen ...«

»Und was hast du geantwortet?«

»Ich habe mit Eleganz versucht, ihm zu erklären ...«

»Natürlich! Mit Eleganz!« Sie legte ihre schmale Hand auf seinen Mund, als er weitersprechen wollte. »Er hat mir die gleichen Fragen gestellt ...«

»Und was hast du geantwortet ...?«

»Die Wahrheit! Daß ich mit dir dreimal in der Berghütte war, daß wir uns lieben, daß alles zwischen uns klar ist, daß wir ...«

»Das hast du erzählt? Mein Gott!« Bornholm strich sich über das Gesicht. »Wie stehe ich jetzt da?! Ich habe alles so hingestellt, als sei zwischen uns nur eine Freundschaft, aus der erst etwas werden müsse ...«

»Darum will ich mit dir sprechen, Alf. Papa war weniger entsetzt, als ich glaubte. Er hielt mir nur einen Vortrag, daß er die heutige Jugend nicht mehr verstehe. Aber ich glaube, daß er jetzt darauf wartet, daß du mit ihm sprichst ...«

»Heute abend noch?«

»Es wäre für ihn ein guter Tagesabschluß, unsere Verlobung bekanntgeben zu können ...«

Dr. Bornholm kaute wieder an seiner Unterlippe. Er hatte den ganzen Tag über in seinem Labor gearbeitet und war nur zu einer Besprechung mit den Oberärzten hinüber zur Chirurgie gegangen. Er hatte den Operationsplan verteilt, einige schwierigere Fälle durchgesprochen und war dann zu seinem kleinen Anbau zurückgekehrt. Er führte in seinem Journal Buch über die Reaktionen der kleinen Koko, der gegen Abend noch immer lebend, aber seine Umgebung nicht erkennend in seinem Sauerstoffkäfig lag. Sogar eine Banane erkannte er nicht ... nur der Geruchssinn schien nicht gestört worden zu sein. Seine flache, breite Nase schnupperte, als Bornholm ihm die Banane vor die Schnauze hielt, und als er die Banane nach links und rechts schwenkte, fuhr der Kopf schnüffelnd mit. Aber die Augen glotzten an der Frucht vorbei ins Leere.

Stundenlang saß Dr. Alf Bornholm neben seinem Marmorseziertisch und sezierte seine eigene Seele. Was er vor zwei Tagen für unmöglich gehalten hatte, war wie ein Taifun über ihn hergefallen: Seine durch Verstand und mit Erfolgssucht gespeiste Liebe zu Petra Rahtenau hatte eine plötzliche Trübung bekommen. Er sah das Gesicht Erika Werners vor sich, wenn er an Petra dachte. Er hörte Erikas Stimme und sah ihre wirbelnden schlanken Beine, wenn er sich zwingen wollte, sich Petra an seiner Seite vorzustellen. Es war eine unheimliche Symbiose ... Petra und Erika wuchsen zu einer Person zusammen, Karriere und Liebe verschwammen ineinander.

Nun kam die Entscheidung auf ihn zu, plötzlich und unausweichlich. Und es gab gar keine andere Wahl mehr, als zu Professor Rahtenau hinzugehen und um die Hand Petras anzuhalten. Um die Hand der Karriere.

Er sah in Petras Gesicht und sah, daß sie ihn liebte. In ihren Augen lag der Schimmer des Glücks, lag offen alle Sehnsucht eines Mädchenherzens, das unter seinen Händen zur Frau geworden war. Damals, vor vier Monaten, in der einsamen Berghütte, umtost von Nebelwänden und Steinschlag. Sie war in seine Arme geflüchtet, und aus diesem Augenblick heraus war das geschehen, was nicht mehr rückgängig gemacht werden konnte.

»Ich spreche sofort mit ihm«, sagte Bornholm und küßte ihre zitternden Lippen. Und dann sagte er etwas, was er in sich hineintrank wie einen Betäubungstrunk. »Ich liebe dich ja ...«

»Alf ...«

Sie umklammerte seinen Nacken. Ihr Atem wehte heiß über seinen Mund.

»Wann fahren wir wieder zur Hütte ...«

»Bald, Liebes ...«

»Ich brauche dich, Alf ... Ich – sehne mich nach dir ...«

»Petra.« Er streichelte über ihr goldblondes Haar. »Welche Geständnisse ...«

Auf der Terrasse erschienen die Paare, die bisher getanzt hatten. Sie schienen Petra und Alf Bornholm zu suchen.

»Komm«, sagte Dr. Bornholm. »Gehen wir zu deinem Vater ...«

Auf der Station schellte das Telefon. Erika Werner zuckte aus tiefem Schlaf empor. Sie tastete in der Dunkelheit nach dem Knopf der Nachttischlampe und dann nach dem Telefonhörer.

Zuerst hielt sie ihn schlaftrunken verkehrt herum und sprach in die Hörmuschel ... dann wurde sie völlig wach, drehte den Hörer herum und meldete sich mit klarer Stimme.

»Doktor Werner.« Sie sah auf die kleine Reiseuhr, die auf dem Nachttisch stand. Fast zwölf Uhr nachts. Ein Unfall? »Was gibt's denn?«

»Hier Doktor Veller.« Erika setzte sich im Bett auf. Dr. Veller war der heute diensthabende Arzt der Unfallstation. »Ich muß mich entschuldigen, daß ich Sie aufwecke, liebe Kollegin. Aber soeben rief mich unser Zweiter Ober an. Aus der Villa Rahtenau. Und was er sagte, scheint mir so wichtig, daß ich Sie wecken mußte. Soeben — vor etwa zehn Minuten — hat sich unser Dozent mit der Tochter des Alten offiziell verlobt ...«

»Doktor Bornholm?«, fragte Erika völlig sinnlos. Ihr Herzschlag setzte einen Augenblick aus. »Was geht das mich an? Wenn Sie für einen Blumenstrauß sammeln wollen, hätten Sie auch morgen früh anrufen können!«

Sie warf den Hörer zurück auf die Gabel, lehnte sich an die Wand und zog die Knie an.

Alf hat sich verlobt, vor zehn Minuten. Natürlich, es ist sein gutes Recht! Was ist denn schon dabei, wenn man eine junge Kollegin mit in die Berge nimmt, ihr seine Hütte zeigt und so freundlich ist, daß das Herz aufgeht, als sei es mit Hefe gefüllt. Es war ja alles unverbindlich gewesen. Nie hatte er gezeigt, daß er in ihr mehr sah als eine kommende Mitarbeiterin. Er war korrekt gewesen, zu korrekt fast. Wie ein Hund hatte er auf der Erde auf den Fellen geschlafen, statt sich neben sie in das breite Bett zu legen.

Man muß einen Strich unter die Illusion machen. Erika Werner stützte das Gesicht in beide Hände. Sie merkte erst, daß sie weinte, als die Tränen über ihren Handrücken liefen.

Da sie nicht wieder einschlafen konnte, zog sie sich an und ging durch die Station. Die beiden Frischoperierten schliefen in ihrem Sauerstoffzelt. Sie lagen in einem Zimmer mit Glaswänden, das die Nachtschwester von allen Seiten einsehen konnte. Ihr Kopf zuckte von einem Buch, in dem sie gerade las, hoch, als Erika leise in den Vorraum trat.

»Alles klar?«

»Nichts Besonderes, Fräulein Doktor.«

Sie sah wieder auf die beiden schlafenden Kranken, suchte nach Worten, fand aber nichts, was sie sagen oder fragen konnte.

Mit einem Kopfnicken verließ sie die Wachstation und rannte draußen über die Gänge und Treppen, ruhelos, vor etwas fliehend, was ihr nachlief.

Wie eine Erlösung war es, als von dem OP-Trakt die Alarmleuchte auf allen Stationen rot aufleuchtete.

Die diensthabenden Ärzte zu OP III. Schnell. Ein Mensch braucht Hilfe.

Erika rannte die Treppe hinauf zum Operationstrakt. Vor der großen Glastür traf sie auf Dr. Veller, den diensttuenden Arzt der Unfallstation. Er hatte bereits seine Gummischürze umgebunden und wartete auf den Transportaufzug, dessen Summen näher kam.

»Schöne Schweinerei, Kollegin«, sagte Dr. Veller. »Autounfall. Vier Personen. Krachen mit über hundert Sachen gegen eine Hauswand. Besoffen natürlich! Junge Kerle und zwei Mädchen, kaum siebzehn! Man sollte ihnen nach der Operation – wenn sie 's überhaupt überleben – täglich dreimal den Hintern blau schlagen. Wochenlang!«

Der Aufzug hielt. Die Pfleger und zwei Schwestern rollten die fahrbaren Tragen heraus. Vier blutverschmierte, besinnungslose junge Menschen.

»Eine Milzruptur«, sagte Dr. Veller. Er ging den vier Tragen nach in den Flur des Operationstraktes. »Der erste junge Mann ...« Er schwieg, aber Erika wußte, was unausgesprochen blieb. »Wenn Bornholm mit seinem Blutersatz schon weiter wäre ... vielleicht ...«

»Soll ich Doktor Bornholm holen?« rief Erika.

»Aus seiner Verlobung heraus?« Dr. Veller schüttelte den Kopf. »Was kann er hier machen?! Aber wenn ich Ihnen einen persönlichen Gefallen damit tue, wenn ich ihn hierher locke, so tu ich's!«

»Reden Sie nicht solchen Blödsinn!« Erika wandte sich ab und ging in den Waschraum. Zwei andere Ärzte wuschen sich bereits, sogar die aus dem Bett geholte alte OP-Schwester hatte die Ärmel hochgekrempelt und seifte sich die Hände und Unterarme ein.

An zwei Tischen mußte jetzt operiert werden. Keiner der vier Verletzten konnte warten. Die Pfleger hatten sie entkleidet, gewaschen und auf den OP-Tischen festgeschnallt, als das Operationsteam durch die Glasschiebetür hereinkam.

»Zuerst die Milzruptur!« sagte Dr. Veller. Er winkte der zweiten Gruppe zu. »Und ihr die Unterschenkelamputation.« Er sah auf die große elektrische Uhr in der gekachelten Wand. »Ein Uhr nachts! Jungs – heute sehen wir kein Bett mehr ...«

Am nächsten Morgen sah Dr. Alf Bornholm bei seiner Visite durch die Stationen Erika Werner nicht. Eine junge Pflichtassistentin übergab ihm das Krankenmaterial. Verwundert wandte er sich zur Stationsschwester um.

»Ist Doktor Werner erkrankt?«

»Sie hatte zwei schwere Nachtoperationen. Sie schläft noch. Soll ich sie wecken?«

»Aber nein. Lassen Sie sie ausschlafen! Von den Operationen weiß ich ja gar nichts.«

»Vier Unfälle, Herr Oberarzt. Herr Doktor Veller hat, weil an zwei Tischen operiert werden mußte, alle wachhabenden Ärzte in den OP gerufen.«

»Warum hat man mich nicht gerufen? Ich war doch erreichbar ...«

»Wir wollten das nicht, Herr Oberarzt. Wir wollten Sie nicht aus der Verlobungsfeier ... Übrigens, meinen herzlichen Glückwunsch ...«

»Ja, weiß das denn schon die ganze Klinik?« Dr. Bornholm steckte die Hände nervös in die Taschen seines weißen Kittels. »Wer hat denn die Nachricht verbreitet ...?«

Die Stationsschwester hob lächelnd die Schultern. »So etwas fliegt schneller als der Schall, Herr Oberarzt.«

»Als wenn das so wichtig wäre ...!«

Er ging durch die Station, betrachtete kurz die Kranken, ließ einen Verband wechseln und verabschiedete dann auf dem Flur den weißen Schwarm von Assistenten, der ihn durch die Zimmer begleitet hatte. Im Treppenhaus wartete er, bis die jungen Ärzte gegangen waren, rauchte eine Zigarette und ging hin und her. Dann schlenderte er hinüber zum Zimmer Erika Werners, klopfte und trat, als er keine Antwort bekam, einfach ein.

Die Vorhänge waren noch vorgezogen. Erika lag auf der Seite und schlief. Ein Bein sah unter der Decke hervor, ein nacktes, langes schlankes Bein mit zierlichen, rot lackierten Zehen.

Dr. Alf Bornholm setzte sich in den Sessel, der am Fenster stand und betrachtete das schlafende Mädchen. Der merkwürdige Zwiespalt in ihm brach wieder auf. Er hatte plötzlich den Drang, Erika Werner eine Erklärung abgeben zu müssen. Nicht, daß er das Gefühl hatte, sie zu lieben und sich für seine Verlobung entschuldigen zu müssen ... das war es nicht. Er hatte damals in der Berghütte einen Augenblick durchlebt, in dem er bereit war, die junge Ärztin so zu behandeln wie alle Mädchen, die er auf die einsamen Felsen mitgenommen hatte. Er hatte sogar bei der Hinfahrt an ein solches Abenteuer gedacht, an die ›süßen Abwechslungen‹, wie er es nannte. Von all diesen Vorhaben und stillen Leidenschaften war dann nichts geblieben, als er die fast kindliche Freude Erikas sah, das Vertrauen, das sie zu ihm hatte, die natürliche Unbefangenheit, die so weit entfernt von der knisternden Spannung war, die er bei jeder der bisherigen Hüttenbesucherinnen in den Augen und in den Bewegungen der Körper gesehen hatte.

Erika drehte sich auf den Rücken. Sie seufzte, streckte die Arme aus und erwachte. Ihr erster Blick fiel auf das nachdenkliche Gesicht Dr. Bornholms. Sie fuhr hoch und zog die Decke bis ans Kinn.

»Was machen Sie denn hier?« fragte sie grober, als sie wollte. »Wie kommen Sie hier herein?«

»Durchs Schlüsselloch. Ich wollte Ihnen sagen, daß es Koko gut geht. Er erkennt jetzt auch seine Banane wieder ...«

»Das freut mich!« Erika Werner sah auf die kleine Reiseuhr. Fast 12 Uhr mittags. »Wenn ich angezogen wäre, würde ich Ihnen gratulieren«, sagte sie mit erzwungen gleichgültiger Stimme. »Ich hole es noch nach.«

»Fräulein Werner ...« Bornholm sah auf seine Hände. »Wenn ich zu dieser Verlobung noch etwas sagen darf ...«

»Warum? Ich beglückwünsche Sie. Ich freue mich sogar mit Ihnen ...«

»Warum lügen Sie?«

»Ich lüge nie! Ich habe nie in meinem Leben die Unwahrheit gesagt. Ich hasse Lügen ...«

»Dann haben Sie heute begonnen, Ihren Haß zu vergessen.«

Erika senkte den Blick. Er war ihr unmöglich, Bornholm noch länger anzusehen, ohne die gewaltsam festgehaltene stolze Haltung zu verlieren.

»Ich möchte mich anziehen. Bitte gehen Sie solange hinaus ...«

Dr. Bornholm sprang aus dem Sessel auf. »Ich weiß nicht, warum ich es tue ... aber ich muß mit Ihnen über diese Verlobung sprechen.«

Er weiß es nicht, dachte Erika bitter. Natürlich kann er es nicht wissen. Was bin ich denn schon in seinen Augen?

»Bitte ...«, sagte sie und stellte ein Bein auf den Boden.

Bornholm verließ das Zimmer. Aber er wartete nicht vor der Tür. Er fuhr mit dem Aufzug hinauf zu seinem Oberarztzimmer und trank einen Cognac. Dann, nach etwa zwanzig Minuten Warten, rief er Erika Werner an.

»Kann ich Sie heute abend sehen?«

»Mich? Aber warum denn?« Erikas Stimme war unsicher.

»Wir könnten ins Kino gehen. Sagen Sie ja. Bitte ...«, bettelte er.

»Ja ...«

Es knackte in der Leitung. Erika hatte aufgelegt. Verwirrt stand sie am Fenster und sah hinunter in den Garten. Sie ärgerte sich über ihre Zusage, und doch war sie glücklich, Bornholm am

Abend zu sehen, ihn neben sich sitzen zu haben, seine Gegenwart zu spüren.

Den ganzen weiteren Tag über vermied es Erika Werner, mit Dozent Dr. Alf Bornholm zusammenzutreffen. Sie kümmerte sich um ihre Kranken, saß an den Betten und unterhielt sich mit ihnen, ließ sich von ihren kleinen und großen Sorgen erzählen und tröste die Verzweifelnden.

Und trotz des Leides, das sie vielgestaltig umgab, hätte sie ausrufen können: Das Leben ist schön ... so schön ...

Am Nachmittag schellte im Dienstzimmer des Ersten Oberarztes das Telefon.

»Ein Privatgespräch, Herr Dozent«, sagte die Sekretärin. »Soll ich umstellen?«

»Eine Frau?« fragte Bornholm ahnungsvoll.

»Natürlich, Herr Dozent!« Die Stimme der Sekretärin war fast beleidigt.

»Stellen Sie durch, Schneiderchen ...«

»Mit Tonband?«

»Ohne.«

Es knackte ein paarmal, dann hörte Bornholm eine ängstliche, aufgeregte weibliche Stimme. Die Geräusche, die sie umgaben, verrieten, daß sie aus einer öffentlichen Fernsprechzelle irgendwo aus der Stadt anrief.

»Alf?« fragte die Stimme. »Alf? Hier ist Helga —«

»Helgamaus!« Bornholm setzte sich und fingerte eine Zigarette aus der Packung, die auf dem Schreibtisch lag. Er steckte sie sich mit dem Tischfeuerzeug an und blies den Rauch gegen die Sprechmuschel. Seine Stirn lag in tiefen Falten. Helga, dachte er. Natürlich, sie gab es ja auch noch ... »Wie geht es dir denn? Wo bist du jetzt?«

»Du hast dich fast vierzehn Tage nicht um mich gekümmert, Alf! Vierzehn Tage lang hast du ...«

»Die Arbeit, Süßes! Operationen, Gutachten, Vorträge, ein Kongreß mit dem Alten ... ich komme aus der Klinik nicht mehr heraus! Du ahnst gar nicht, was alles auf mir lastet. Und dann noch die Forschungen ...« Er seufzte sehr laut und abgespannt.

»Du hast mich vergessen ...«

»Aber wie könnte ich das, Kleines?!« Bornholm rauchte hastig. »Deine vollen Lippen ...«

»Alf!« Es war wie ein unterdrückter Schrei. Verwundert sah Bornholm den Hörer an. »Ich muß dich sehen. Heute noch, unbedingt! Heute abend. Bitte, bitte — sag nicht, daß du keine Zeit hast! Ich komme sonst in die Klinik! Ich muß dich sprechen!

Ich ... ich bin verzweifelt ... ich weiß keinen Rat mehr! Ich brauche dich, Alf! Hörst du: Ich muß dich sehen! Muß!«

Bornholm schob die Unterlippe vor. Helga Herwarth, dachte er. Schwarzlockig, Typ Südländerin. Tochter eines Architekten. Dreiundzwanzig Jahre alt. Wild wie eine ungebändigte Tigerin. Aber langweilig, wenn man sie länger kennt als vier Wochen.

»Gut«, sagte er widerwillig. »Ich habe dir auch etwas Neues zu sagen.« Er dachte daran, den Schlußstrich unter die Affäre Helga Herwarth zu ziehen mit dem Geständnis seiner Verlobung. Es würde viel Tränen geben, viel gespielte Verzweiflung, er kannte das. Aber dann war alles vorbei, und er war frei von der Vergangenheit. »Ich komme heute gegen 21 Uhr hinaus ins Parkhaus.«

»Ich werde draußen im Garten warten.«

»Aber warum denn? Wir wollen zusammen essen ...«

»Nein! Ich möchte heute keinen Menschen sehen. Ich will nur dich sprechen. Dich allein. Ganz allein! Du kommst bestimmt?«

»Aber ja!« rief er ungeduldig. »Was hast du denn, Helgalein?! Du bist so erregt –«

»Heute abend ... Auf Wiedersehen, Alf –«

Kopfschüttelnd legte Dr. Bornholm den Hörer zurück. Er drückte die Sprechtaste zu Station III herunter und wartete, bis sich Erika Werner über die Haussprechanlage meldete.

»Hier Bornholm. Sind Sie allein im Zimmer, Fräulein Werner?«

»Ja –«

»Soeben bekomme ich vom Chef einen Tiefschlag! Ich muß heute an seiner Stelle eine Besprechung mit Vertretern der Arzneimittelfabriken führen. Heute abend ausgerechnet. Aus unserem Kinobesuch wird also leider nichts. Verschieben wir ihn auf morgen, ja? Sehr böse, liebe Kollegin ...?«

»Hätte es einen Sinn und änderte es die Lage? Also dann bis morgen, Herr Oberarzt ...«

Dr. Bornholm stellte die Sprechanlage ab. Er lehnte sich zurück und legte die Hände über die Augen. Er war müde. Manchmal kam er sich wie ausgebrannt vor. Ist man mit siebenunddreißig Jahren schon alt, dachte er in solchen Minuten des Zusammenfalls. Dann ergriff ihn immer eine sinnlose Wut auf sich selbst, und er stürzte sich in ein neues Abenteuer, um sich selbst zu beweisen, daß er noch jung sei.

Es war ein Selbstbetrug wie das Inhalieren von Rauschgift, und die folgende Ernüchterung war schrecklich ...

Im Park des Parkhauses, eines der besten Speiselokale der Stadt, stand Helga Herwarth im Schatten eines Lebensbaumes. Als sie Alf Bornholm über den Kiesweg kommen sah, rannte sie ihm entgegen und fiel ihm um den Hals. Aber sie küßte ihn nicht, wie er es erwartet hatte, sondern sie weinte plötzlich haltlos und umklammerte seinen Rücken, als ertrinke sie in ihren Tränen.

»Alf!« stammelte sie. »Alf ... es ist so furchtbar. Ich weiß nicht mehr, was ich tun soll! Du ... du mußt mich heiraten ...«

Dr. Bornholm klopfte ihr auf den Rücken, so wie man ein aufgeregtes Pferd beruhigt und auf die Kruppe schlägt. Heiraten, dachte er. Ach so ... das ist es. Eine kleine Szene. Papa hat etwas bemerkt ... ich kann ohne dich nicht mehr leben ... ich nehme mir das Leben ... Er kannte das alles, und immer war er aus allen diesen Wahnvorstellungen unverbindlich geküßter Mädchen elegant herausgekommen.

»Sieh mal, Süßes ...«, setzte er zu einem moralischen Vortrag an. Aber Helga Herwarth schüttelte wild den Kopf.

»Keine Worte, Alf! Sie helfen nun nicht mehr! Ich ... ich bekomme ein Kind ...«

Dr. Bornholm stellte das Streicheln sofort ein. Kälte durchrann ihn. Ein Kind! Das ist doch unmöglich ...

»Du mußt dich irren ...«, sagte er heiser.

»Nein. Es ist ganz sicher. Ich war gestern beim Arzt. Noch weiß es keiner ... aber in ein oder zwei Monaten ... wenn man es sieht ... Du mußt mich sofort heiraten, Alf ...«

Dr. Bornholm dachte nach. Die Berghütte, Helga hatte ein hellblaues Kleid an, um den Rocksaum mit einer schmalen weißen Spitze verziert, er konnte sich genau erinnern ... sie hatten Malaga getrunken ... zwei Tage blieben sie in der Hütte ... zwei verrückte Tage und Nächte ...

Bornholm wischte sich schnell über die Augen. Seine Lage war trostlos, er sah es ein. Wenn Petra Rahtenau erfuhr, daß ein anderes Mädchen ... Es bedeutete den Zusammenbruch nicht nur der Verlobung und des Wohlwollens von Professor Rahtenau, sondern es war gleichzeitig eine völlige Vernichtung seiner Karriere.

»Bevor ich keine Professur habe, kann ich nicht heiraten«, sagte er begütigend. »Du weißt es doch. Wir müssen solange warten.«

»Aber das Kind, Alf! Es wartet nicht!«

»Noch ist es nicht sicher, daß du wirklich ...«

»Es ist aber sicher!« Helgas Stimme war heiser. Sie umklammerte Bornholms Schultern. »Und du mußt etwas tun!«

»Tun? Was meinst du ...«

»Du bist Arzt –«

»Helga!« Bornholm riß ihre Arme von seinen Schultern. Er war bleich geworden und trat einen Schritt zurück, als könne er damit eine unüberwindbare Schlucht zwischen sie setzen. »Du bist übermäßig erregt und weißt nicht, was du sagst! Wir müssen ganz nüchtern denken ...«

»Ist das nicht nüchtern genug?!« schrie Helga Herwarth. »Ich bekomme ein Kind, du kannst mich nicht heiraten, was zu Hause geschieht, daran darf ich gar nicht denken ... was bleibt uns übrig, als das zu tun, was du als Chirurg spielend machen kannst?!«

»Es ist völlig sinnlos, darüber zu reden!« sagte Bornholm hart.

Helga trat ein paar Schritte zurück. Zitternd lehnte sie sich gegen einen Baum. Nun war wirklich zwischen ihnen eine Kluft, die nur ihre Stimmen überflogen, die sie aber trennte bis zur Aussichtslosigkeit.

»Du willst nicht?« fragte sie leise. Ihre Stimme war von einer plötzlichen Spannkraft. Bornholm spürte die Gefahr, der er gegenüberstand.

»Hör einmal zu —«, versuchte er noch einmal. Aber die kleine Hand Helgas wischte durch die Nachtluft.

»Wenn du nichts unternimmst, mache ich einen Skandal! Ich gehe zu deinem Professor, ich werde es durch die Gänge der Klinik schreien, und wenn sie es alle wissen, werde ich Veronal nehmen —«

Sie schrie es nicht voller Verzweiflung, sondern sie sagte es ganz leidenschaftslos, fast wie eine Belanglosigkeit. Mit tonloser, toter Stimme. Bornholm wußte, daß es ihr Ernst mit diesen Drohungen war. Wer solche Ungeheuerlichkeiten mit absoluter Ruhe vorbringen kann, steht außerhalb aller Zweifel der Ausführung.

»Du bist zu aufgeregt, um vernünftig zu sprechen«, sagte Bornholm gepreßt. »Ich habe dir gesagt —«

»Ich weiß, ich weiß.« Ihr Kopf nickte wie bei einer Puppe mit einem Spiralhals. »Erst Professor werden. Glaubst du, ich weiß nicht, daß das Mindestalter der Professoren fünfundvierzig Jahre ist? Dann wäre unser Kind sieben Jahre alt. Ich will dir sagen, was es ist: Du hast mich über! Du hast mich nie geliebt. Jene Tage und Nächte mit dir ... es waren für dich Abwechslungen, für mich aber war es mehr, viel mehr ... es war das große Erleben, die einmalige Erfüllung einer Sehnsucht, die alles gebende Liebe ... Vielleicht lachst du innerlich darüber ... tu es nur ... Heute weiß ich, daß du ein Schuft bist —«

»Helga!« Dr. Bornholm hob beide Arme.

»Und weil du ein Schuft bist«, sprach sie unbeirrbar weiter, »verlange ich von dir, daß du wie ein Schuft weiter handelst. Ein Schuft im Kittel des Arztes! Du wirst mir helfen, daß dieses Kind nicht zur Welt kommt!«

»Nein!« sagte Bornholm laut und endgültig.

»Wie du willst. Ich habe nichts zu verlieren. Meine Ehre habe ich bereits verloren ... ich werde auch über das Elternhaus hinwegkommen und den Mut erzwingen, mich zu töten!«

»Sprich nicht solchen Unsinn, Helga!« schrie Bornholm plötzlich. Die unheimliche Ruhe des Mädchens zerbrach seine innere Stärke. Er wurde von ihrer Erregung angesteckt.

»Aber du ... dein großer Name wird weggewischt werden: Dozent Doktor Alf Bornholm, der Mann, der ein Mädchen sitzen ließ, das sich deswegen das Leben nahm. Kein Hund wird eine Scheibe Brot mehr von dir nehmen. Glaubst du, daß jemals eine Klinik einen Chef wählt, der diesen Makel an sich hat? Kein Student im Hörsaal wird dich mit einem Füßetrampeln begrüßen. Nein, man wird sagen: Seht euch den an, Kinder. Das ist der, der die kleine Herwarth in den Tod trieb — Und jetzt spielt er den Moralprofessor!«

»Welch ein Aas bist du«, sagte Bornholm leise. Er wußte, daß Helga in allem recht hatte. Er war in akademischen Kreisen ein toter Mann, wenn dieser Skandal über ihn hinweggerollt war.

»Es gibt keinen Grund mehr, Rücksicht zu nehmen! Auf wen denn? Auf dich?« Sie lachte, und es sollte gemein klingen, aber es war wie ein Aufschrei, voller Qual und Zerrissenheit. »Soll die weggeschobene Geliebte glücklich sein, ein solches Andenken von dir bekommen zu haben? Wenn ich daran denke, was du mir in jenen Nächten gesagt hast, als der Sturm um die Berge tobte und wir in der Hütte eng aneinandergeschmiegt —«

»Warum sollen wir jetzt darüber sprechen —«

»Ich muß es!« schrie sie grell. »Weißt du überhaupt, wie es ist, wenn eine Frau aus diesen Träumen aufwacht und sieht sich nackt auf einen Eisberg gelegt?! Sie beginnt zu hassen, und dieser Haß wächst und wächst und wird zu einem Gebirge, das den Himmel aufstößt und die Wolken bluten läßt! Was kannst du gegen diesen Haß setzen, du armseliger Mann?! Nichts dämmt uns ein, nur der Tod ...« Sie sprang vor und stand wieder dicht vor ihm. Mit verwirrten Haaren, flammenden Augen und einem schönen, aber in der Wut verzerrten Gesicht. »Nun —«, schrie sie. »Töte mich! Das ist doch eine Lösung! Erwürge mich ... ich halte still ... Tu es doch, du Feigling! Greif doch zu! Es wäre eine doppelte Lösung ... für mich und für dich ...«

Dr. Bornholm senkte den Kopf. Durch sein Hirn floß das Blut wie ein Eisstrom. Er hatte das Empfinden, daß sein Herz einfror.

»Komm am Samstagabend in die Klinik«, sagte er schwer atmend. »Um 23 Uhr nachts. Ich warte in dem Laboreingang auf dich. Es ist Tor sechs an der Mauer. Ich werde es offen lassen. Der Weg führt um die chirurgische Klinik herum zum Hinterhaus. Dort stehe ich ...«

»Du tust es ...?« fragte Helga Herwarth. Sie umklammerte

wieder seine Schulter. Ihre langen Nägel gruben sich durch den Stoff des Anzuges in seine Haut.

»Ich will zunächst selbst untersuchen, ob es wahr ist. Dann sehen wir weiter . . .«

Er zwang sich, die Panik, die in ihm war, zu unterdrücken. Er zog sein Brusttuch aus der Tasche und tupfte Helga die Tränen aus den Augen und reinigte ihr das Gesicht von den Spuren der Verzweiflung. Dann übermannte er sich, küßte ihre Augen, streichelte ihr über das Haar und dachte plötzlich dabei: Wenn es bloß gutgeht . . . wenn es bloß gutgeht . . .

»Komm«, sagte er mit fester Stimme. »Gehen wir ins Parkhaus. Essen wir etwas. Benehmen wir uns wie vernünftige Menschen. Es gibt größere Probleme als ein Kind —«

»Für mich nicht!« Helga blieb stehen und hielt Bornholm an der Hand fest. »Warum liebst du mich nicht?«

»Helga. Ich —«

»Warum?!«

»Du bildest dir ein, daß ich —«

»Du lügst! Ich weiß, daß du lügst! Ich war in der Hütte.«

Dr. Bornholm riß seine Hand aus ihren Fingern.

»Du warst —«

»Ich habe die Tür aufgebrochen. Du bist mit einem anderen Mädchen vor kurzem dagewesen. Zwei Weingläser standen in der Küchenecke, zwei Kaffeetassen. Am Handtuch waren Spuren von Lippenstift —«

Erika Werner, dachte Dr. Bornholm. Eine harmlose Nacht. Es hatte keinen Sinn, darüber zu sprechen. Außerdem war er keinem Rechenschaft schuldig.

»Wer war es?« fragte Helga Herwarth.

»Was nützt dir ein Name? Komm —«

»Liebst du sie?«

Bornholm hob den Kopf und sah in den Nachthimmel.

»Ich weiß es nicht«, sagte er ehrlich. »Sie ist ein alltäglicher Mensch, nett, klug, lieb, kameradschaftlich. Ihr fehlt alles, was ihr liebestollen Mädchen zur Verwirrung der Männer zur Schau tragt. Sie ist so ganz anders . . . sie ist einfach ein Mensch.«

Bornholm schluckte. In seiner Kehle meinte er den Geschmack von Galle zu spüren. Von einem unüberwindlichen Ekel. Wie abgestanden ist das, was man Liebe nennt, wenn von ihr nichts weiter übrig bleibt als ein schaler Geschmack. Er betrachtete Helga Herwarth, wie sie im Mondlicht stand. Groß, schlank, mit über die Schultern fließenden schwarzen Haaren. Das Gesicht einer spanischen Madonna. Aber die brennenden Augen einer Zigeunerin aus den Höhlen von Granada. Sieben Wochen lang hatte er sie erobert, bis sie in seinen Armen lag. Eine Tigerin, die ihn zerriß, die mit den Nägeln seine Rückenhaut abzog, die keine Stunden mehr kannte und keinen Tag und keine Nacht ... Ein feuriger Rausch, der ihn fast verbrannte.

Was war geblieben? Eine Erinnerung, ein bitterer Geschmack im Gaumen und ein Skandal, der ihn zwang, etwas zu tun, was er sich nie zugetraut hätte, wenn man ihn früher danach gefragt hätte.

Und Haß war geblieben. Haß zwischen ihnen beiden. Tödlicher Haß.

»Komm jetzt endlich!« sagte er ziemlich grob und riß sie mit sich fort. »Was wir sagen wollten, ist gesagt. Nun verdirb nicht weiter den Abend. Sei zufrieden, daß alles so wird, wie du willst ...«

»Du belügst mich nicht? Du hältst mich nicht nur hin? Du tust es wirklich?«

»Ja!«

»Und wenn du es getan hast, will ich dich nie, nie wieder sehen! Aber ich werde dich mit dieser Schuld für immer in der Hand haben, Alf ...« Ihre Augen sprühten. Der Gedanke seiner Abhängigkeit verdrängte alles. Sogar den Haß.

»Man sollte dich wirklich umbringen!« sagte Bornholm dumpf. »Wenn man nicht so wahnsinnig feig wäre –«

Langsam, Arm in Arm wie ein glückliches Liebespaar, gingen sie aus dem Park hinaus zum Parkhaus. Die großen Kandelaber an der Freitreppe des Lokals hüllten sie in gleißendes Licht.

Bornholm sah Helga von der Seite an. Ihr Gesicht zeigte keine Spur von Erregung mehr. Es war voll unverhüllten Triumphes.

»Der große Bornholm hat Angst!« Sie lachte aufreizend. »Wenn das die Welt wüßte –«

»Schweig!« zischte er und trottete ihr nach ins Lokal ... wie ein geprügelter Hund.

Drei Tage lang sah Erika Werner den 1. Oberarzt nicht.

Die Operationen machte er zusammen mit dem Chef, die Visiten übernahm der 2. Oberarzt. Auch im Labor war er nicht erschienen. Der alte Tierwärter und Nachtwächter der Klinik konnte es nicht erklären.

»So etwas hat's noch nie jejeben«, versicherte er. »Jede freie Minute war er hier! Koko hat schon Heimweh.«

Ein paarmal saß Erika vor dem Telefon und wollte ihn anrufen. Aber dann unterließ sie es. Er hat jetzt andere Interessen, dachte sie bitter. Er ist verlobt. Jede freie Minute wird er jetzt mit dieser Petra verbringen und nicht mehr mit Ratten, Meerschweinchen und Affen. Und erst recht nicht mit einer kleinen Assistenzärztin, die so reizlos ist wie hunderttausend andere alltägliche Mädchen. Aber auch so voller unterdrückter Liebe, gegen die sie sich nicht wehren konnte, obwohl sie wußte, daß es sinnlose Gefühle waren.

Plötzlich stand Dr. Bornholm vor ihr. Nach einem kurzen Anklopfen trat er in ihr Zimmer und zog hinter sich die Tür zu. Sein Gesicht war in diesen drei Tagen merklich gealtert. Es sah gelblich aus, zerknittert wie angesengtes Pergamentpapier. Überdeutlich hoben sich davon die weißen Schläfen ab und die scharf geschnittene Nase.

»Herr Oberarzt?« fragte Erika Werner und setzte sich auf ihrem Sofa gerade. »Ist etwas Besonderes?«

»Ja.« Dr. Bornholm blieb an der Tür stehen. »Wir haben uns lange nicht gesehen.«

»Drei Tage. Ist das lang? Auf Station ist alles in Ordnung. Zwei Frischoperierte auf Wachstation eins. Die Gallenblase ist sehr schlecht dran ...«

»Sie haben sich über mich geärgert, nicht wahr?«

»Das steht einer Assistentin nicht zu, Herr Oberarzt.«

»Ich war sehr beschäftigt ...«

»Ich weiß.« Erika stand auf. »Ich hatte ganz vergessen, zu gratulieren. Darf ich es nachholen? Zur Verlobung wünsche ich Ihnen alles Gute und —«

Sein Gesicht wurde noch zerknitterter als zuvor.

»Fräulein Werner ... ich bin zu Ihnen gekommen, um Ihnen eine Erklärung abzugeben.«

»Schon wieder? Warum eigentlich?« Erika Werner wandte sich ab.

Bornholm lehnte sich gegen die Tür.

»Sie beneiden mich, wie alle anderen?«

»Beneiden, warum?«

»Ich bin Dozent für Chirurgie. Ich habe mir einen Namen als Operateur gemacht. Ich bin Erster Oberarzt der Universitätsklinik. Ich werde der Schwiegersohn des Ordinarius sein. Ich habe alle Türen eingerannt ... was will ein Mensch mehr, nicht wahr? Was ein Mann in meinem Alter erreichen kann, das habe ich mir erobert. Durch Fleiß, durch Können, durch Rücksichtslosigkeit — ja, auch die war dabei — und durch fleißiges Beifallsnicken bei den Vorgesetzten. Und Sie beneiden mich nicht?«

»Nein.«

»Dann sind Sie klüger als ich dachte, liebe Kollegin. Wer mich beneidet, ist ein blinder Idiot.« Er strich sich über sein zerknittertes Gesicht. Es war eine hilflose Geste, die Erika erschreckte. »Wissen Sie, wie einsam ich bin?«

»Sie sollten das Ihrem Fräulein Braut sagen, Herr Oberarzt ...«

»Sie würde es nie verstehen.«

»Und von mir erwarten Sie dieses Verständnis? Warum eigentlich?«

»Ich weiß nicht.« Er hob die Schultern. »Ich habe jetzt drei Tage gebraucht, um mir darüber klarzuwerden, daß Sie und mich andere Dinge verbinden als nur die gemeinsame Arbeit an der Blutforschung.«

»Das dürfte eine Täuschung sein, Herr Oberarzt.«

»Ja — wenn man sich selbst belügt.«

Dr. Bornholm stieß sich von der Tür ab und kam in den Raum. Erika ging um den Tisch herum, als habe sie Angst, er könnte sie fassen und an sich ziehen. »Ich muß morgen wieder nach unserem Hofbesitzer sehen. Dem Riesen mit dem Tod im Körper. Ich wollte Sie einladen, mitzukommen ...«

»Wenn Sie mich brauchen, Herr Oberarzt —«

»Ja! Ich brauche Sie!« rief er laut.

»Soll ich Nachtzeug mitnehmen ... für die Hütte?«

Bornholm sah Erika wie ein verwundetes Tier an. Wortlos wandte er sich ab und verließ das Zimmer. Als er die Tür hinter sich zuschlug, warf sie die Hände vor ihr Gesicht und weinte. »Wie gemein ...«, stammelte sie. »Wie gemein von mir ... aber ich werfe mich nicht an seinen Hals ... und wenn ich noch so glücklich dabei wäre —«

Wenig später summte der Haussprechapparat. Erika meldete sich. Die Stimme Dr. Bornholms, nüchtern, befehlend, ganz Oberarzt.

»Morgen mittag gegen 12 Uhr halten Sie sich für den ambulanten Besuch bereit, Fräulein Werner.«

»Ich werde es notieren, Herr Oberarzt.«

»Besondere Vorkommnisse?«

»Keine.«

»Danke.«

Es knackte, das Summen erstarb. Erika drückte die Antworttaste hoch. Sie legte die Hand um das Mikrophon und streichelte es. Dann beugte sie sich nahe zu ihm herunter.

»Ich liebe dich«, sagte sie laut.

Es war ihr wie eine Erlösung. Alle Bedrückung fiel von ihr ab. Sie fühlte sich frei und merkwürdig glücklich.

Der Riese mit dem tödlichen Karzinom im Körper empfing sie wieder mit lauter Stimme und mit einer Enzianflasche. Er ließ es sich nicht nehmen, daß sie mit ihm zu Mittag aßen ... kindskopfgroße Leberknödel mit Weinkraut und gebratenem Dickbein. Hinterher gab es einen zünftigen Sahnepudding und wieder ein paar hohe, schlanke Gläser Enzian.

»Dös is vom gelben Enzian!« brüllte der Bauer. »Der zieht's einen vom Stuhl ... Prost miteinand'!«

Dr. Bornholm untersuchte den Bären gründlich. Er hatte vor der Abfahrt noch einmal die letzten Röntgenbilder durchgesehen. Jetzt konnte er die Verdickungen in der Leber deutlich tasten. Unaufhaltsam wuchsen die Metastasen. Es war sinnlos, dem Riesen zu sagen, er dürfe weder Alkohol trinken noch so voluminös essen ... die paar Monate, die er noch aufrecht durchs Leben ging, sollte man ihm die Freude am guten Leben gönnen. Was später kam ... Dr. Bornholm packte seine Tasche mit dem Blutdruckmesser, dem Membranstethoskop und dem Perkussionshammer wieder ein.

»Na?« rief der Riese. »Was sagen's nu? Da ist noch Saft im alten Stamm, was?!«

Bornholm nickte. »Weiter so. Ich bin ganz zufrieden mit Ihnen.«

Der Bauer gab ihnen noch ein dickes Paket Kuchen mit auf den Weg. Er winkte dem Wagen nach und ging dann in den Stadel, um Winterholzscheite zu hacken.

Langsam fuhr Bornholm den nahen Bergen entgegen. Sein Gesicht war wie gelöst von einer Verkrampfung. Je näher sie den steilen Wänden kamen, den schneebedeckten Gipfeln und den rauschenden, durch Felsschluchten ins Tal stürzenden Wildbächen, um so fröhlicher wurde er. Es war, als falle eine den Körper erstickende Haut von ihm ab, als könne er auf einmal freier atmen und das Herz richtig schlagen lassen.

Wieder schraubten sie sich den steilen, engen Bergpfad hinauf, vorbei an steilen Abgründen, in die Erika nicht hinabzublicken wagte. Sie stießen durch die tief hängenden Wolken hindurch in die strahlendste Sonne, einen azurblauen Himmel über sich, unter dem zwei Adler lautlos mit weit ausgespannten Flügeln segelten.

»Hier hört die Menschheit auf ... hier fühle ich mich wohl!« sagte Dr. Bornholm und hielt den Wagen an. Er legte plötzlich den Arm um Erikas Schulter und zog sie zu sich heran. Sie sträubte sich etwas, unbewußt, aus einer natürlichen Scheu heraus. »Was denken Sie jetzt, Erika?« fragte er.

»Wollen Sie es wissen?«

»Bitte —«

»Wenn wir doch bloß in der Hütte wären! Ich kann nicht in diese Abgründe hinabblicken. Ich bin so leicht schwindelig.«

Dr. Bornholm lachte laut. Er ließ den Wagen wieder anspringen. »Sie prosaisches Mädchen!« rief er. »Haben Sie gar keine romantische Empfindung?«

»Nein. Nicht, wenn neben mir tausend Meter Abgrund sind.

Romantisch könnte ich werden, wenn ich aus sicherer Obhut, in der Hütte, aus dem Fenster blicke ...«

»Dann schnell hinauf in den Adlerhorst –«

Es war alles so, wie sie es verlassen hatten. Nur das Schloß war aufgebrochen. Erika bemerkte es nicht, weil Bornholm es schnell in die Tasche steckte. Und die Bettdecke war zerknittert. Dort hatte Helga weinend gelegen. Bornholm zog die Decke schnell glatt, als Erika in der Küchenecke das dicke Kuchenpaket auspackte und die Stücke auf einen großen Teller legte.

Bornholm stieß die Fenster auf. Er zog seine Jacke aus, krempelte die Hemdsärmel hoch und begann, mit der Handpumpe den Wasserbehälter vollzupumpen. Es quietschte etwas.

»Muß geölt werden!« rief er Erika zu. »Wie bei den menschlichen Gelenken! Können Sie kochen? Wenn ja ... dann suchen Sie in der Tasche nach einem weiß eingepackten Paket. Darin finden Sie zwei dicke Steaks. Im Eisschrank sind Butter und Öl ... Und Zwiebeln finden Sie in der Dose, auf der ›Kakao‹ steht. Die Pfanne liegt im unteren Geschirrschrank. Ich bereite unser Brausebad vor ...«

Der Nachmittag verflog wie ein Gedanke. Im Tal stand schon die Nacht, die Schneegipfel wurden lilarot, die Adler kamen zurück, in den Fängen die Beute.

Dann war die Nacht auch bei ihnen.

In der Hütte brannten ein paar Kerzen. In langstieligen, schmiedeeisernen Haltern flackerten sie an den Wänden und auf dem Tisch.

Das Radio spielte, leise, kaum vernehmbar. Aber Bornholm und Erika hörten es ... die Musik klang in ihnen wider und sang in ihren Adern. Umschlungen tanzten sie durch die fahle, zitternde Helle. Erika hatte den Kopf zurückgebogen, ihre feuchten Lippen etwas geöffnet. Sie summte die Melodie mit, trunken und losgelöst von allen inneren Widerständen.

Bornholm preßte den schlanken Körper an sich. Der Alkohol umnebelte seinen Blick und ließ ihn gleichzeitig wie schwerelos werden. Sie ist ja hübsch, dachte er, als er Erika nahe an sich zog. Sie ist wirklich hübsch. Das habe ich ja vorher nie gesehen ... Seine Lippen suchten ihr Ohrläppchen, glitten an ihrer Halsbeuge abwärts zur Schulter. Erika lachte. Es war ein ihr fremdes, enthemmtes Lachen, ein Girren, das sie selbst mit Verwunderung vernahm.

»Ich glaube, ich bin betrunken!« rief sie, als müsse sie sich entschuldigen. »Ich habe noch nie so viel Wein getrunken. So süßen Wein. So herrlich süßen Wein. Es ist alles nebelig um mich. Alles verschwimmt. Auch Sie ... Sie schweben von mir weg ... Sie sind wie eine Feder im Wind ... Sie müssen mich ganz festhalten, sonst fliege ich davon ...«

»Das will ich tun!« Bornholm beugte sich beim Tanzen über ihre Augen. Er sah sich in ihrer großen, starren Pupille ... ein lächelndes und forderndes Gesicht, das ihn erschreckte, weil es so nackt den Willen zeigte.

Über ihre Haare hinwegsehend, dirigierte er sie im Takt der Musik zu der Ecke hin, in der das Bett stand. Er küßte sie wieder, aber nicht mehr aus einer ausgelassenen Fröhlichkeit heraus, sondern wilder, fordernder, Besitz nehmend. Er bog ihren Körper nach hinten, bis sie das Gleichgewicht verloren und auf das Bett fielen.

Einen Augenblick überflog Erika das Erkennen der Wirklichkeit. Sie stemmte die Arme gegen Bornholms Brust, drückte die Fäuste zwischen sich und ihn. Sie drehte und wand sich und stieß mit den Fäusten gegen sein sich näherndes Gesicht, das größer und größer wurde ...

»Nicht!« schrie sie grell. »Nicht!« Dann zog der Alkoholnebel wieder über sie, das Erkennen verschwamm, sie flog wieder durch einen schwerelosen Raum, einer Feder gleich. Und das war so schön, so selig, so unbeschreiblich. Es war ein Weggleiten in das Glück. Sie legte die Arme neben ihren Kopf und schloß wehrlos die Augen.

»Was tun Sie, Oberarzt ...«, stammelte sie, und sie wußte und hörte gar nicht, daß sie es sagte. »Oberarzt ... was tun Sie bloß —«

Die Morgensonne weckte sie.

Grausam und kalt schien sie auf das Bett, tauchte den großen Raum in die Nüchternheit des Wiedererkennens. Der Zauber der Nacht wurde schal und bitter.

Erika fror. Sie zog die Decke bis zum Kinn über ihren Körper und starrte in den tanzenden Staub vor dem geöffneten Fenster.

Die Schneegipfel blendeten durch das Blau des Himmels. Es war, als kröche ihre Eiseskälte durch das Fenster und lege sich erstarrend über Erika.

In der Küchenecke stand Dr. Bornholm und kochte, wie beim ersten Besuch Erikas in der Hütte, einen starken Kaffee. Er hatte wieder nur Hose und Unterhemd an.

»Alf —«, sagte sie leise und kläglich.

Dr. Bornholm fuhr herum. Sein Gesicht war ein einziges Lächeln, sonnenüberflutet und zerklüftet wie die Felsen vor dem Fenster.

»Liebstes — Gut geschlafen?«

»Das hättest du nicht tun dürfen —«

»Aber Liebes! Wie kann man bei einer solchen Sonne Vorwürfe machen?!« Er ging ans Fenster und stieß die Fensterflügel weit auf. Dabei lachte er jungenhaft. Seine Unbekümmertheit tat Erika fast weh. Sie setzte sich im Bett auf und schüttelte den Kopf.

»Wo haben wir unsere Gedanken gehabt, Alf –«

Bornholm goß den Kaffee auf.

»Wenn zwei Menschen sich lieben ... wo bleiben da noch die logischen Gedanken?! Kannst du mir das sagen?!«

»Liebst du mich denn?«

Bornholm schaute erstaunt auf. Er hatte alles erwartet, nur nicht diese Frage. »Natürlich!« antwortete er sachlich, wie bei der Bestätigung einer klaren Diagnose.

»Aber das darfst du doch nicht mehr –«

»Ich habe dir einmal gesagt, daß die Frage nach dem Warum die schrecklichste und tödlichste des Menschen ist. Wir wollen sie uns nie stellen! Nie, hörst du?!«

Er trug das Frühstück auf einem Tablett zu Erika und setzte sich auf die Bettkante. Er goß ihr den Kaffee ein und schmierte ein Sandwich dick mit Butter.

»Essen!« kommandierte er. »Das ist jetzt das wichtigste.«

Gehorsam biß Erika in das Sandwich. Aber der Bissen hing in ihrer Kehle, als klammere er sich in der Speiseröhre fest.

»Wie kannst du so leicht über alles hinweggehen, Alf? Wäre ich nicht vom Alkohol besinnungslos gemacht worden, es wäre nie ... nie ...«

Bornholm legte ihr seine Hand auf den Mund und sah sie ernst an.

»Ich will hier oben unter dem Himmel an nichts erinnert werden, was unten auf der Erde vor sich geht. Es gibt keine Erde mehr für mich, wenn ich hier bin –«

Bornholm trug das Tablett weg. Er zog sich das Hemd an und kämmte sich. Die Gelegenheit benutzte Erika, sich schnell anzuziehen. Sie verkroch sich dabei in die Brauseecke; trotz ihrer Gemeinsamkeit schämte sie sich plötzlich.

»Ich habe dich geliebt, Alf«, sagte sie, als sie wieder aus der Ecke herauskam, »ich durfte es ja. Aber du ...« Sie schwieg, weil sie sah, wie er die Fensterbank umklammerte. »Was soll nun werden, Alf?«

»Wie meinst du das?« Seine Stimme war belegt.

»Ab heute ist doch unser Leben anders geworden ... Wir können doch diese Nacht nicht wegwischen. Sie ist etwas, was in uns hineingebrannt worden ist ... in mir wenigstens ...«

»Laß uns nicht jetzt darüber sprechen, Erika. Bitte –«

Sie kam zu ihm ans Fenster und stellte sich neben ihn. Wie eine Erstickende atmete sie die kalte Morgenluft ein.

»Was wird aus Petra?« fragte sie laut.

Bornholm zuckte zusammen wie unter einem Schlag. Sein Kopf flog herum.

»Ich hätte dich für diskreter gehalten!«

»Weil ich so direkt danach frage? War Petra Rahtenau auch mit dir auf der Hütte? War sie hier in diesem Raum. Lag sie dort wie ich im Bett und blinzelte in den kalten Morgen?! Hat sie dich auch gefragt: Was soll nun werden? Jedes Mädchen wird es fragen, wenn es aufwacht und noch den Druck deiner Lippen spürt—«

Dr. Bornholm hob die Schultern. Es war nichts Gespieltes mehr an ihm. Es war ehrliche Hilflosigkeit.

»Ich weiß es nicht, Erika. Ich weiß im Augenblick nichts anderes, als daß du bei mir bist. An alles andere habe ich seit gestern nicht mehr gedacht.«

»Du kannst doch Petra Rahtenau nicht mehr heiraten, Alf.«

»Nein —«, sagte er fast mechanisch.

»Und wie willst du ihr das sagen? Wie willst du Professor Rahtenau erklären, daß die Verlobung aufgelöst werden muß?«

»Ich weiß es nicht ...«

»Oder war ich nur ein Abenteuer für dich?«

»Nein, Erika ...«, sagte er gequält.

»Du kannst es mir gestehen. Es wird weh tun, vielleicht werde ich dir ins Gesicht schlagen ... aber ich werde es überwinden. Du mußt nur ehrlich sein. Ich kann keine Lügen ausstehen, du weißt es.«

»Ich liebe dich, Erika«, sagte Bornholm dumpf. »Mehr weiß ich nicht.«

»Wie oft hast du das in diesem Haus gesagt?«

»Oft, Erika ...«

Erika Werner zog die Schultern zusammen. Der Frost, den nur sie spürte, ergriff ihr Herz. Es zuckte, als wehre es sich gegen die zugreifende, unbarmherzige Kälte.

»Komm!« sagte sie laut. »Ich möchte hier heraus! Fahren wir —«

Er nickte. Plötzlich umarmte er sie mit einer ausbrechenden Verzweiflung und küßte ihren Nacken.

Sie ließ es geschehen, aber sie empfand nichts dabei. Es war ihr fast, als hasse sie in diesem Augenblick Alf Bornholm. Sie zwang sich, beim Hinausgehen keinen Blick mehr auf das Bett zu werfen.

Von Samstag auf Sonntag hatte Dr. Erika Werner wieder Nachtdienst. Sie saß in ihrem kleinen Assistentenzimmer, las in einem amerikanischen Familienroman, hatte eine Kanne Kaffee neben sich stehen und dachte während des Lesens doch nur an Alf Bornholm. Er war ihr erstes, großes Erlebnis gewesen, und sie verfiel wieder in den Zauber der Hingebung, wenn sie die Augen schloß und dann sein Gesicht vor sich sah.

Auf Station III lagen vier Frischoperierte. Die beiden Wachschwestern beobachteten sie von den kleinen Vorräumen der Krankenzimmer aus durch die großen Glasscheiben. Von ihnen aus regelten sie auch die Zufuhr des Sauerstoffs in den Sauerstoffzelten.

Sobald einer der Frischoperierten unruhig wurde, riefen sie Erika Werner an. Vor allem zwei Kranke, eine schwere Magenresektion und ein Dickdarmkrebs, gehörten zu den kritischen Fällen dieser Nacht.

In dem großen Hause war es ruhig. Nur in der Unfallstation brannten noch die Lampen. Jede Nacht brannten sie dort. In diesem Teil des vielstöckigen Hauses gab es nie Ruhe. Hier wurden die zerfetzten Leiber hineingetragen und sofort in Spezial-Operationsräumen von besonders ausgebildeten Unfallchirurgen versorgt.

Erika legte das Buch zur Seite. Es war 23.30 Uhr. Sie wusch sich, zog den Pyjama an und legte sich ins Bett. Aber sie schlief nicht sofort ein, als sie das Licht ausgedreht hatte. Sie starrte durch die Dunkelheit an die Decke, auf die blassen Flecke, die die Außenbeleuchtung der Klinikauffahrt durch die Vorhänge ins Zimmer warf.

Alf, dachte sie ... ich bin plötzlich wieder wie ein kleines, verliebtes, ganz, ganz dummes Mädchen. Wenn ich einschlafe und wenn ich aufwache ... immer denke ich nur an dich. Ist das nicht furchtbar? Aber ich bin glücklich dabei ... und du allein, nur du bist schuld ... Aber es ist eine herrliche Schuld ...

Sie war kaum eingeschlafen, als die Alarmglocke schellte.

Schlaftrunken fuhr Erika aus der Decke, warf den Bademantel über, ergriff Stethoskop und die Injektionstasche und sah auf die rot aufgeflammte Zahl über der Tür. Es wird der Darmkrebs sein, dachte sie.

Verwundert rieb sie sich die Augen und sah noch einmal zu den Ruflampen hinauf.

Nicht die Station. Keine Zimmernummer. OP I flammte auf.

Das muß ein Irrtum sein, dachte sie. Es war kurz nach Mitternacht. Um diese Zeit hat niemand etwas im OP I zu suchen. Unfälle werden in der Unfallstation versorgt. Nur bei Massenunfällen werden die normalen OPs benutzt.

Sie wandte sich ab und lief zum Fenster. Auf der Unfallstation brannten die Nachtbeleuchtungen. Nichts Ungewöhnliches. Keine Krankenwagen. Keine Unruhe in den unteren Fluren.

Wieder schellte es. Anhaltend. Die rote Lampe flackerte.

OP I.

»Verrückt!« sagte Erika Werner laut. Sie band den Bademantelgürtel fester, schlüpfte in die Schuhe und verließ schnell das Zimmer. Mit dem Aufzug fuhr sie in den Operationstrakt. Der Flur war dunkel. Menschenleer. Kein Laut. Nicht einmal die Sparbeleuchtung brannte. Dieser am Tage so geschäftige Teil des Riesenhauses lag verlassen in der Nacht.

»Na also!« sagte Erika zu sich. »Vielleicht ein Kontaktfehler im Klingelsystem.«

Aber sie betrat doch den langen, dunklen Gang. Ein schwacher Lichtschein flog ihr entgegen. Unter der Tür der Sterilschleuse von OP I fiel ein Streifen Licht auf den Boden und kroch ihr entgegen.

Erika Werner stutzte. Dann rannte sie zur Tür, riß sie auf und trat ein.

Durch die das Waschzimmer vom Hauptraum trennende Glasscheibe sah sie in den OP. Unter der kleinen Operationslampe hockte Dr. Bornholm, hemdsärmelig, ohne Mund- und Kopfschutz, ohne Gummischürze ... in einem Zivilanzug saß er vor einem auf dem OP-Tisch festgeschnallten Mädchenkörper. Blut floß über seine Hände und breitete sich als große Lache auf dem gekachelten Boden aus.

Erika stieß die Schiebetür zur Seite und stürzte in den OP. »Alf!« rief sie entsetzt. »Was machst du denn da, Alf?«

Bornholm sah sich um. Sein Gesicht war verzerrt und schweißüberströmt. Seine Augen waren unnatürlich weit.

»Hilf mir, Erika!« stöhnte er. »Ich kann es nicht allein machen ... Bluttransfusion, schnell. Gruppe B, Rhesus O. Und heiße Kompressen! Ich bekomme die Blutung nicht zum Stillstand.«

Er drückte manuell in der Tiefe des Leibes etwas ab, aber der Blutstrom lief ihm über die Hand, über den Arm und ins Hemd hinein.

Erika fragte nicht mehr. Jedes Wort bedeutete einen Pulsschlag weniger Blut. Sie rannte zum Blutkonservenschrank, schloß den Transfusionsapparat an ... dann rannte sie zurück, stellte den elektrischen Kocher an und legte Kompressen in den Dampf.

Bornholm hockte vor dem Mädchen, schwitzend, in dem überquellenden Blutsee blind und nur auf sein Tastgefühl angewiesen nach der Perforationsquelle suchend.

»Wir müssen aufmachen!« stöhnte er, als Erika die ersten Kompressen brachte. »Solch eine Sauerei! Die Narkose reicht aus. Noch zwei Flaschen Plasma, Erika ... ich muß an den Uterusgrund heran ...«

Erika stand blaß vor dem Mädchen. Ihre schwarzen, langen Haare hingen neben dem Tisch herunter. Bornholm kippte den Tisch nach hinten. Der Kopf sackte weg in die Tiefe, die festgeschnallten Beine ragten gegen die Lampe. Die Kaiserschnittlage. Das Blut versiegte. Es lief jetzt in die Unterbauchhöhle.

»Schnell!« rief Bornholm. »Das Instrumentarium ... wenn ich den Leib aufhabe und die Perforation gefunden habe, können wir uns Zeit lassen. Aber jetzt geht es um Sekunden! Schnell, Erika ...«

Sie rannte wieder im OP herum, brachte Skalpell, Klemmen, Spreizer, Kompressen, Tupfer, Tücher ... Bornholm öffnete den Leib ohne langes Zögern mit einem kühnen Pfannstielschnitt. Mit saugfähigen Tüchern nahm Erika den Blutsee auf, der ihnen entgegenquoll. Die blutnassen Tücher warf sie einfach auf den Boden.

»Das ... das ist ja ein Abortus!« stotterte sie, als Bornholm im nun geöffneten Leib die perforierte Stelle in dem Uterus gefunden hatte und den Uterus ausräumte. Mit einer schnellen Naht deckte er die Perforation zu. »Wie kommt ...«

»Nicht lange fragen ... nachher!« Bornholm setzte sich erschöpft auf einen Schemel. »Das Mädchen kam zu mir nach Hause. Mit bereits eingeleitetem Abortus. Frage nun nicht länger ... Wie ist der Puls ...?«

»Nicht mehr tastbar ...«

Bornholm sprang auf. Sein Gesicht war fürchterlich.

»Nein!« schrie er. »Das kann nicht sein! Das darf nicht sein! Das Herz ...«

Erika hatte das Membranstethoskop auf die Brust des Mädchens gesetzt. Sie lauschte, Bornholm hielt den Atem an. Langsam hob Erika die Schultern.

»Nichts. Exitus ...«

»Das gibt es nicht! Unmöglich!« Er riß Erika das Stethoskop aus der Hand und hörte selbst den Brustkorb ab. Aber auch er tastete in der Stille. Das Herz schwieg. Bornholm sah auf die Uhr. Es waren noch keine fünf Minuten vergangen.

»Neue Konserven!« schrie er. »Sauerstoff! Schnell! Noch ist es Zeit. Ich mache eine Herzmassage. Sie kann nicht gestorben sein! Hörst du ... sie darf nicht sterben! Sie darf es einfach nicht! Los ... steh doch nicht herum und starre mich an! Sauerstoff! Blut!«

Mit seinen blutbeschmierten Händen griff er zu und drückte den Brustkorb des Mädchens ein, ließ ihn wieder hochschnellen ... immer und immer wieder, im Rhythmus des Herzschlages. Währenddessen gab Erika langsam mit dem Beatmungsapparat Sauerstoff zwischen die blassen, blutleeren Lippen.

Eine halbe Stunde pumpte Bornholm, verzweifelt, keuchend, halb blind vor Anstrengung.

Erika legte ihm die Hand auf die schweißnasse Schulter.

»Es hat doch keinen Sinn mehr, Alf. Sie ist seit einer halben Stunde tot. Verblutet ...«

Langsam ließ sich Dr. Bornholm auf den Schemel zurückgleiten. Er legte den Kopf gegen das blanke Gestänge des OP-Tisches und stöhnte auf.

»Wer ist ... wer war das Mädchen?« fragte Erika leise. Sie deckte einige Kompressen über das spitze ausgeblutete Gesicht und den fahlbleichen nackten Körper mit der klaffenden Leibwunde.

»Sie hieß Helga Herwarth ...« Bornholm sank in sich zusammen. Er tastete nach Erikas Hand und umklammerte sie. »Du mußt mir helfen, Erika«, stammelte er. »Niemand darf wissen, was hier geschehen ist. Niemand. Versprich es mir. Versprich mir, daß du mir helfen wirst ... bitte ...«

»Wenn ich es kann, Alf.« Sie streichelte über seine schweißnassen Haare. »Aber wie soll man hier noch helfen? Wir müssen die Schnittwunde zunähen und die Eltern benachrichtigen ...«

»Nein! Noch nicht! Wir müssen jetzt überlegen, in aller Ruhe überlegen.« Dr. Bornholm hob den Kopf. Taumelnd zog er sich am OP-Tisch hoch. Er kippte Helgas Körper wieder in die Waagrechte. Seine Hände und Arme zitterten dabei wie in einem wilden Krampf.

»Du mußt mir helfen ...«, stotterte er wieder, als gäbe es jetzt keine anderen Gedanken. »Du mußt mir helfen, Erika. Das hier darf nicht gewesen sein ...«

»Wie stellst du dir das vor, Alf? Wir können doch nicht den Tod verheimlichen?! Das ist doch unmöglich. Wir sind verpflichtet, sofort die Hinterbliebenen ... Und überhaupt: Was kannst du daran ändern? Sie ist doch zu dir gekommen, Als ... sie allein hatte doch Schuld, als sie ...«

»Ja! Ja!« schrie Bornholm. »Sie kam zu mir ... aber ... Erika, hilf mir! Hilf mir ohne zu fragen ...«

Erika Werner blickte mit einem leisen Schauer auf die mit den heißen Kompressen zugedeckte Tote. Sie hatte viele Leichen gesehen ... aber dieser leblose Körper, der noch immer auf dem OP-Tisch festgeschnallt lag, war nicht eine der vielen toten Hüllen, denen sie begegnet war ... er war eine Gefahr. Eine persönliche Gefahr für Alf Bornholm, und damit auch für sie.

»Was soll ich tun?« fragte sie leise, als könne ihre Stimme den ewigen Schlaf des Mädchens stören.

»Zunächst unbemerkt in den Eiskeller.« Bornholm rannte zu dem großen Waschbecken in der OP-Ecke, riß sich das Hemd und Unterhemd vom Leib und wusch sich mit heißem, dampfendem Wasser. Er sah aus, als habe er in Blut gebadet. »Dann stellen wir eine ordnungsgemäße Einweisung aus und einen Totenschein. Das wirst du tun ... «

Erika nickte. »Ja ...«

»Du wirst die Todesursache schreiben: Herzinsuffizienz.«

»Aber der Pfannstielschnitt ...«

»Wenn sie eingesargt ist, wird keiner mehr nachsehen.«

»Und wenn die Hinterbliebenen eine Obduktion verlangen?«

»Sie werden es nicht. Andernfalls werde ich die Obduktion vornehmen. Mit Rahtenau komme ich klar ...«

»Natürlich«, sagte Erika bitter.

»Jetzt keine Szenen, Erika! Es geht um meine Stellung, meine Karriere, meinen ärztlichen Ruf ... es geht im großen gesehen auch um uns ...« Er drehte die zerrissenen Hemden zusammen und zog die Anzugjacke über den bloßen Oberkörper. »Die Hemden mußt du verbrennen. Hast du einen Ofen zu Hause?«

»Ja ...« Erika nahm das blutige Stoffbündel und drehte es in ein sauberes großes Handtuch. »Aber warum diese Heimlichkeiten, Alf?! Dich trifft doch gar keine Schuld! Sie hat doch selbst die Verletzung ...«

Bornholm schnallte Helga los. Als er ihre kalte Haut berührte, fuhr die Kälte wie ein elektrischer Schlag durch ihn. Ich habe sie getötet, dachte er verzweifelt. Ich habe einen Kunstfehler gemacht. Ich habe gegen das ärztliche Gewissen ... ich habe ... mein Gott, o mein Gott ...

»Ich werde dir alles später erklären ...« Er sah wieder auf die Uhr in der OP-Wand. Zwei Uhr nachts. Um fünf Uhr kamen die Putzfrauen. Dann durfte nichts, gar nichts mehr zu sehen sein. »Wir müssen sie waschen und alles wieder an seinen Platz stellen. Sie darf nie im OP gewesen sein, verstehst du. Sie hat sich in der Nacht bei dir gemeldet. Und ehe du sie untersuchen konntest, ist sie gestorben. Das mußt du erzählen.«

»Sie muß, wenn sie zu mir kommt, bei der Pfortenschwester vorbei ...« Erika Werner sah Bornholm plötzlich kritisch an. »Wie ist sie überhaupt ins Haus gekommen? Bist du nicht mit ihr durch die Aufnahme gekommen?«

»Nein!«

»Aber —«

»Ich habe sie ...« Bornholm schluckte. Er warf die Kompressen ab. Mit zitternden Fingern vernähte er die große Unterbauchschnittwunde und klebte Heftpflaster über die häßliche, rote Narbe. »Frage nicht — hilf mir! Wenn du mich liebst ...«

»Es ist alles so merkwürdig, Alf. Wir sollten jetzt wirklich nicht von Liebe sprechen.«

»Wasch sie!« sagte Bornholm laut.

Wortlos wusch Erika die Tote. Dann deckten sie sie mit einem

Leinentuch zu, holten vom Flur eine der fahrbaren Bahren und rollten sie zum Aufzug.

Im Keller ging Bornholm voraus, öffnete den Kühlraum, in dem die Gestorbenen bis zur Einsargung aufbewahrt wurden, und drehte das Licht an.

Sieben stumme, zugedeckte Gestalten standen bereits in der Kälte, die ihnen entgegenschlug. Erika schob die Bahre neben die anderen Toten. Dann befestigte sie an der großen Zehe einen Zettel, der auf einem der Tische lag. Den Kontrollzettel für den am Morgen kommenden Leichenwärter.

»Wie hieß sie?« fragte sie.

»Helga Herwarth. Dreiundzwanzig Jahre alt. Gestorben an Herzinsuffizienz ...« Bornholm diktierte es mit fester Stimme. Er hatte sich von seinem Schock erholt. Der nüchterne Kampf gegen die Wahrheit begann, der verzweifelte Kampf um seine Karriere.

Erika Werner schrieb, was Bornholm ihr sagte. Dann knipste sie das Licht aus, und sie fuhren mit dem Aufzug wieder hinauf zum OP-Trakt.

Bis gegen 4 Uhr säuberten sie den blutverschmierten Saal. Sie schrubbten den Boden, reinigten die Instrumente, seiften den OP-Tisch ab und rollten die blutigen Kompressen zusammen. Bornholm überzeugte sich, daß in der Wäschetruhe noch die gebrauchten Tücher der letzten Operation lagen. Er warf die Kompressen und Handtücher dazu. Niemandem würde es auffallen. Am frühen Morgen würden die Mädchen von der Wäscherei die Truhen abholen.

Bornholm überblickte den blitzsauberen OP. Erschöpft lehnte Erika an der gekachelten Wand.

»So ist es gut, Liebes«, sagte er mit einem schwachen Lächeln. »Und nun geh schlafen ... Morgen früh stellst du den Totenschein aus und rufst den Vater an ...«

»Ich? Den Vater? Und wo wirst du sein?«

»Ich habe morgen zwei Vorlesungen und eine Besprechung mit dem Strahleninstitut.«

»Du willst nichts damit zu tun haben, nicht wahr? Du bist in dieser Nacht gar nicht hier gewesen.«

»Richtig. Du wirst mir morgen offiziell Bericht erstatten über diesen tragischen Todesfall ...«

»Aber keiner hat sie hereinkommen sehen.«

»Das ist Sache der Pfortenschwester. Helga Herwarth war eben plötzlich in deinem Zimmer. Und ihre Leiche ist der Beweis, daß sie irgendwie ins Haus gekommen ist. Du weißt es nicht ... Halt!« Bornholm sah auf die Uhr an seinem Handgelenk. »Es ist jetzt 4 Uhr. Du rufst sofort die Pfortenschwester an und beschwerst dich, daß sie einen sterbenden Patienten nicht angemeldet hat. Du machst Krach, einen gewaltigen Krach! Ich werde mich morgen anschließen! Rahtenau selbst wird untersuchen, wie die Sterbende ins Haus kam ... Keiner wird es wissen ...«

»Und wie kam sie herein?«

»Ich habe sie mitgebracht, du weißt es doch. Ich bin durch den Laboreingang gekommen. Sie hat mich angefleht, daß es nie bekannt wird. Ich habe dummerweise nachgegeben. Auch das ist etwas, was keiner wissen darf. Wir müssen es so hinstellen, als sei alles voller Geheimnisse. Keiner wird sie lösen können!«

Erika nickte. Aber ihre großen Augen fragten. Bornholm konnte diesem Blick nicht standhalten. Er wandte sich ab.

Und so begann noch in der abdämmernden Nacht eine Tragödie, die die ganze Klinik erfaßte.

Die Nachtschwester und die Pfortenschwester hörten entsetzt, was geschehen war. Dr. Erika Werner schrie sie an, und sie hörten sprachlos zu und verstanden nicht, was man ihnen vorwarf.

»Es hat niemand geschellt!« stotterte die Pfortenschwester. »Ich habe die ganze Nacht ...«

»Aber sie ist hier und gestorben!« schrie Erika. »Sie kann doch nicht durchs Schlüsselloch kommen!«

»Ich verstehe das nicht ...« Die Pfortenschwester setzte sich erschüttert. Ihre zitternde Hand konnte kaum noch den Hörer halten. »Die ganze Nacht habe ich wachgesessen –«

Während Erika das Haus alarmierte, verließ Bornholm ungesehen durch den Hintereingang und die kleine Mauerpforte die Klinik. Mit hochgeschlagenem Mantelkragen, mit bloßem Oberkörper rannte er zum Parkplatz, warf sich in seinen Wagen und fuhr schnell aus dem Bereich des Krankenhauses. Zu Hause stürzte er sich auf die kleine, in den Bücherschrank eingebaute Hausbar und trank Cognac, bis die Kehle brannte und der Alkohol ihn schwanken ließ. Da erst setzte er die Flasche ab, warf sich auf das Sofa, schleuderte seine Jacke in eine Ecke und schlief mit nacktem Oberkörper ein, fast besinnungslos von dem Alkohol.

Um zehn Uhr betrat Professor Dr. Rahtenau die Klinik.

Schon beim Vorfahren bemerkte er, daß etwas Ungewöhnliches vorgefallen sein mußte. Der Tagespförtner lief ihm nicht entgegen – niemand kam ihm entgegengelaufen. In der Eingangshalle standen zehn Schwestern mit der Oberin an der Spitze und schienen auf Professor Rahtenau zu warten. Denn kaum kam er durch die Tür, stürzte die Oberin mit wehender Haube auf ihn zu.

»Noch nie ist das vorgekommen, Herr Professor!« rief sie händeringend. »Schwester Euphoria hat einen Herzanfall bekommen. Sie ist unschuldig! Keiner kann sich erklären ...«

Jetzt erst sah Rahtenau, daß auch alle dienstfreien Ärzte in der Halle standen, an der Spitze der 2. Oberarzt.

»Was ist los?« sagte Rahtenau laut und herrisch. »Ist denn alles verrückt? Was soll der Auflauf?! Wo ist Doktor Bornholm?!«

»Er kommt gleich. Ich habe ihn angerufen.« Der 2. Oberarzt trat aus der geballten Masse weißer Kittel hervor, wie zu einem militärischen Rapport. »Vergangene Nacht ist eine Patientin auf Station III gestorben, die keiner eingeliefert hat, die niemand anmeldete, die keiner ins Haus kommen sah. Sie stand plötzlich vor dem Zimmer von Doktor Werner, und ehe sie untersucht werden konnte, starb sie an Herzinsuffizienz ...«

»Das darf doch nicht wahr sein!« Professor Rahtenau sah zu der Oberin. »Wo ist die Pfortenschwester?«

»In der Klausur. Sie hat einen Schwächeanfall.«

»In mein Zimmer! Sofort! Dr. Werner?«

»Ist auf Station, Herr Professor.«

»Auch sofort zu mir!« Rahtenau warf seinen Staubmantel einem Pflichtassistenten zu, der ihn geschickt auffing. »Was Sie mir hier erzählen, ist doch unmöglich! Wie kann eine Sterbende zu Fuß heimlich in die Klinik?! Wo ist die Tote?«

»Bereits aufgebahrt in der Kapelle ...«

Rahtenau rieb sich über die Stirn. »Der gesamte gestrige Nachtdienst zu mir aufs Zimmer!« schrie er. »Alle Schwestern und Ärzte! Solch eine Sauerei!« Er sah sich um. »War die Presse schon hier?« fragte er mit unverhohlener Angst.

»Nein!« Der 2. Oberarzt stand fast stramm. »Aus dem Haus ist noch nichts nach außen gedrungen.«

»Es wird auch nichts nach außen dringen!« brüllte Rahtenau. »Ich mache Sie dafür verantwortlich!«

Der 2. Oberarzt nickte bleich. Wie eine verängstigte Hammelherde, die das Heulen des Wolfes hört, standen die Ärzte, bis der Chef mit dem Fahrstuhl nach oben entschwunden war. Dann erst löste sich der weiße Klumpen auf und rannte zu den Stationen. Nur die zehn schwarzen Schwestern mit den wehenden breiten Hauben blieben zurück, zusammengeschart um die Oberin. Sie empfanden die Anklage kollektiv ... was man Schwester Euphoria vorwarf, war ein Vorwurf für sie alle.

Dr. Erika Werner war wenig später im Zimmer Professor Rahtenaus. Er hatte gerade die wichtigsten Briefe überflogen, als die Chefsekretärin die junge Ärztin hereinführte. Sie sah übernächtig aus, aber irgendwie von einer festen Entschlossenheit.

»Was ist los?« fuhr Rahtenau Erika Werner barsch an. »Sie lassen unbekannte Patienten sterben –«

»Sie wäre auch gestorben, wenn sie durch die Pforte angemeldet worden wäre ...«

Professor Rahtenau setzte sich. Verwunderung trat in seine scharfen, grünblauen Augen. Er war es nicht gewöhnt, solche Antworten zu bekommen. Er überlegte, ob er brüllen sollte, oder ob es besser war, abzuwarten.

»Wann war es?«

»Gegen 4 Uhr morgens, Herr Professor. Es klopfte an meine Zimmertür. Wie oft es geklopft hat, weiß ich nicht. Ich wachte jedenfalls auf und dachte, es sei etwas mit dem frischoperierten Rektumkarzinom. Als ich die Tür öffnete, fiel mir ein unbekanntes Mädchen entgegen. ›Ich – ich ...‹, stammelte es ... dann warf es die Arme hoch und bekam keine Luft mehr. Ehe ich mir klar wurde, was geschah, ehe ich überhaupt richtig wach wurde, lag sie auf meinem Bett und war gestorben ...«

»Hm ... verrückt!« Professor Rahtenau sah die junge Ärztin nachdenklich an. »Und was dann? Was haben Sie gemacht?«

»Ich habe das Mädchen entkleidet und untersucht. Es war ein glatter Herztod.«

»Und dann?«

»Ich habe das Mädchen auf eine Bahre gelegt und in den Kühlraum gefahren ...«

»Allein?«

»Ja.«

»Sie haben keine Schwester gerufen? Sie haben überhaupt nicht jemanden gerufen, der ...« Professor Rahtenau legte die Hände aneinander. »Sind Sie verrückt, Doktor Werner?«

»Bis jetzt hat noch niemand eine solche Diagnose bei mir gestellt.«

»Sie wissen, daß Sie gehandelt haben wie ... wie ... mir fällt überhaupt kein Vergleich ein. Sie haben jedenfalls unverantwortlich gehandelt. Sie hätten sofort die Pforte anrufen müssen, die Nachtschwester, einen zweiten wachhabenden Arzt ... nichts ist dabei wichtiger als Zeugen! Haben Sie nie daran gedacht, daß sich das Mädchen vergiftet haben könnte? Was haben Sie sich eigentlich bei dieser Idiotie gedacht, was?« Rahtenau brüllte plötzlich. Er mußte brüllen, denn das bleiche, starre Gesicht der jungen Ärztin reizte ihn. Die stolze Haltung regte ihn auf. Heule doch, dachte er. Zeige Zerknirschung, aber steh nicht da, als habest du recht!

Erika schüttelte den Kopf. »Jetzt, wo alles vorbei ist, weiß ich auch, was ich hätte tun müssen. Aber in der Nacht, mitten aus dem tiefsten Schlaf gerissen, in einer solchen Situation, wo einem ein Toter entgegenfällt ... da habe ich einfach die Nerven verloren ...«

»Das alte Lied!« schrie Professor Rahtenau. »Meine Damen haben Nerven! Als Ärztinnen – Nerven! Werden Sie doch alles andere, von mir aus kriegen Sie zehn Kinder ... aber lassen Sie die Finger vom Arztberuf, wenn Ihnen die Nerven durchgehen! Solch eine Sauerei! Was soll ich jetzt den Hinterbliebenen sagen?«

Es klopfte kurz. Rahtenau sah auf. Dr. Alf Bornholm stürzte ins Zimmer. Er sah wie verwüstet aus. Der Alkohol lag noch in seinen rotumränderten Augen. Er blickte kurz zu Erika und warf dann den Kopf zu Rahtenau herum.

»Guten Morgen, Schwiegerpapa!« sagte er laut. Rahtenau trommelte mit den Fingern auf der Tischplatte. »Ich höre gerade, was hier geschehen sein soll ... Unglaublich! Sie müssen mir das genau erklären, Fräulein Werner —«

»Das hat sie bereits! Es ist zum Haareausraufen! Rollt die Tote ohne Zeugen einfach in den Eiskeller! Hast du schon jemals so etwas Verrücktes gehört?!«

»Ich nehme an, Fräulein Werner hat die Nerven verloren.«

»Genau das! Und so was nennt sich Ärztin!« Professor Rahtenau hieb mit der Faust auf den Schreibtisch. Sein Gesicht war gerötet. »Wenn das der Presse bekannt wird ... ich darf gar nicht daran denken! Wie ist das Mädchen denn ins Haus gekommen?«

»Das müssen wir eben klären.« Bornholm drückte auf die Tasten der Haussprechanlage. »Das ganze Nachtpersonal zum Chef!« rief er herrisch. »Aber schnell!«

»Wir müssen eine Obduktion machen, Alf.« Rahtenau erhob sich und ging unruhig im Zimmer auf und ab. »Wenn es eine Vergiftung war oder sonst etwas! Herztod ... das kann jeder sagen! Wer die Nerven verliert, dem nehme ich keine Diagnose ab!«

»Ich werde die Obduktion selbst machen«, sagte Dr. Bornholm. »Und zwar sofort. Wo ist die Tote?«

»In der Kapelle.«

Bornholm drückte wieder eine Taste des Sprechapparates herunter. »Die Leiche von Fräulein Herwarth sofort in das Obduktionszimmer!«

Der Finger Rahtenaus stieß gegen Erika Werner. »Und Sie sezieren mit!« rief er. »Lernen Sie Diagnose. Und wenn es kein Herztod war ...«

Die Fortsetzung des Satzes blieb unausgesprochen, aber Erika wußte, was er enthielt. Bornholm winkte ihr zu.

»Gehen wir. Und auf dem Wege erzählen Sie mir noch einmal die wundersame Geschichte ...«

Erika war froh, aus dem Blick Rahtenaus entfliehen zu können. Im Aufzug, der sie abwärts zum Sezierraum führte, küßte Bornholm sie auf die Schläfe.

»War es schlimm?« fragte er.

»Grausam, Alf ... Gut, daß du gekommen bist. Ich hatte kaum noch Kraft, durchzustehen.«

»Nun ist ja alles vorbei und gut.« Er streichelte über ihr Haar und legte den Arm um ihre bebende Schulter. »Hast du alles so gemacht, wie ich dir gesagt habe?«

»Ja. Ich habe bei der Aufbahrung mitgeholfen und verhindert, daß man den Leibschnitt sah.«

»Hast du den Vater angerufen?«

»Nein. Noch nicht. Ich konnte es nicht. Der 2. Oberarzt begann sofort mit den Verhören. Dann kam der Chef . . .«

Bornholm biß sich auf die Unterlippe. Er tat es immer, wenn er nachdachte. Noch wußte also der Architekt Herwarth nicht, daß seine einzige Tochter Helga kalt und starr im Keller der Klinik lag. Es waren damit Stunden gewonnen, die jede Gefahr ausschlossen. Sogar einen Obduktionsbefund konnte man jetzt vorweisen. Es war niemand da, der diesen Befund eines Dozenten der Universitätsklinik anzweifeln würde.

»Es war gut so, Liebes«, sagte Bornholm. Bevor der Fahrstuhl hielt und er die Tür öffnete, küßte er Erika noch einmal. Sie umklammerte ihn und hatte die ganze schreckliche Qual der vergangenen Stunden in ihren Augen.

»Wenn man entdeckt, Alf . . . Wenn man . . . Ich habe solche Angst . . .«

»Niemand wird etwas entdecken. Nach der Obduktion ist es sowieso unmöglich. Wir werden den Körper wie in der Pathologie genau sezieren. Auch der Leibschnitt gehört dazu. Die Fäden werden wir ziehen. Es kann überhaupt nichts mehr passieren!«

Im Keller wartete der Leichenwärter mit der zugedeckten Bahre. Unter dem Leichentuch hingen die langen schwarzen Haare des Mädchens fast bis zur Erde herab. Erika biß die Zähne fest zusammen.

»Alles klar?« fragte Bornholm laut. Der Wärter nickte.

»Ja, Herr Dozent.«

»Lassen Sie uns jetzt allein. Fräulein Werner, ich diktiere Ihnen die einzelnen Ergebnisse . . . Nein, danke, das machen wir schon . . .«, sagte Bornholm schnell, als der Pfleger den Körper auf den Seziertisch heben wollte. »Gehen Sie jetzt.«

Bornholm verschloß hinter dem Wärter die Tür. Dann hoben sie den schweren Körper auf die Marmorplatte und deckten ihn auf. Bornholm steckte sich eine Zigarette an und setzte sich auf einen Schemel.

»Willst du tatsächlich sezieren?«

»Nein. Wir werden hier zwei Stunden sitzen und dann mit einem Protokoll zurück zu Rahtenau gehen.«

»Aber der Leichendiener wird sehen, daß du . . .«

»Daran habe ich nicht gedacht. Kluges Mädchen.« Er küßte sie.

Schaudernd ließ sie es geschehen. Wie er in Gegenwart der Leiche zärtlich sein konnte, erschütterte sie maßlos.

Frierend wandte sie sich ab, als Bornholm die Gummihandschuhe überstreifte und mit dem Skalpell den Körper auftrennte. Er machte alle vorschriftsmäßigen Schnitte und vernähte sie grob wieder. Sein Gesicht war starr dabei, wie aus Stein gehauen.

Niemand wußte, was er in diesen Minuten dachte, als er einen Körper obduzierte, ein blühendes, junges Mädchen, das er ungewollt getötet hatte und das vor zehn Stunden noch mit einem Kind unter dem Herzen durch die Straßen ging, ein Kind von ihm. Ein Kind, das aus einer Liebe stammte, die einmal an eine schöne Zukunft glaubte.

»Fertig«, sagte Bornholm rauh. Erika drehte sich wieder um. Der Körper war wieder zugedeckt. Bornholm warf die Handschuhe in einen Eimer. »Wir müssen ganz starke Nerven haben, Erika«, sagte er leise. »Komm, setz dich ... ich diktiere dir das Obduktionsprotokoll.«

Nach zwei Stunden fuhren sie wieder hinauf in die Sonne. Der Körper Helga Herwarths wurde zurück in die Kapelle gerollt.

Professor Rahtenau ließ Bornholm und Erika Werner sofort in sein Zimmer kommen, als sie sich anmeldeten. Groß und fordernd stand er hinter seinem Schreibtisch.

»Nun?« fragte er. »Was war es? Vergiftung?«

»Nein.« Die Stimme Bornholms war ganz klar und ohne Zwischenton. »Herztod durch eine nicht erkannte Angina pectoris ...«

»Das macht die Sache ja noch komplizierter!« schimpfte Rahtenau. »Und Sie haben Glück gehabt!« schrie er Erika zu. »Die Diagnose stimmt! Bleibt nur noch das Rätsel: Wie kam das Mädchen unbemerkt ins Haus? Hast du eine Erklärung dafür?«

Dr. Bornholm hob bedauernd die Hände. »Was sagt Schwester Euphoria aus?«

»Sie hat die ganze Nacht im Glaskasten gesessen und einen frommen Roman gelesen. Durch die Hauptpforte ist sie also nicht herein. Euphoria lügt nicht, das verbietet ihr religiöses Gelübde. Also muß das Mädchen durch einen Seiteneingang gekommen sein. Jemand hat nicht abgeschlossen.«

»Und es wird nie festzustellen sein, wer es vergessen hat.« Dr. Bornholm legte das Obduktionsprotokoll vor Professor Rahtenau auf den Tisch. »Halten wir uns an die Tatsachen: Wir haben eine Tote im Haus, und wir müssen die Hinterbliebenen benachrichtigen.«

»Kennt man sie denn?«

»Sie hatte ihren Paß bei sich«, sagte Erika schnell. »Helga Herwarth. Vater Architekt Bruno Herwarth ...«

»Auch das noch!« Professor Rahtenau setzte sich schwer. »Sie wissen nicht, wer Bruno Herwarth ist?«
»Nein –«
»Der Erbauer unseres neuen Schauspielhauses. Wir werden also doch die Presse auf den Hals bekommen!«
»Wenn du mit dem Vater einmal in aller Offenheit sprichst, Schwiegervater ...« Bornholm sah, wie Erika bei dem letzten Wort das Gesicht verzog. »Fräulein Werner wird ihn gleich benachrichtigen ...«
»Das wird aber auch Zeit!« schrie Rahtenau. »Was stehen Sie hier herum, Sie Nachtwandlerin?! Los, rufen Sie den Vater an!«
Schnell verließ Erika Werner das gefürchtete Chefzimmer. Von ihrem kleinen Assistentenzimmer aus rief sie den Architekten Bruno Herwarth an. Sie mußte lange warten, bis sie ihn sprechen konnte. Die Sekretärin hatte Anweisung, ihn nicht zu stören.
»Die Polizei ist bei uns«, sagte sie. »Fräulein Herwarth wird seit gestern vermißt. Gerade ist eine Vernehmung. Ich weiß nicht, ob ich jetzt –«
»Es handelt sich um Fräulein Herwarth!« rief Erika.
»Sie sind eine Freundin?«
»Nein, eine Ärztin. Fräulein Herwarth ...«
»O mein Gott! Ist etwas passiert?! Ich stelle sofort zu Herrn Herwarth durch ...«
Das Gespräch mit Bruno Herwarth war ganz kurz. Erika hörte an dem Schwingen der Stimme, welche Mühe er sich gab, ruhig zu sprechen.
»Ja?« sagte er. »Sie wissen –«
»Ihr Fräulein Tochter liegt bei uns. Chirurgische Klinik, Professor Doktor Rahtenau. Ich soll Sie im Namen des Herrn Professors anrufen. Ihr Fräulein Tochter kam gestern nacht zu uns, unangemeldet, und –«
»Ich komme sofort!« Die Stimme Herwarths war plötzlich etwas heiser. »Ein Unfall?«
»Nein –«
»Wie geht es ihr?«
»Herr Herwarth, ich muß Ihnen sagen, daß Ihr Fräulein Tochter gestern nacht –«
Am anderen Ende des Drahtes hörte Erika einen tiefen Seufzer. Dann wieder die Stimme Herwarths, gefaßt und klar.
»Ich komme sofort. Es ... es ist mir rätselhaft ... Ich – danke Ihnen, Frau Doktor ... Ich –«
Die Stimme schwankte. Dann knackte es im Hörer. Herwarth hatte den Apparat niederfallen lassen. Langsam legte Erika den Hörer zurück. Hinter ihr knarrte die Tür. Der Kopf Bornholms sah durch einen Spalt herein.

»Alles klar, Liebes?« flüsterte er.

»Ja ... Aber ich habe Angst, Alf —«

»Wovor denn noch?« Er lachte sie an. »Bis morgen ...«

»Du gehst weg?!« rief sie. »Gerade jetzt?! Wer soll denn mit dem Vater sprechen?«

»Du ... Du hast sie doch sterben gesehen —«

Die Tür klappte zu. Erika Werner sank auf ihr Bett und schlug beide Hände vor die Augen. Ein Gefühl grenzenloser Verlassenheit überflutete sie.

Aber es gab jetzt kein Zurück mehr. Sie hatte den Totenschein ausgestellt, ihre Aussage lag schriftlich bei Professor Rahtenau. Sie mußte die Rolle weiterspielen.

Und sie tat es nur, um Bornholm zu schützen. Es war der einzige Grund, der ihr Gewissen besänftigte.

Lange stand Bruno Herwarth in der Kapelle vor der aufgebahrten Leiche seiner Tochter. Man hatte ihr Blumen in die gefalteten Hände gedrückt. Ihre schwarzen Haare flossen über die weiße Decke hinweg und hingen seitlich über den engen Sarg heraus. Ihr blasses Gesicht war voll Frieden. Sie sah nicht wie eine Tote aus, sondern wie eine glücklich Schlafende.

Erika Werner stand zwei Schritte hinter Bruno Herwarth. Sie beobachtete ihn. Er stand vor dem offenen Sarg, die Hände aneinandergelegt, und starrte wortlos auf das Gesicht Helgas. Er war wie versteinert in seinem Schmerz. Aber zu dem Schmerz trat das völlige Unbegreifen, wie es möglich gewesen sein konnte.

Am Abend hatte er sie noch gesprochen, als er von einer Besprechung des Städtischen Bauausschusses zurückkam. Sie hatte gerade zu Abend gegessen und sagte, daß sie ins Kino wollte. Sie war wie immer, ein wenig frech, ein wenig zu temperamentvoll, ein Erbgut der Mutter, die Spanierin gewesen war und vor sechs Jahren bei einem Autounfall den Tod gefunden hatte.

Mit gesenktem Kopf wandte sich Bruno Herwarth ab. Aus verschleierten Augen blickte er Erika Werner wie ein bettelndes Tier an.

»Verstehen Sie das?« fragte er leise. »Nie war sie krank, nie hat sie über ihr Herz geklagt ... und auf einmal stirbt sie in ein paar Minuten an Herzschwäche ... Das kann man einfach nicht begreifen ...«

»Es war uns allen ein Rätsel, Herr Herwarth.« Erika holte tief Atem, um ruhig weitersprechen zu können. »Auf Veranlassung Professor Rahtenaus hat Herr Dozent Doktor Bornholm sofort eine Obduktion vorgenommen. Es war einwandfrei ein Herztod ...«

»Ich glaube es ja. Was soll es sonst auch gewesen sein? Sie

war immer ein lebenslustiges Mädel ...« Er stockte. In seine Augen quollen Tränen. Nach Haltung suchend nagte er an der Oberlippe. »Nun bin ich ganz allein ...«, sagte er kaum hörbar.

In diesem Augenblick haßte Erika Dr. Bornholm mit einem Abscheu, der unbeschreiblich war.

Am Vortage der Beerdigung Helga Herwarths ordnete Bruno Herwarth den Nachlaß seiner Tochter. Er hatte das Zimmer seiner Tochter seit ihrer Großjährigkeit selten betreten. Sie hatte sich eine eigene, andere Welt aufgebaut, mit abstrakten Bildern an den bunten Wänden, Jazzplatten, Modellzeichnungen und verrückten Plastiken. Hier gab sie ihre kleinen Feste mit gleichaltrigen Freundinnen, hier lag sie auf dem Teppich vor dem Plattenspieler und hörte die neuestens Hits an. Bruno Herwarth ließ ihr ihre Vergnügungen. Er kam aus einer steiferen Welt, aber er tolerierte seine moderne Tochter und fragte nie, wo sie abends hinging, mit wem sie sich traf, ob sie Freunde hatte, Männerbekanntschaften, Erlebnisse ... Er vertraute ihr, weil sie seine Tochter war mit seinem Charakter. Selbst als sie einige Nächte ausblieb, verlangte er keine Erklärung, weil sie sie ihm selbst unaufgefordert gab. Sie war bei einer Freundin geblieben, deren Mutter plötzlich krank geworden war.

Nun saß er in diesem bunten, nach einem süßen Parfüm duftenden Zimmer und packte die Platten zusammen, die Bücher, die Modezeichnungen, und bei jedem Griff zuckte sein Herz und stieg der Schmerz wie ein drängender Schrei in seiner Kehle empor.

Unter den Büchern waren auch zwei schwarze, dicke Hefte. Nur weil sie aus seiner Hand fielen und aufklappten, sah er sie näher an.

Die Blätter waren eng beschrieben. Helgas Handschrift. Bruno Herwarth bückte sich und hob die Hefte auf. Auf der ersten Seite, umkränzt von gemalten Blumen, stand in Helgas charakteristischer steiler Handschrift der Titel.

›Mein schönes, junges Leben.‹

Bruno Herwarth zögerte, die nächste Seite aufzuschlagen. Sie hat ein Tagebuch geführt, dachte er. Ein Buch der Erinnerungen. War es ein Vertrauensbruch, wenn er ihre Aufzeichnungen las?

Bruno Herwarth setzte sich ans Fenster und begann zu lesen. Sie ist tot, dachte er. Und ich werde vielleicht eine Tochter kennenlernen, an der ich in all den Jahren vorbeigegangen bin. Eine andere Helga. Vielleicht schreibt sie etwas über ihre Krankheit ...

Die ersten Seiten waren belanglos. Plapperndes Geschwätz über Mode und Kleider, über eine Freundin und einen Film. Doch dann kam eine Stelle, die Bruno Herwarth mit wachsendem Interesse las.

Er ist wunderbar. Groß, schlank, mit etwas grauen Schläfen. Er tanzt wie ein junger Gott, spricht wie ein Genie und hat die Augen eines Jungen. Monika sagte mir ins Ohr, daß er bald sehr berühmt sein wird. Ein Forscher. Den ganzen Abend hat er nur mit mir getanzt, und ich war selig. Aber ich habe es ihm nicht gezeigt. O nein ... ich war kratzbürstig und spröde. Aber wenn er nicht hinsah, hätte ich ihn umarmen können. Welch ein Gefühl – Ist das die Liebe auf den ersten Blick?!«

Und zwei Tage später:

»Ich bin glücklich, glücklich, glücklich. Allen könnte ich es zurufen ... den Bäumen, den Autos, den Häusern, den Spatzen auf den Dächern, den Wolken, der Sonne, dem Wind ... Ich liebe ihn! Als er mich zum erstenmal küßte, war es, als gehe die Welt unter, falle der Himmel herab und bräche die Erde mit einem Knall auf. Ich war wie besinnungslos. Noch nie hat ein Mann mich so geküßt. Ich glaube, wenn er ... Nein, nein ... ich will nicht daran denken. Wer mich ansieht, muß sehen, wie glücklich ich bin. Ich möchte am liebsten mit einer dunklen Brille herumlaufen; jeder kann meine leuchtenden Augen deuten ...«

Bruno Herwarth ließ das Heft sinken und starrte hinaus in den Garten seines Hauses. Ein Mann, dachte er. Sie hat ein Erlebnis gehabt, meine kleine Helga. Und es muß ein älterer Mann gewesen sein. Sie schreibt von grauen Schläfen ...

Eine drängende Wut auf diesen Unbekannten kroch in ihm hoch. Mit bebenden Fingern blätterte er weiter ... er überschlug ein paar Seiten, Tage, Wochen ...

»Mir war immer in der letzten Zeit so merkwürdig. Und Alf sehe ich kaum noch. Er hat mit seinen Forschungen soviel zu tun. Und dabei habe ich solche Sehnsucht nach ihm. Ich träume von ihm, und abends drücke ich das Kissen unter meinen Kopf und bilde mir ein, ich läge in seinen Armen ... wie damals unter dem zusammenbrechenden Himmel, 2000 Meter hoch. Zwei Adler in einem Horst, den keine Welt mehr stört ...«

Bruno Herwarth umklammerte das schwarze Heft. Vor seinen Augen tanzten die Buchstaben. Dann las er weiter, den Mund halb offen, als ersticke er an der Wahrheit, die er las.

»Jetzt weiß ich es, was es ist, das Merkwürdige in mir. Und ich werde es morgen Alf sagen. Er muß mir helfen. Er kann es ja. Nie darf Vater das erfahren, er würde mich halb totschlagen und

hinauswerfen. Er würde es nie verstehen, wenn ich sagen würde: Ich liebe ihn doch. Nein, es darf nicht sein. Alf muß mir helfen ... was soll ich jetzt mit einem Kind ...«

Bruno Herwarth warf das Buch auf den Boden. Er sprang auf. Sinnlose Wut durchströmte ihn, machte ihn fast tobsüchtig. Er zertrat die Platten, die er auf dem Boden gestapelt hatte, stieß die Bücher um und rannte wie irr in dem Zimmer auf und ab.

Ein Kind! Helga erwartete ein Kind!

Eiskalt packte ihn plötzlich ein neuer Gedanke. Mitten im Zimmer blieb er stehen.

Es war kein Herztod, durchfuhr es ihn. Es war ein Selbstmord! Die Diagnose in der Klinik war falsch. Die Obduktion war falsch. Dieser Alf, den sie beschreibt, dieser Schuft, er hatte sie fallengelassen, und aus Verzweiflung hatte sie ...

An dieser Stelle seiner jagenden Gedanken brach Bruno Herwarth mit einem ächzenden Laut zusammen. Er sank auf die Couch und schloß die Augen. Er hatte das Gefühl, sein Herz setze aus. Fast eine halbe Stunde saß er so, wie gelähmt von der Erkenntnis, daß ein unbekannter Mann schuld am Tode seiner Tochter war. Ein Mann mit grauen Schläfen. Ein Forscher. Ein Mann, der der Vater des Kindes war, das Helga zur Verzweiflungstat trieb ...

Langsam ließ die Starre nach. Ächzend bückte er sich und las weiter. Aber das Tagebuch brach ab. Mit einem schrecklichen Satz.

»... heute nacht treffe ich ihn. Und morgen wird alles anders sein —«

Bruno Herwarth starrte auf das Datum. Der Tag, an dem sie starb. Er steckte das schwarze Heft in seine Jackentasche und begann noch einmal alles zu durchsuchen. Ein dumpfes Gefühl sagte ihm, daß dieses Tagebuch nicht alles war, was Helga über diesen geheimnisvollen Alf geschrieben hatte. Noch einmal blätterte er alle Bücher durch, suchte in den Plattentrümmern, durchwühlte die Zeichnungen und Zeitschriften.

In einer neuen Illustrierten fand er endlich einen nicht verschlossenen Brief. Mit stierem Blick las er die Adresse.

»An meinen Vater —«

Mit fliegenden Händen riß er den Brief aus dem Kuvert. Er war kurz, nur ein paar Zeilen, in großer Eile hingeschrieben, als habe sich Helga vor dem Weggehen erst entschlossen, diese Zeilen zu schreiben.

»Lieber Papa,
wenn ich morgen früh nicht wieder zu Hause bin, ist etwas geschehen. Ich erwarte ein Kind, und der Vater des Kindes ist bereit, es mir zu nehmen. Du hättest es nie erfahren ... aber wenn ich nicht wiederkomme, ist etwas Schreckliches geschehen. Dann gehe zu Dozent Dr. Alf Bornholm, Erste Chirurgische Klinik. Er ... er ist der Vater ...«

Mit einem Schrei sank Bruno Herwarth wieder auf die Couch.

Dr. Bornholm. Der Oberarzt! Der Mann, der die Obduktion vorgenommen hatte. Der ihm vor zwei Tagen Beileid gewünscht hatte. Der ein Gutachten abgegeben hatte, daß Helga herzkrank gewesen sei.

Bruno Herwarth rannte aus dem Haus. Er stürzte in seinen Wagen und fuhr wie ein Irrer durch die Stadt zu den Kliniken. Er durchraste zwei Ampeln, schnitt die Straßenbahnen, durchjagte Einbahnstraßen in verbotener Richtung und hielt mit kreischenden Bremsen vor dem Klinikeingang.

Den Portier, der ihm entgegentrat, fegte er mit einer Armbewegung in die Ecke, zwei Pfleger in weißen Kitteln, die im Wege standen, warf er seitlich auf den Boden ... und während bereits die Alarmglocke durch das Haus gellte, rannte er mit um sich schlagenden Armen die Treppen hinauf und schrie grell, daß es durch alle Stationen schallte:

»Wo ist dieser Bornholm?! Bornholm! Mörder! Mörder! Ich bringe ihn um! Ich bringe ihn um! Mörder!«

Am Eingang der Privatstation warfen sich zwei Ärzte dem Tobenden entgegen. Sie rissen seine um sich schlagenden Arme nach hinten und preßten sie hoch.

Bruno Herwarth starrte mit blutunterlaufenen Augen auf die weißen Kittel.

»Wo ist dieser Bornholm?« brüllte er mit unmenschlicher Stimme. »Er hat meine Tochter ermordet —«

Die beiden Ärzte schoben Herwarth in ein leeres Untersuchungszimmer. Ein Pfleger kam mit einer Injektionsspritze gerannt. Während die Ärzte den keuchenden Architekten umklammert hielten, gab eine Schwester mit zitternden Händen die Beruhigungsinjektion. Herwarth spürte den Einstich gar nicht ... er starrte gegen die geschlossene Tür, wie ein gefangenes Tier, und stöhnte immer wieder die schrecklichen, für alle unverständlichen Anklagen.

»Mörder ... Mörder ... Er hat Helga umgebracht ... Er hat sie umgebracht —«

Nach einigen Minuten wurde er ruhiger. Die Spritze wirkte.

Sie machte ihn schläfrig, schlapp, dämpfte seine Nerven und ließ ihn in eine Dumpfheit fallen.

So traf ihn Professor Dr. Rahtenau an, als er mit fliegendem OP-Mantel in das Untersuchungszimmer der Privatstation stürmte.

»Herr Herwarth!« rief er, als er den gebrochenen Mann auf dem Stuhl hocken sah, umgeben von den Ärzten und Pflegern, denen der Schweiß noch auf den Gesichtern klebte.

»Herr Professor ...« Bruno Herwarth stierte zu Professor Rahtenau hinauf. Sein Blick flatterte. In seinem Innern wühlte noch immer der unbändige Schmerz und der Vergeltungsdrang ... aber die fünf Kubikzentimeter Injektionsflüssigkeit waren stärker als die dicksten Eisenfesseln. Sie hatten seine Nerven gelähmt. »Mein Kind ... mein einziges Kind –«

»Ich verstehe Ihren Schmerz. Ich habe selbst eine Tochter, die ich über alles liebe ...« Professor Rahtenau setzte sich vor Herwarth auf einen Hocker. Sein schneller herrischer Blick scheuchte die Assistenzärzte und Pfleger aus dem Zimmer. Als sie allein waren, beugte sich Rahtenau zu dem Architekten vor.

»So, jetzt sind wir unter uns, ganz allein. Väter unter sich. Sprechen wir uns aus ...«

»Er hat sie getötet ...« Es war ein Stöhnen aus den Tiefen, die noch immer brodelten. »Er hat sie ermordet –«

»Wer?« fragte Rahtenau sanft.

»Bornholm –«

»Unser Oberarzt Dozent Bornholm?« Rahtenau lächelte schwach. Er legte die Hände auf die zitternden Finger Herwarths. »Herr Bornholm hat Ihre Tochter nur als ... nun, hinterher gesehen. Behandelt hat sie unsere Stationsärztin, Fräulein Dr. Erika Werner. Sie hat nichts mehr tun können ... es ging zu schnell mit dem Infarkt ...«

»Lüge! Alles Lüge!« Der Kopf Herwarths sank auf die Brust herab, der Unterkiefer klappte auf. »Helga bekam ein Kind ... von ihm ...«

»Von wem?« fragte Professor Rahtenau. Er war nicht begriffsstutzig, aber das verstand er nicht. Wollte es nicht verstehen.

»Von Bornholm –«

»Nie!« Rahtenau sagte es so laut, als schreie er einen seiner Assistenzärzte an. Aber dieses ›Nie!‹ war mehr ein Selbstschutz als eine Abwehr. Er spürte, wie es eiskalt um sein Herz wurde.

»Ich habe einen Brief ...« Die Injektion wirkte jetzt auf den ganzen Organismus.

»Haben Sie ihn bei sich?« Rahtenau würgte die Worte heraus. Herwarth nickte mit zufallenden Augen.

»In der Tasche ...« Sein Kopf zuckte noch einmal hoch, die Augen rissen auf, waren unnatürlich groß und starr und glänzend. »Mörder!« schrie er grell. Dann sank er schlaff zusammen und schlief ein.

Professor Rahtenau zögerte. Es war das natürliche Hinausschieben vor dem Blick in eine grauenhafte Wahrheit. Dann aber überwand er sich und beugte sich über den Schlafenden. Er holte die Brieftasche aus der Rocktasche und fand gleich obenauf die aus dem Tagebuch herausgerissene Seite und den letzten Brief Helga Herwarths an ihren Vater.

Langsam, Wort für Wort, so wie man einen Text auswendig lernt, las Rahtenau die schrecklichen Worte. Was ihn erstarren ließ, war weniger die Erkenntnis, daß sein Schwiegersohn der Vater eines außerehlichen Kindes war, sondern die niederschmetternde Tatsache, daß in seiner Klinik, in der Nacht, etwas geschehen sein mußte, was den Zusammenbruch auch des berühmten Namens Rahtenau nach sich ziehen würde.

Langsam faltete Rahtenau den Brief und das Tagebuchblatt wieder zusammen. Dann stand er auf, schellte nach den Pflegern und nickte zu dem schlafenden Herwarth hin, als sie — ängstlich, es könnte etwas geschehen sein — ins Zimmer stürzten.

»Auf Zimmer eins«, sagte Rahtenau müde. »Einer ständig bei ihm. Und wenn er etwas will — ich bin immer für ihn zu erreichen! Immer! Auch nachts!«

Er beachtete nicht die verwunderten Blick seiner Pfleger. Mit gesenktem Kopf ging er an ihnen vorbei in sein Chefzimmer und schloß sich ein.

Eine halbe Stunde lang rang Professor Rahtenau gegen sich um einen Entschluß, den er beim Lesen des letzten Briefes von Helga Herwarth gefaßt hatte. Sein unerschütterliches ärztliches Ethos stand gegen die schmerzlichen Gefühle eines Vaters, der das Glück seiner einzigen Tochter in einer einzigen Handlung zerbrechen sah. Es blieb ihm keine Wahl, und es gab kein Ausweichen mehr. Er wußte, wie er als Vater in der gleichen Situation wie Herwarth handeln würde.

Mit schwerer Hand nahm Rahtenau den Hörer ab. Seine Sekretärin meldete sich aus dem Nebenzimmer.

»Herr Professor?«

»Stellen Sie eine Verbindung her ... zur Kriminalpolizei.«

»Wohin?« fragte die Sekretärin ungläubig.

»Kriminalpolizei. Mordkommission —«

»Mord —« Die Stimme der Sekretärin versagte.

»Ja, Mordkommission. Und dann schalten Sie zu mir durch — ohne Tonband ...«

Professor Rahtenau ließ den Hörer zurückfallen. Er lehnte sich im Sessel weit zurück und starrte an die hohe, weißgetünchte Decke. Als die Telefonglocke anschlug, zuckte er zusammen und nahm langsam den Hörer ab. Er war schwer wie ein stählerner Klotz.

»Rahtenau«, sagte er müde.

»Kommissar Flecken.«

»Kommen Sie bitte heraus zu mir. Erste Chirurgische Klinik. Ich habe eine Tote hier ... eine ...« Rahtenau atmete tief durch, ehe er es aussprechen konnte ... »Eine Getötete! Ein Abortus mit exitus. Der Täter ist ... ist mein künftiger Schwiegersohn, Dozent Doktor Bornholm ...«

»Ich komme sofort!« Kommissar Flecken legte auf.

Rahtenau ließ den Hörer sinken. Dann wusch er sich die Hände und das Gesicht mit kaltem Wasser, als könne er etwas Klebriges von sich abschrubben. Mit gesenktem Kopf ging er hinüber in seine Privatstation und betrat das Zimmer Nummer eins.

Bruno Herwarth lag im Bett, den Blick starr an die Decke gerichtet. Er wandte kaum den Kopf, als Rahtenau eintrat. Eine herrische Handbewegung fegten den Wache haltenden Pfleger aus dem Zimmer. Rahtenau blieb vor dem Bett stehen, die Hände in den ausgebeulten Taschen seines weißen Mantels.

»Herr Professor ...«, sagte Herwarth leise. »Ich habe mich schrecklich benommen ... Ich weiß ... Aber meine Helga, mein ganzes Glück ...« Tränen überschwemmten das bleiche Gesicht. »Es kann nichts mehr ungeschehen gemacht werden ... ich weiß es ...«, stammelte er, »aber ... aber ...«

Rahtenau setzte sich auf die Bettkante und nahm die zitternden Hände Herwarths. Er umklammerte sie wie ein Ertrinkender.

»Wir haben heute beide unsere Töchter geopfert«, sagte Rahtenau dumpf. »Es wird alles seinen gerechten Gang gehen.«

»Er ... er war es wirklich?«

»Ich weiß es nicht. Doktor Bornholm ist zu einem Vortrag nach München. Er wird in diesem Augenblick zurückgerufen und kommt mit dem nächsten Flugzeug. War er es – ich werde keine Rücksicht nehmen. Ich verspreche es Ihnen.«

Die Leiche Helga Herwarths wurde als erstes beschlagnahmt. Der versiegelte Sarg wurde aus der Krankenhauskapelle sofort abtransportiert zum Gerichtsmedizinischen Institut. Dort wartete bereits Professor Burgner, der Pathologe. Er hatte, als er das Ausmaß der Katastrophe überblickte, sofort versucht, seinen Freund und Bundesbruder Rahtenau anzurufen. Aber Rahtenau ließ sich verleugnen. Er hatte nichts mehr zu sagen ... nur die Tatsachen sollten sprechen.

Bleich, sich zur Ruhe zwingend, sah Erika Werner, wie man den Körper Helga Herwarths in den Polizeileichenwagen lud und wegfuhr. Die Autos der Mordkommission parkten vor dem Eingang der Klinik. Der OP, in dem Helga angeblich starb, war abgeschlossen, das Zimmer, in dem sie angeblich gelegen hatte, wurde untersucht und als Vernehmungsraum hergerichtet. Im ganzen Haus war bekannt, daß Rahtenau selbst die Mordkommission gerufen hatte. An sie, die Ärztin Dr. Werner, die ausgesagt hatte, daß sie das Mädchen mit einer Herzinsuffizienz sterbend aufgenommen hatte, waren noch keinerlei Fragen gestellt worden.

Verzweifelt hatte sie nach einer Möglichkeit gesucht, Alf zu warnen. Sie hatte in München angerufen und den Kongreß verlangt, auf dem Bornholm seinen aufsehenerregenden Vortrag über den ›Vollkommenen Blutaustausch mit physiologischem Blutersatz‹ gehalten hatte. Aber Bornholm war gleich nach dem Vortrag weggefahren. Eine Ärztegruppe hatte ihn zur Besichtigung einiger Unfallkliniken eingeladen. Gerade bei Unfällen war der Blutersatz von lebenserhaltender Wichtigkeit.

Als in ihrem Stationszimmer das Telefon anschlug, zuckte sie zusammen. Mit gespreizten Fingern nahm sie den Hörer ab.

»Bitte auf Zimmer vier!« schnarrte eine Stimme. Erika nickte, als könne der Anrufer es sehen, und legte auf. Sie zog ihren besten, eben aus der Wäscherei gekommenen Ärztekittel an und kämmte sich noch einmal die kurzen Haare. Dann zog sie die Lippen mit einem schwachroten Stift nach und fuhr mit den angefeuchteten Fingern über ihre dunklen Augenbrauen.

In Zimmer vier erwarteten sie drei unbekannte Männer in grauen Anzügen. Sie hatten einige Bogen Papier vor sich liegen und erhoben sich nicht, als sie eintrat. Nur der mittlere stand andeutungsweise auf und zeigte auf einen Stuhl, der mitten im Zimmer stand.

»Bitte!« sagte er abgehackt. »Nehmen Sie Platz. Ich bin Kommissar Flecken von der Mordkommission. Ich mache Sie darauf aufmerksam, daß Ihre Aussagen zu Protokoll gegeben werden. Sie können die Aussage verweigern, wenn Sie glauben, dadurch an eigener Person Schaden zu erleiden ...«

Erika setzte sich auf den Stuhl. Es war ihr, als glühe der Sitz. Alf, dachte sie. Mein Gott, wenn ich doch vorher mit Alf hätte sprechen können. Es ist doch jetzt alles anders. Man weiß jetzt, woran Helga Herwarth gestorben ist. Ich kann doch nicht bei meiner Diagnose bleiben: Herzinsuffizienz! Was soll ich denn sagen?

Sie starrte Kommissar Flecken an. Ihre Blicke trafen sich, und es gab keinerlei Verbindung zwischen ihnen. Sie wird lügen, dachte Kommissar Flecken. Und ich ahne auch, warum.

»Woran starb Helga Herwarth?« fragte er laut und hart.

»Der Obduktionsbefund liegt vor.«

Kommissar Flecken nickte. »Ich habe ihn gelesen. Und Sie haben dazu nichts zu sagen?«

»Nein!«

»Auch nicht, wenn der Befund völlig falsch ist?«

»Das kann nicht sein!«

»Sie haben geschrieben: Herzinsuffizienz! Aber Sie wissen – wie jeder jetzt hier im Haus –, daß Fräulein Herwarth verblutet ist. Verblutet durch einen Eingriff, der allein schon durch Paragraph zweihundertachtzehn strafbar ist!«

Erika Werner starrte Kommissar Flecken kampfbereit an. Sie dachte an die Worte Alf Bornholms: Hilf mir! Es geht nicht allein um meine große Zukunft ... es geht auch um uns. Nimm es auf dich, wenn es sein muß ...

»Ist eine hämodynamische Herzinsuffizienz nicht bei einem Verbluten gegeben?« fragte sie laut. Kommissar Flecken stützte den Kopf in beide Hände.

»Das ist doch wohl eine alberne Wortspielerei, nicht wahr?«

»Ich habe lediglich die Todesursache ...« Ein Wink Fleckens schnitt Erika Werner weitere Worte ab.

»Reden wir nicht drum herum, Fräulein Dr. Werner! Wer hat den verbotenen Eingriff unternommen? Es ist festgestellt worden, daß in der Nacht von Samstag auf Sonntag im OP III operiert wurde. Es fehlen fünf Blutkonserven der Blutgruppe B 1. Die gleiche Blutgruppe hatte Fräulein Herwarth. Man hat also verzweifelt versucht, die Blutung zu stillen und neues Blut in den Kreislauf zu bringen. Das sind Tatsachen. Ebenso eindeutig ist, daß Oberarzt Doktor Bornholm –«

»Doktor Bornholm hat mit der ganzen Sache nichts zu tun!« sagte Erika laut. Kommissar Flecken nickte wieder mehrmals. Dachte ich mir, sollte das heißen. Hier haben wir den Schlüssel, und ich werde ihn jetzt umdrehen und die Tür weit, ganz weit öffnen. Damit haben wir den Fall gelöst.

»Wenn Doktor Bornholm mit dem Eingriff nichts zu tun hat – ich will es Ihnen glauben –, so ist er doch der unmittelbare Anlaß der strafbaren Handlung und damit des Todes von Fräulein Herwarth.« Flecken machte eine kleine Kunstpause, und dann knallte er die Worte auf Erika Werner, als seien es Fausthiebe, die sie vom Stuhl schlagen sollten.

»Doktor Bornholm ist der Vater des werdenden Kindes! Helga Herwarth war seine Geliebte!«

Erika Werner schloß die Augen. Sie umklammerte den Stuhl an der Sitzfläche und bohrte die Nägel in das Holz. Darum, durchjagte es sie siedend heiß. Die Verzweiflung, das Flehen, das Jammern nach Hilfe, der Zusammenbruch aller Männlichkeit bei ihm. Darum dieses wimmernde Bündel Mensch, das mit blutbesudelten Händen sie anflehte, ihn nicht allein zu lassen.

»Nun?« fragte die Stimme Fleckens in ihre Gedanken hinein.

»Ich kann nichts sagen«, antwortete sie leise.

»Sie verweigern die Aussage?«

»Ja.«

»Sie wissen, daß Sie sich damit über das Maß Ihrer bisherigen Schuld hinaus verdächtig machen?«

»Ich weiß ...«

»Wenn Sie glauben, mit Ihrer Aussageverweigerung Doktor Bornholm zu helfen, so irren Sie sich. Die Beweise gegen Bornholm sind erdrückend –«

Ein schwaches Lächeln glitt über das Gesicht Erikas. Es machte es fast lieblich, und Kommissar Flecken hatte plötzlich die Empfindung, diesen ihm noch unbekannten Dr. Bornholm hassen zu müssen, weil er ein so gläubiges Mädchen berechnend in das unabwendbare Unglück stürzte.

»Sie bluffen, Herr Kommissar!« sagte Erika. »Aber nicht mich. Sie wissen gar nichts ... Ich wiederhole immer nur: Doktor Bornholm hat nichts damit zu tun! Das Mädchen ist bei mir gestorben ...«

»Im OP oder auf der Station?«

»Ich verweigere die Aussage!«

»Sie haben sie operiert?!«

»Ich verweigere die Aussage!«

»Wer hat die Bluttransfusion gegeben? Wer hat Ihnen geholfen? Wer hat Fräulein Herwarth nachts in die Klinik gelassen?«

»Das herauszufinden, ist Ihre Aufgabe, Herr Kommissar!«

»Ich weiß es bereits!« schrie Flecken wütend. »Doktor Bornholm!«

»Nein!« Erika schüttelte langsam den Kopf. »Der Herr Oberarzt war ja gar nicht im Haus! Er kam ja erst gegen Mittag in die Klinik –«

Kommissar Flecken hob die Schultern. Noch einmal sah er auf die junge Ärztin, auf die verkniffenen Lippen, auf das schmale, blasse Gesicht, in die starren, glanzlosen Augen. Er wartete über drei Minuten auf eine Äußerung ... drei Minuten war es still im Raum, so still, daß man die Atemzüge der vier stummen Menschen hören konnte. Dann legte Kommissar Flecken beide Hände auf die Papiere.

»Ich verhafte Sie, Dr. Erika Werner!« sagte er laut.

»Bitte! Sie tun nur Ihre Pflicht.«

»Aber was Sie tun, ist ein dummes, ein sinnloses Opfer! Ich werde es Ihnen beweisen«, schrie Kommissar Flecken. »Sie werden ins Zuchthaus kommen, Sie werden Ihre Approbation aberkannt bekommen, Sie werden aus der menschlichen Gesellschaft ausgestoßen werden! Nach drei oder fünf Jahren sind Sie ein Wrack ... gerade Sie! Für was und für wen opfern Sie sich denn? Überlegen Sie es doch einmal nüchtern!«

Erika Werner stand von dem Stuhl mitten im Zimmer auf. Sie sah über Flecken hinweg auf einen Punkt an der Wand.

»Darf ich mir vor dem Abtransport die nötigsten Sachen zusammenpacken?«

»Sie dürfen!« Die Stimme Fleckens vibrierte vor Ärger und Wut auf Dr. Bornholm.

Mit erhobenem Haupt verließ Dr. Erika Werner das Vernehmungszimmer.

Mit dem ersten erreichbaren Flugzeug flog Dozent Dr. Bornholm aus München zurück. Er traf am späten Abend in der Klinik ein, als Kommissar Flecken mit dem gerichtsmedizinischen Befund erneut im Zimmer Professor Rahtenaus saß. Der Pathologe Professor Burgner hatte gründlich gearbeitet. Einhundertsiebzig Fragen hatte er beantwortet. Todesursache, Todestag, Todesstunde, alles stand fest. Rahtenau las den Obduktionsbericht, als Dr. Bornholm in das Chefzimmer kam. Er blickte kurz auf und las dann weiter, wortlos, unnahbar. Dann legte er den Bericht zur Seite. Dr. Bornholm war an der Tür stehengeblieben.

»Das ist ja ungeheuerlich, Schwiegervater!« sagte er. »Man wirft mir vor, daß ich ...«

Rahtenau erhob sich abrupt. Er übersah seinen Oberarzt und blickte auf Kommissar Flecken, der mit gefalteten Händen in einem tiefen Sessel vor dem Schreibtisch saß.

»Ich überlasse es Ihnen, Herrn Bornholm zu fragen«, sagte er starr. »Ich habe keine Fragen mehr.«

»Herr Professor!« Bornholm war bleich geworden. Die Haltung, die er bisher bewahrt hatte, schmolz dahin. Er trat einen Schritt auf Rahtenau zu, als wolle er ihm den Weg aus dem Zimmer versperren. Professor Rahtenau sah an ihm vorbei, blieb stehen und sagte fast hoheitsvoll:

»Wollen Sie mich bitte vorbeilassen.«

Bornholm trat zur Seite. Ohne ein weiteres Wort verließ Rahtenau sein Zimmer. Nur die Tür schlug hinter ihm zu, krachend, in den Angeln zitternd. Es war mehr als Worte. Es war ein endgültiges Zuschlagen. Bornholm verstand und wandte sich zu Kommissar Flecken.

»Was wird mir vorgeworfen?« fragte er herrisch. Allein mit sich und dem unbekannten Kommissar, dem kleinen Beamten, wie Bornholm sich als innere Aufrichtung vorsagte, kehrte seine

Haltung wieder. Theo Flecken lächelte ihn an. Es fiel ihm schwer, dieses breite Lächeln ... aber er wußte, daß nichts unsicherer macht als ein lächelnder Mund, aus dem man Anklagen erwartet und keine Freundlichkeiten.

»Zunächst eine falsche Obduktion. Sie haben Herzinsuffizienz geschrieben. Was die Todesursache war ... brauchen wir uns noch darüber unterhalten?«

»Nein!« Bornholms Backenmuskeln drückten sich durch die braune Gesichtshaut. »Ich wollte einer jungen, hoffnungsvollen Kollegin helfen. Das allein war es. Es ist meine Schuld. Ich gestehe es ein! Aber wem wäre damit gedient gewesen, wenn ich geschrieben hätte: Tod durch Verbluten wegen Abortus.«

»Uns! Und dem Paragraphen zweihundertachtzehn! Sie haben eine strafbare Handlung gedeckt! Das wollten Sie doch sagen?«

»Ja«, antwortete Bornholm gedehnt.

»Mit anderen Worten: Sie sagen aus, daß Ihre junge Kollegin Doktor Erika Werner den verbotenen Eingriff allein ausgeführt hat!«

Bornholm sah die Falle, die er sich und Erika gestellt hatte. Es gab kein Zurück mehr. Der Befund des Gerichtsmedizinischen Institutes lag vor. Er erkannte den Briefkopf sofort. Es war sinnlos, den Eingriff zu leugnen. Es gab nur noch einen wesentlichen Punkt, der klargestellt werden mußte: Wen traf die Schuld? Wer hatte den Eingriff unternommen?

»Nun?« fragte Kommissar Flecken. Er lächelte wieder, aber nicht mehr freundlich, sondern böse, gefährlich. Wie ein Raubtier grinst, bevor es zuschlägt.

»Ich habe erst gegen Mittag des folgenden Tages nach einem dringenden Anruf des Chefs die Klinik betreten und fand die Katastrophe vollendet vor«, sagte Bornholm elegant.

»Und in der Nacht?«

»Lag ich im Bett. Ich hatte schwer gearbeitet ...«

»Sie waren überhaupt nicht in der Klinik? Auch nicht in Ihrem Labor?«

»Nein.«

»Dann hat also Fräulein Dr. Werner allein ...«

»Das müssen Sie Fräulein Werner fragen.«

Theo Flecken legte die Hände auf die gepolsterten Sessellehnen. Er hatte den Drang, aufzuspringen und in das schmale, braungebrannte, kantige Gesicht mit den graumelierten Haaren zu schlagen. Immer und immer wieder, und bei jedem Schlag zu brüllen: Du Lump! Du Saukerl! Diese Erika glaubt an dich, und du opferst sie mit einer Eleganz, als spieltest du beim Pokern eine Trumpfkarte aus.

»Wir kennen den Vater des Kindes, das nicht zur Welt kommen sollte!« sagte er grob.

»Ach!« Flecken sah, wie unter der glatten Maske die Sicherheit Bornholms wieder abbröckelte.

»Ja — ach! Das ist bedauerlich für manche! Fräulein Herwarth hat ein Tagebuch geführt und einen Brief an ihren Vater hinterlassen, als habe sie das Kommende geahnt. Der Brief schließt mit dem Satz« — Flecken holte das Papier aus seiner Tasche und entfaltete es — »› ... wenn ich nicht wiederkomme, ist etwas Schreckliches geschehen. Dann gehe zu Dozent ...‹«

Flecken machte eine Pause und sah zu Bornholm empor. Dessen Gesicht war fahlweiß geworden.

»Sie werden doch nicht ...«, murmelte er. »Aufgrund eines solchen Geschreibsels ... Ich bitte Sie —«

»Ich bitte Sie, nein, ich ersuche Sie, endlich die Wahrheit zu sagen!« Kommissar Flecken war aufgesprungen. »Was soll dieses Versteckspielen?! Sie sind der Vater des Kindes, Sie hatten jedes Interesse daran, daß es nicht zur Welt kam, erstens, weil Sie Fräulein Herwarth nie heiraten wollten, zweitens, weil Sie sich mit Fräulein Rahtenau verlobt hatten, drittens, weil Ihre Karriere durch einen Skandal gefährdet war und viertens, weil Sie mit Recht fürchteten, daß Professor Rahtenau eindeutige Konsequenzen ziehen würde! Sie haben daraufhin Helga Herwarth in der Nacht zu sich bestellt, haben den Eingriff unternommen, der wider Erwarten durch eine Ihnen unbekannte Komplikation in dem Uterus mißlang, Sie haben Ihre neueste Geliebte, Fräulein Doktor Werner eingeschaltet, um zu retten, was noch zu retten war, aber es war schon zu spät. Und nun gestehen Sie —«

»Was?« Dr. Bornholm sah fast angeekelt auf den Kommissar herab. Er entzündete ein Streichholz und steckte sich eine Zigarette an. »Ihre amerikanische Kriminalstory soll ich anerkennen?! Sind Sie verrückt? Und diesen sogenannten ›letzten Brief‹ lassen Sie als Beweismaterial zu? Haben Sie, bevor Sie mich in solch grober Art verdächtigen, einmal das Leben der Verstorbenen überprüft? Sicher nicht! Ein Engel — so rein! Soll ich Ihnen sagen, was Helga Herwarth war? Ein kleines Biest, ein Männerfresser, eine tolle Füchsin, die in jeden Bau kroch, der nach Begattung roch! Glauben Sie, ich identifiziere mich mit dem Kind? Wenn sonst nie, so ist es bei Helga berechtigt gewesen, wenn ich den Schutz des — wie sagt ihr Juristen immer — das Mehrverkehrs in Anspruch nehme. Jeder könnte der Vater sein, jeder der Männer, zu denen sie unter die Daunen kroch. Wie können Sie daraus gerade für mich die Begründung eines Verbrechens herleiten? Was ich zugebe, und dazu stehe ich, ist die Tatsache, daß ich Fräulein Doktor Werner mit einer unrichtigen Obduktion zu schützen versuchte. Die Begründung dieser Tat liegt im privaten Bereich.« Er sah Theo Flecken fast triumphierend an. »Was wollen Sie noch mehr, Herr Kommissar?«

»Nichts! Da wir allein sind und keiner uns zuhört, kann ich Ihnen sagen, daß Sie in meinen Augen ein Schwein sind!«

Bornholm lächelte böse. »Da wir allein sind ... gut. In meinen Augen sind Sie ein Rindvieh. Das gleicht sich aus. Noch etwas, Herr Kommissar?«

»Ja! Ich verhafte Sie wegen Tötungsverdachts an Helga Herwarth.«

»Das kann Sie Ihre Karriere kosten!« sagte Bornholm heiser.

»Sie ist nicht so umfangreich wie die Ihre. Es lohnt sich nicht, für sie andere vorzuschieben ...«

»Wie Sie meinen. Kann ich meine persönlichen Dinge noch regeln? Ich möchte meine Braut noch anrufen und Fräulein Werner ...«

»Sie ist bereits im Untersuchungsgefängnis.«

»Mit einer Stunde Freiheit komme ich aus ...«

»Nutzen Sie sie gut.« Kommissar Flecken verließ das Chefzimmer. Im Flur stand ein anderer Beamter in Zivil. Er verstand den Blick Fleckens und stellte sich vor die Tür.

Dr. Bornholm ließ sich in einen Sessel fallen, als Kommissar Flecken das Zimmer verlassen hatte. Mit zitternden Fingern riß er ein Streichholz an und rauchte hastig eine neue Zigarette.

Helga hatte einen letzten Brief geschrieben. Sein Name war genannt. Er konnte alles leugnen ... nur die Bekanntschaft mit Helga Herwarth nicht. Aber das war Vergangenheit, und immer hatte Petra Rahtenau gesagt: Was hinter dir liegt, geht mich nichts an. Nur was heute ist und morgen sein wird ... das ist unser Leben, und da gehöre ich hinein ...

Mit kühnem Schwung riß er das Telefon zu sich heran und wählte die Privatnummer Professor Rahtenaus. Die Hausdame meldete sich und schaltete um zum Zimmer Petras.

»Alf?« Petras Stimme klang klein und verweint. »Vater hat mir vor einer Stunde alles erzählt. Es stimmt doch nicht, was er sagt ... ich kann es nicht glauben. Sag doch, daß alles ein Irrtum ist ...«

»Es ist ein Irrtum, Liebes. Noch sieht es so aus, als sei ich der große Übeltäter. Es sieht am Anfang, wenn man jemanden verdächtigt, immer so aus. Mach dir keine Sorgen. Das wollte ich dir nur sagen. Du mußt mich nur weiterhin lieben, das gibt mir Kraft, die Wahrheit durchzukämpfen ...«

»Du weißt, wie ich dich liebe«, sagte Petra Rahtenau mit kläglicher Stimme. Dann hörte Bornholm sie weinen. Bevor er etwas Tröstendes sagen konnte, hatte sie aufgelegt.

Bornholm schob das Telefon von sich. Eine große Sorge war von ihm genommen. Petra glaubte an ihn, wie auch Erika Werner an ihn glaubte. Das machte ihn unangreifbar. Die Liebe der Frauen war sein einziges Kapital in den kommenden Wochen. Ein unübertreffliches Kapital.

Er sah auf die Uhr. Noch dreiviertel Stunden Zeit.

Fast vergnügt verließ er das Chefzimmer und ging hinüber zu seinem Oberarztraum. Es störte ihn nicht, daß ihm der Kriminalbeamte wie ein Schatten folgte.

Er übersah ihn stolz.

Die Untersuchungshaft war kurz. Nach den ständigen Verhören durch die Kriminalpolizei, den Haftrichter und der Staatsanwaltschaft ergab sich ein rundes Bild des Falles: Zwar war Dozent Dr. Bornholm der Vater des Kindes, auch wenn er es ableugnete, aber mit dem Tode Helga Herwarths hatte er nichts zu tun. Er hatte, wie alle Zeugen bestätigten, die Klinik erst am folgenden Mittag betreten und war entsetzt wie alle über das Vorgefallene. Um die junge Ärztin zu schützen, hatte er den ›Fehltritt‹ — wie er es vornehm in den Vernehmungen nannte — bagatellisiert.

Der letzte Brief Helgas war ein unsicheres Beweismittel. Sie schrieb zwar, daß sie sich an dem Abend, an dem sie dann starb, mit Dr. Bornholm treffen wollte ... aber Bornholm schwor, sie nicht mehr gesehen zu haben. So stand die Aussage gegen den Brief einer Toten, und es war kein Grund vorhanden, dem Lebenden nicht zu glauben.

Übrig blieb der klare Tatbestand: Dr. Erika Werner hatte Helga Herwarth, die auf noch nicht geklärte Weise in die Klinik gekommen war, behandelt, sie hatte ihr das Kind wegnehmen wollen und dabei eine unglückliche Hand gezeigt. Es war ein glatter § 218 mit Todesfolge. Dr. Werner gestand es. Mit bleichem, starren Gesicht wiederholte sie immer wieder die Worte, die sie einstudiert hatte und von denen sie niemand abbringen konnte: »Ich habe es getan! Warum? Das Mädchen tat mir leid.«

Der einzige, der nicht an die Schuld Erikas glaubte, war Bruno Herwarth.

Nach einer Woche Aufenthalt in der Privatstation Professor Rahtenaus war er ruhiger geworden. Helga war in aller Stille beerdigt worden, und mit dem Zudecken des Sarges mit Erde und Tannengrün war die Nüchternheit des Alltags auch bei ihm zurückgekehrt. Er las die Anklageschrift Dr. Erika Werners und die Aussagen Dr. Bornholms, die Kommissar Flecken ihm unerlaubterweise zur Verfügung stellte.

»Sie hat es nicht getan!« sagte Bruno Herwarth, als er Theo Flecken die Protokolle zurückgab.

»Beweisen Sie es!« Flecken strich sich nervös über seine Haare. »Solange sie selbst bei dieser Aussage bleibt, ist Bornholm unangreifbar. Es gibt nur zwei Beteiligte in dieser Nacht, und davon deckt der eine den anderen. Was sollen wir tun?«

»Man wird diese kleine Ärztin verurteilen, nicht wahr?«

»Sicherlich. Sie gesteht ja.«

»Und Bornholm wird freigelassen?«

»Ja. Es kann zu einem Berufsgerichtsverfahren der Ärztekammer kommen — wegen der falschen Obduktion —, aber ich glaube, daß man bei einem so berühmten Mann die Sache im Sande verlaufen läßt.«

»Man sollte sein Gewissen ansprechen!«

»Sein Gewissen ist seine Karriere! Sie kennen doch diese Klasse Menschen. Wenn die kleine Ärztin die Nerven nicht verliert, ist der Fall zwar juristisch gelöst, aber restlos verfahren ...«

Vier Wochen nur dauerte es, bis die Hauptverhandlung eröffnet wurde. In diesen dreißig Tagen versuchte der Anwalt Erikas alles, sie aus ihrer Abkapselung zu lösen. Es gelang ihm nicht. Resignierend verließ er stets das Sprechzimmer der Haftanstalt. Auf dem Flur wartete Kommissar Flecken.

»Nichts!« sagte der Anwalt böse. »Mir bleibt nichts übrig, als im Plädoyer um Milde für die ›geständige Täterin‹ zu bitten! Es ist zum Kotzen!«

Dreimal besuchte in diesen vier Wochen Petra Rahtenau ihren Verlobten Dr. Bornholm. Sie tat es gegen den Willen ihres Vaters. Professor Rahtenau hatte auf eine Lösung der Verlobung gedrängt, Petra hatte sich geweigert und behauptet, das Vorleben Alfs gehe sie nichts an. Und wenn er eine Ärztin decke, so zeige das einen großen Charakter, den man bewundern sollte, aber nicht verurteilen könnte.

Jedesmal, wenn sie Bornholm besuchte, kam er ihr wie ein glücklicher Junge entgegen, küßte sie und hielt lange ihre Hand fest. Der stumme Beamte auf seinem Stühlchen in der Ecke störte sie nicht ... sie sahen sich lange an und Petra war es, als habe sie noch nie eine solch tiefe Liebe zu Alf empfunden wie jetzt, wo er wegen einer hochherzigen Tat in einer Zelle sitzen mußte.

»Wenn du wieder frei bist, werden wir sofort heiraten«, sagte sie bei ihrem letzten Besuch.

Bornholm streichelte ihre schmalen Hände mit den hellviolett gelackten Nägeln. Seine kummervolle Miene verstärkte den starken männlichen Eindruck seines scharfen Gesichtes.

»Dein Vater wird alles unternehmen, es zu verhindern ...«

»Das hat er bereits. Es ist sinnlos. Ich liebe dich ... dagegen gibt es keine Argumente.«

»Ich werde es jetzt schwer haben, wieder einen makellosen Namen zu bekommen.«

»Man wird bald diese dumme Geschichte vergessen. Aber diese Ärztin, diese Erika Werner, könnte ich umbringen, daß sie dich in eine solche Lage gebracht hat —«

»Petralein ...« Bornholm küßte ihre Finger. »Sie hat es vielleicht aus Mitleid getan, so wie ich auch aus Mitleid handelte. Seien wir ihr nicht böse ... sie wird noch manche schreckliche Wochen dafür büßen müssen ...«

Und während Petra Rahtenau von den kleinen Alltagssorgen plapperte, saß Erika Werner allein in ihrer kleinen Einzelzelle und starrte gegen die graugetünchte, mit obszönen Zeichnungen und Sprüchen verzierte Wand.

Sie hatte Angst vor dem Prozeß, Angst vor dem Urteil, Angst vor dem Zuchthaus, das sie erwartete. Nur der Glaube, daß Alf Bornholm sein Versprechen halten werde, gab ihr die Kraft, alles zu überwinden, was sie niederdrücken konnte.

Kurz vor dem Prozeß gelang es dem Anwalt, die Erlaubnis zu bekommen, daß sich Bornholm und Erika noch einmal sahen und sprachen. Kommissar Flecken versprach sich einen seelischen Schock von dieser Begegnung, der vielleicht ein anderes Geständnis auslösen konnte. Unter den Augen von drei Beamten, die jedes Wort mit einem in der Rocktasche verborgenen Tonbandgerät aufnahmen, standen sie sich an einem Morgen gegenüber.

Erika Werner blieb an der Tür stehen, als sie Alf Bornholm vom Tisch des Sprechzimmers aufspringen sah. Ihr Gesicht wurde abwechselnd weiß und blutrot.

»Du«, sagte sie leise.

»Wir werden nach dem Prozeß keine Gelegenheit mehr haben, uns so nahe zu sehen«, sagte Bornholm stockend. »Und bevor du ...«, er schluckte und sah unsicher auf seine Hände. »Erika ... ich wollte dir noch etwas sagen, was du mitnehmen sollst in das Schwere, das dich erwartet: Ich werde bei dir sein, in Gedanken, immer, und ich werde warten. Wenn du dann wieder zurückkommst, wollen wir heiraten ...«

Sie sah ihn an, groß, voller Glauben an das, was er sagte. Dann nickte sie, senkte den Kopf, wandte sich ab und verließ das Sprechzimmer. Mit mahlenden Backenmuskeln starrte Bornholm auf die Tür, die sich hinter Erika geräuschlos schloß. Aus einer Ecke des Raumes trat Kommissar Flecken an Bornholm heran.

»Ich denke, Sie werden Petra Rahtenau heiraten?« fragte er hart.

Bornholm gab ihm keine Antwort.

Er drehte sich um und ging zur anderen Tür hinaus in seine Zelle.

Der Prozeß war kurz und durchaus keine Sensation, wenn auch viele Pressevertreter herumsaßen und die junge, bleiche Ärztin unter das Feuer ihrer Blitzlichter nahmen.

Fragen zur Person, Lebenslauf, Geständnis der Tat, sichtbare Reue, Motiv: weibliches Mitleid mit einer Gestrauchelten, Zeugenvernehmungen, die allesamt günstig für die Angeklagte waren und das Bild einer strebsamen, beliebten und stillen Ärztin rundeten. Plädoyers des Staatsanwalts und des Verteidigers, Urteilsverkündung.

Drei Jahre Zuchthaus.

Es ging nicht anders. Das Gesetz befahl es. Nicht die persönliche Einstellung ist maßgebend, sondern die Strafe, die eine Tat nach sich zieht, wenn sie sich außerhalb der menschlichen Gesellschaftsordnung stellt.

Mit starrem Gesicht hörte Erika Werner stehend das Urteil. Sie sah nicht zur Seite, wo Dr. Bornholm saß und auf seinen Freispruch wartete. Sie verzichtete auch auf das angebotene Schlußwort. Sie schüttelte bloß den Kopf und wandte sich zum Stuhl zurück, um sitzend die Urteilsbegründung anzuhören.

Nur als sie wieder hinausgeführt wurde, eine Zuchthäuslerin, die damit automatisch aufgehört hatte, für die weitere Zeit ihres Lebens eine Ärztin zu sein, warf sie schnell einen Blick auf Alf Bornholm.

Er saß mit gefalteten Händen und starrte zum Fenster hin. Sein Gesicht kam ihr gelöst vor, entspannt, frei von Sorgen.

Nur den Bruchteil einer Sekunde zögerte ihr Schritt. Es war ein Abschied für drei Jahre.

Dann schloß sich die schwere Eichentür hinter ihr. Der Prozeß Erika Werner war abgeschlossen.

Das Leben ging weiter. Die Zeitungen brachten ein paar Berichte. Aber schon am nächsten Tag wußte niemand mehr, wer Erika Werner gewesen war.

Ein Taximord war das Tagesgespräch. Morgen würde es vielleicht der Bruch einer Talsperrenmauer sein. Das Leben war ja so spannend und abwechslungsreich ...

Langsam fuhr der Gefängniswagen, die ›Grüne Minna‹, in den Innenhof des Zuchthauses ein.

Drei hohe, stahlbeschlagene Tore mit elektrischen Öffnern mußten passiert werden, ehe der Wagen mit knirschenden Bremsen vor der Aufnahme hielt. Hohe Ziegelmauern umgaben den Hof. Die von einer runden Kapelle ausgehenden Zellengebäude bildeten einen großen roten Stern, zwischen denen die Spazierhöfe lagen, mit elenden, schmalen Grasstreifen in der Mitte und nach Sonne hungernden, struppigen Haselnußbüschen.

Erika Werner preßte das Gesicht gegen das mit einem dichtmaschigen Stahlgeflecht gesicherte Fenster des Transportwagens. Die ersten beiden Tore wurden von Gefängnisbeamten bedient ... vom dritten Tor ab sah sie nur weibliche Beamte. Die Abgeschlossenheit von der Welt war plötzlich deutlich.

In der Tür zur Aufnahme stand eine dicke Beamtin. Ihre Augen hinter der scharfen Brille blinzelten in die Sonne, als sei sie aus langer Dunkelheit in den Tag getreten. Sie hatte die Arme in die Hüften gestemmt und sah zu, wie Erika Werner aus der ›Grünen Minna‹ kletterte.

»Nun mal flott!« rief sie, als Erika die vier eisernen Leiterstufen herunterkam. »Natürlich, mit den meterhohen Absätzen geht's nicht so gut. Aber das wird anders. Los, los ... zuerst wird gebadet, und dann geht's zum Arzt!« Die dicke Beamtin sah Erika Werner von oben bis unten an, eine Musterung wie bei einem Pferdekauf. »Schon geschlechtskrank gewesen?« bellte sie.

»Ich bin Ärztin ...«, sagte Erika schwach.

Oberaufseherin Katharina Pleuel faßte Erika am Arm und zog sie in das halbdunkle, muffig riechende Gebäude. Ein paar Türen klappten, sie wurde hin und her geführt, dann stand sie vor einem Tisch und mußte ihre Personalien angeben. Eine etwas freundlichere Beamtin sagte schlicht: »Zelle 365 Flügel E« und entließ sie wieder.

»So!« bellte Katharina Pleuel auf dem Flur. »Und jetzt zur Kleiderkammer. Wenn du erst die Klamotten los bist, haste dich schon halb eingelebt ...«

Mit gesenktem Kopf ging Erika der Beamtin voraus zum Kleidermagazin. Sie weinte plötzlich, zum erstenmal seit ihrer Verhaftung.

In der Kleiderkammer stand hinter einer langen Theke eine andere Aufseherin, klein, spitznäsig, mit flinken Mausaugen. Neben ihr zwei Kalfaktorinnen, langjährige Sträflinge, die Sonderrechte genossen und in ›gehobenen Posten‹ eingesetzt wurden ... in der Kleiderkammer, beim Bad, in der Schneiderei als Vorarbeiterinnen, als Streckenaufseherinnen bei der Gartenarbeit.

»Nanu?« sagte die Spitznäsige zu Katharina Pleuel. »Sie heult? Ne Neue wohl, wat?«

»Was Besseres! Drei Jahre wegen Tötung. Hat 'nem jungen Mädchen 'n Kind weggemacht, und die Kleene ist dabei drauf ...«

Die Spitznäsige musterte Erika Werner. »Nu komm mal her ... ausziehen!« kommandierte sie.

Erika Werner sah sich um. Sie standen mitten in der Kleiderkammer. Katharina Pleuel stand grinsend am Fenster, die beiden Häftlinge schleppten Bündel aus den Regalen heran ... grobe Röcke, Unterwäsche, einen leinenen blauen Rock, eine weite Bluse, eine blaue Jacke, dicksohlige, flache Schuhe ...

»Ausziehen!« brüllte die Spitznasige.

»Hier?« fragte Erika kläglich.

»Soll'n wir dir 'n Boudoire einrichten? Los! Alles runter! Perlon, Nylon, Seide, det is nicht mehr! Och den Spitzenbüstenhalter – abgeben! Hier wird nicht mehr jereizt!«

Erika wurde es übel. Vor den hämischen Blicken der anderen Frauen zog sie sich aus. Nackt stand sie in der kalten Kleiderkammer, mit gesenktem Kopf, sich schämend und doch die Zähne zusammenbeißend.

Dann endlich warf man ihr die einzelnen Sachen zu. Die Unterwäsche, die Oberkleidung ... schnell zog sich Erika an. Ekel überfiel sie wieder, als sie an sich heruntersah und darüber nachdachte, wer vor ihr in diesen Kleidern gegangen war. Vielleicht eine Mörderin, oder eine Diebin, oder eine Dirne ...

Unterdessen hatte die Spitznasige die Liste der abgegebenen Sachen ausgefüllt. Zwei Ringe, eine Armbanduhr, eine Halskette, ein Portemonnaie mit Inhalt DM 46,57. Die Kleidung wurde in einen Kleidersack verpackt, der mit Namen und Einlieferungsdatum versehen wurde. Er kam in die Aufbewahrung, weit hinten im Magazin.

Die Spitznasige schob die Abgabeliste zu Erika Werner.

»Unterschreiben!«

Erika nahm den Kugelschreiber und wollte ihren Namen druntersetzen, aber die Aufseherin hielt ihre Hand fest.

»Erst lesen. Nachher heißt's wieder: Die Emma hat mir 'n Ring geklaut! So was kennen wir jetzt! Ihr seid alle eine Bande! Lesen und vergleichen ... und dann unterschreiben.«

Erika Werner verglich die Liste mit den Sachen, die ausgebreitet auf der Theke lagen. Dann setzte sie ihren Namen unter die Liste. Verwundert tippte die Spitznasige auf die Unterschrift.

»Was soll das Dr.?«

»Sie ist 'n Doktor«, sagte Katharina Pleuel. »Ne Ärztin! Aber det ist nun och vorbei!«

Erika schloß die Augen. Das ›Vorbei‹ war schlimmer als alles, was sie bisher durchlebt hatte und was noch auf sie zukommen würde. Es war ein Abschluß mit dem Leben, das sie so geliebt hatte und in das sie mit so viel Hoffnungen, Idealen und aufgespeichertem Wissen hineingegangen war. Und sie dachte an Alf Bornholm, an seine große Karriere, die sie ihm gerettet hatte und an der sie einmal teilnehmen würde, an seiner Seite ...

später ... in drei Jahren, wenn sie die ganze Strafe absitzen mußte und es keine Begnadigung gab.

Die rauhe Stimme Katharina Pleuels weckte sie aus ihren Gedanken. Sie gab Erika einen Stoß in den Rücken, der sie schwanken ließ.

»So, und jetzt geht's zum Baden!« sagte sie. »Und dann zum Arzt. Und ab jetzt biste Nummer 12 456 und nichts mehr! Wollen mal sehen, was der Arzt sagt und wo wir dich einsetzen können, wenn du die dreimonatige Eingewöhnungszeit hinter dir hast —«

Die Spitznasige blinkerte mit den Augen. »Die hat doch Verbände gewickelt. Nimm se doch in die Kranzbinderei ...«

»Det is jut!« Katharina Pleuel schob Erika Werner, die Nummer 12 456, vor sich her aus der Kleiderkammer. Nach zwei dicken Türen kamen sie in einen Gang, aus dem ihnen feuchte, heiße Luft entgegenschlug. Am Ende des Ganges stand eine breite Holztür offen. In einem großen gekachelten Baderaum standen zwanzig nackte Frauen unter heißen Brausen und drehten sich grunzend oder kichernd, schwatzend und prustend unter den klatschenden Strahlen. Links von dem Baderaum lag die ebenso große Wartezelle. Katharina Pleuel schloß die Tür auf, schob Erika Werner hinein und schrie gleichzeitig: »Ausziehen und warten!« Dann krachte die Tür hinter ihr zu. Katharina Pleuel ging zum Eingang des Baderaumes und winkte der Badewärterin zu, die außerhalb der Brausen stand und die sich drehenden nackten Körper beobachtete.

In der Wartezelle stand Erika Werner sieben nackten Frauen gegenüber. Sie hockten auf einer langen Holzpritsche entlang der Wand und starrten interessiert auf die Neuangekommene. Ein dickes Mädchen mit breiten Hüften und mächtigen Brüsten winkte ihr freundlich zu.

»'n Morgen, Kleine!« sagte sie fett und musterte Erika Werner mit feurigen Äuglein, die tief in den Fettpolstern lagen. »Nu zieh dich aus und laß dich bewundern ...«

»Sie geniert sich noch!« Eine lange, dürre Frau mit strähnigen schwarzen Haaren und einem dünnlippigen Mund beugte sich vor. »Ich habe meinen Mann umgebracht«, sagte sie. »Das Aas hat mich betrogen! Mit 'ner Neunzehnjährigen. Siebenmal hab' ich ihm das Küchenmesser in den Bauch ... und geschrien hat der Lump —«

»Nun hör schon auf mit den alten Kamellen! Das erzählt sie jeden Tag, wird schon langweilig.« Eine große, schön gewachsene Blonde reckte sich. »Ich bin Monika Bergner. Noch nie von mir gehört? Von Robert Haller, dem Räuber vom Heimerberg? Das war mein Liebchen ... Vier Wochen haben die Blauen uns gejagt, bis sie uns hatten.«

Die Dicke klatschte sich laut auf die mächtigen Schenkel. »Ich bin Helga Pilkowski, genannt ›Die Männerwalze‹. Hab' mal Pech gehabt. Hab 'ne Brieftasche von 'nem Kunden geklaut, und der Lümmel war zufällig Staatsbeamter in irgend so 'nem Ministerium. Sssst — war ich drin im Kahn! Wenn ich wieder raus bin, laß ich mir vorher immer die Pässe zeigen und setz 'nen Stempel rein, wie an der Grenze: Darf passieren!«

Die anderen Frauen kreischten vor Lachen. Erika Werner stand noch immer an der Tür, an das rauhe Holz gepreßt, die Hände ineinander verschlungen, mit großen, entsetzten Augen.

»Und die da ...« Der Finger Helga Pilkowskis fuhr wie eine dicke Stange auf ein kleines, zartes, blondes Mädchen, das als letzte in der nackten Runde saß und mit traurigen Augen zu Erika Werner hinaufblickte. Ein schmales Gesichtchen, das immer zu weinen schien und alle fragen konnte: Warum bin ich denn hier? Was habe ich euch denn getan? Ihre blauen Augen waren trüb und wie leergeweint.

»Det is Lore Heimberg!« stellte die Dicke vor. »Unser Gretchen! Hat 'n Kind gleich nach der Geburt ausgesetzt, aus Angst vor zu Hause. Der Vater ist auf und davon! Und da 's Winter war, ist die Kleene erfroren. Statt den Kerl einzulochen, der's ihr angedreht hat, kommt sie in 'n Kahn! Is det Gerechtigkeit?! Kindesmord, sagen die Fräcke! Und der Lump, der se hat sitzenlassen?! Um den kümmert sich keener! Man sollte auf alle Paragraphen spucken ... ja, det sollte man!«

Helga Pilkowski blieb vor Erika stehen. Das Brausegeräusch aus dem Baderaum verstummte. Lauter wurden die Stimmen, dazwischen eine laute, kommandierende Stimme.

»Jetzt kontrolliert die Blauberg, ob se sich alle den Hintern gewaschen haben!« sagte die Dicke sachverständig. »Los, zieh dich aus! Gleich sind wir dran! Wie heißte denn?«

»Erika Werner ...«, sagte Erika leise.

»Und weshalb biste hier? Betrug, Diebstahl, Unterschlagung? Wie 'ne Mörderin oder 'n Strichmädchen siehste mir nich aus ...«

»Ich bin unschuldig«, sagte Erika plötzlich. Sie mußte es sagen, zum erstenmal ganz laut. Es sprang aus ihr heraus, es sollte ein Schutz sein, ein Wall gegenüber dem Unrat, der gegen sie anbrandete. Helga Pilkowski hüpfte einen Schritt zurück. Ihr fetter Körper wackelte. Dann brüllten sie alle los, mit Ausnahme der kleinen Lore Heimberg, die nur den Kopf senkte.

»Unschuldig! Huch nein!« Helga Pilkowski schritt geziert vor Erika hin und her. Ihre dicken Hüften und prallen Schenkel schwenkte sie dabei aufreizend herum. »Wie kommt sie zu uns, diese Unschuld? Ei ei, wer flog denn da herein aus dem Paradies?! Ein Schwänchen, dem man die Federchen ausrupfte ...« Plötzlich blieb sie stehen, ihre dicken Finger fuhren zu Erika, mit einigen Griffen zog sie ihr die Kleider vom Leib, bis Erika nackt an der Tür stand. »So! So!« schrie Helga Pilkowski. »Nun siehste aus wie wir, du Flittchen! Und die Tour zieht nicht mehr bei uns! Wer hier steht, ist nicht unschuldig! Kameradinnen auf den Arm nehmen, det haben wir hier besonders gern! Da kannste noch manchen blauen Hintern bekommen, wennste so weitermachst! Los ... hingesetzt ... und Maul auf, warum du hier bist!«

Sie zog Erika Werner mit zur Bank und drückte sie zwischen die anderen nackten Leiber auf die Holzpritsche. Wehrlos ließ es Erika über sich ergehen. Es war sinnlos, sich zu sträuben ... sie war in einen Sog gekommen, und der Strudel riß sie mit hinab, so stark und zwingend, daß es keine Gegenwehr mehr gab.

Als sie saß, bemerkte sie den Blick Helgas auf ihrem Körper. Es war ein anderer Blick, frech, fordernd, lüstern fast. Wie schützend legte Erika ihre Arme gekreuzt über die Brust.

»Ein Figürchen!« sagte Helga und leckte sich über die aufgeworfenen Lippen. »Da kommt ihr alle nicht mit, Kinder. Det wird meine Freundin ... und wer sie mir anpackt, den roll ick übern Hof, verstanden?«

Die Holztür flog auf. Auf dem Flur stand die Badewärterin Jule Blauberg.

»Raustreten!« brüllte sie. Als sie Helga Pilkowski sah, verzog sie das Gesicht, als habe sie Essig getrunken. »O Gott, die Abteilung ist's!« Sie trat zurück und streckte den Arm zum Baderaum aus. »Im Laufschritt — marsch marsch. Euch Ästern will ich's zeigen!«

Helga Pilkowski winkelte die Arme an und lief dann in leichtem Trab an Jule Blauberg vorbei in den gekachelten Baderaum. Ihre säulenförmigen Beine stampften über den Boden, die Fußsohlen klatschten. Die ›Männerwalze‹ rollte auf die Brausen zu. Die anderen folgten ihr. Nur Erika ging langsam aus dem Warteraum; verwundert sah ihr Jule Blauberg entgegen.

»Nanu?« fragte sie. »Noch nie was vom Laufen gehört?« Dann sah sie die sonnenbraune Haut Erikas und nickte. Wer hinter den Gitterfenstern hockt, hat eine fahle Haut. »Du bist die Neue. Frau Pleuel hat dich angemeldet. Also, merk dir eins: Einmal wöchentlich ist Baden. Hier bin ich Königin, verstanden? Was ich sage, ist mehr wert als die Bibel! Ungehorsam zieht Dunkelhaft nach sich. Das kennste noch nicht, aber wer einmal drin war, tut lieber alles, als dort zu hocken und die Wände anzusingen. Also denn: im Laufschritt marsch — marsch —«

Erika Werner lief in den Baderaum.

Nach dem Bad, angezogen, in den weiten, blauen Kleidern, sahen sie fast alle gleich aus. Die Uniform der Ausgestoßenen machte sie zu Schwestern. Ihre nassen Haare hingen ihnen um die Köpfe. Mit klappernden Schuhen wurden sie zurückgeführt zu ihrem Block. Katharina Pleuel erwartete sie bereits.

Aus dem vorbeitrottenden Trupp griff sie sich Erika und zog sie zur Seite. »Sauber?« fragte sie.

»Ja.«

»Kommst gleich zum Arzt. In zehn Minuten.«

Sie gingen wieder durch mehrere Flure, Türen wurden klirrend aufgeschlossen und hinter ihnen wieder zugeschlossen, zwei Kontrollen passierten sie, bis sie in einen Gebäudeteil kamen, der etwas freundlicher war, weiß getünchte Wände hatte, einen Linoleumbelag und Türen mit Klinken. Wieder betraten sie ein Wartezimmer. Aber trotz der vergitterten Fenster war es Erika fast heimatlich, fast wie eine Rückkehr nach langer Wanderung. Sie roch den Lysolgeruch, sie sah die weiße Tür, auf der ein kleines Schild mit schwarzer Schrift mit Heftzwecken festgedrückt war.

Anstaltsarzt. Anmeldung.

Eine Aufseherin in einem weißen Kittel öffnete die Tür. Sie hatte bereits die Akten erhalten. Kritisch musterte sie die junge Ärztin, die jetzt in dem weiten blauen Anstaltsrock vor ihr stand. Eine Gefangene wie hundert andere. Eine, die ein Mädchen getötet hatte.

»Reinkommen!«

Im Ordinationszimmer wusch sich der Arzt gerade die Hände, als Erika Werner eintrat. Langsam sah sie sich um. Der Untersuchungstisch, ein Sofa, mit Wachstuch bezogen, ein kleiner Instrumentenschrank, eine Höhensonne, ein EKG-Apparat, ein OP-Tisch für kleine Eingriffe . . . alles ein wenig ärmlich verglichen mit der blinkenden Pracht der Klinik, aus der sie herausgerissen worden war.

Der Arzt drehte sich um und trocknete seine Hände ab. Er hatte einen schmalen, sonnenbraunen Kopf mit hellen Augen und einer schönen Nase. Seine blonden Haare gingen bereits ins Weiße über. Es war nicht zu schätzen, wie alt er war. Er konnte Mitte Dreißig sein, oder fünfzig . . . sein Gesicht war zeitlos, glatt und energisch.

»Nummer 12 456 — Werner, Erika«, sagte die Arzthilfe. »Heute eingeliefert. Erstuntersuchung.«

Der Arzt nickte. Er winkte Erika heran. Die Revieraufseherin tippte ihr in den Rücken.

»Ausziehen!« zischte sie.

Wieder entkleidete sich Erika. Mit bloßem Oberkörper stand sie frierend mitten im Untersuchungszimmer. Der Arzt nahm eine

Liste mit vorgedruckten Fragen und legte sie auf seinen Schreibtisch. Immer die gleichen Fragen, immer die Routinediagnose, immer der gleiche Satz: Arbeitsfähig – ja oder nein? Wenn ja, für schwere – mittlere – leichte Arbeit. (Nichtzutreffendes streichen.)

»Ich bin Doktor Rumholtz«, sagte der Arzt, als er sich Erika zuwandte. »Wenn Sie ernsthafte Beschwerden haben, können Sie mich rufen lassen. Sie werden dann vorgeführt. Erkältungen und übliche Störungen melden Sie bei Ihrer Blockaufseherin. Es gibt für jeden Block einen Medizinschrank. Simulanten erkenne ich sofort. Die Bestrafung ist schwer.«

Erika nickte. ›Ja, Herr Kollege!‹ wollte sie sagen. Aber sie unterdrückte es. Es gab keine Dr. Werner mehr. Sie war Nummer 12 456 ... weiter nichts. Alles andere war vorbei.

Das ›Vorbei‹ ergriff sie wieder. Sie schloß die Augen und ließ sich untersuchen. Dann beantwortete sie alle Fragen mit der monotonen Stimme einer aufgezogenen Maschine.

Kinderkrankheiten? Ja. Welche. Scharlach und Windpocken.

Operationen? Ja! Sie sagte Appendizitis in graviditate. Dr. Rumholtz sah kurz und verwundert auf. Dann fragte er weiter.

Geschlechtskrankheiten? Keine. Fehlgeburten? Keine. In der Familie Lues, Tb oder andere chronische Erkrankungen. Nein.

»Sie können sich wieder anziehen«, sagte Dr. Rumholtz und füllte die Rubriken aus, die er abgefragt hatte. Die Anamnese und Untersuchung war beendet. Die Zuchthäuslerin Nummer 12 456 war gesund. Was selten war: Sie brachte keinerlei Klagen vor oder schilderte einen unkontrollierbaren Rheumatismus oder eine Nervenkrankheit. Auch eine leichte Verblödung wurde nicht vorgespielt ... Dinge, die Dr. Rumholtz täglich erlebte. Am schlimmsten waren die Hysterischen; sie rissen sich im Ordinationszimmer die Kleider vom Leib, schrien nach einem Mann und bedrängten den Arzt. Dann halfen nur die kräftigen Ohrfeigen der stämmigen Revieraufseherin, um die Rasenden zur Vernunft zu bringen. Sie bekamen dann eine Injektion zur Ruhigstellung, wurden in ihre Zelle zurückgebracht und unterhielten eine Woche lang ihren Arbeitssaal mit Schilderungen über die Wonne, einen Mann zu sehen, wenn's auch bloß ein so dusseliger Doktor war, der Weiblichem gegenüber immun schien.

Dr. Rumholtz sah Erika Werner zu, wie sie sich ankleidete. Ein merkwürdiges Mädchen, dachte er. Sie ist so ganz anders als die Weiber, die hier hereinkommen, den Rock hochheben und grinsend rufen: »Grüß Gott, Herr Doktor!« Sie sagt die Wahrheit, sie klagt nicht, sie will keine Sonderrechte, sie denkt sich keine Krankheiten aus.

Er sah ihr nach, wie sie von Katharina Pleuel wieder in Empfang genommen und aus dem Wartezimmer geschoben wurde.

»Warum ist sie hier?« fragte Dr. Rumholtz. Die Revieraufseherin hob die Schultern.

»Tötung.«

»Ach! Fast unglaublich. Einen Mann?«

»Ein Mädchen. Bei 'ner Abtreibung.«

»Man sollte es nicht für möglich halten!« Dr. Rumholtz zog den weißen Arztkittel aus. Die Aufseherin nickte.

»In einer Woche wird sie sich gemausert haben. Dann ist die schöne Larve weg! Uns macht sie nichts vor ... das schöne Frauenzimmer —«

Der Prozeß hatte wenige nachteilige Folgen für Dozent Dr. Alf Bornholm.

Seine Verwicklung in die unangenehmen Vorkommnisse, wie Professor Rahtenau es bei seiner Aussage vor der Ärztekammer nannte, brachte es mit sich, daß Dr. Bornholm seinen Jahresurlaub vorzeitig nahm und nach Capri fuhr. In den sechs Wochen, die er in der Sonne lag, zur Blauen Grotte ruderte oder mit Schwimmflossen, Gesichtsmaske und Sauerstofflasche auf dem Rücken zwischen den Klippen tauchte und silberne Fische harpunierte, wuchs das Gras des Vergessens über den ›Fall Werner‹. Die schnellebige Zeit hielt sich bei der Tragödie einer unbekannten Volontärärztin nicht auf. Auch in der Klinik selbst sprach nach vier Wochen keiner mehr über den internen Skandal. Die Oberärzte nicht, weil sie den Chef nicht verärgern wollten und an ihre Karriere dachten, die Stations- und Assistenzärzte nicht, weil die Oberärzte es auch nicht taten, die Patienten nicht, weil es längst neue Kranke waren, die in den Betten stöhnten und an nichts anderes dachten als an ihre eigenen Schmerzen.

Nur der Architekt Bruno Herwarth stand außerhalb aller Abschwächungen und aller Vergeßlichkeit. Er hatte den Tod seiner Helga zwar überwunden mit der fatalistischen Erkenntnis, daß kein Schmerz, keine Anklage und kein Jammern das Geschehene rückgängig machen konnten, aber er glaubte nicht so fest wie das Gericht an die Schuld der kleinen Ärztin Dr. Werner und an die blütenreine Weste des Dozenten Bornholm. Daß es dieser große, kommende, blendende Chirurg und Forscher gewagt hatte, Helga als eine Gelegenheitsdirne hinzustellen, hatte Bruno Herwarth nicht nur verletzt, sondern ihn mit Haß randvoll gefüllt. Was Dr. Bornholm äußerte, war ihm nicht nur unverständlich, sondern mit Helgas Charakter unvereinbar. Es war eine Verleumdung, gegen die sich die Tote nicht mehr wehren konnte. Es war die

Beschmutzung eines reinen Bildes, das sich Bruno Herwarth als Andenken an seine Tochter aufgerichtet hatte.

Das Zimmer Helgas ließ er so eingerichtet, wie sie es an dem Abend verlassen hatte, vor einem Spaziergang, der sie ins Nichts führte. Er stellte alles wieder an seinen Ort ... die Bücher, die Schallplatten, die Illustrierten und Modeschriften, die Filmbilder und Modellzeichnungen. Jeden Freitag ließ er von der Putzfrau das Zimmer säubern, als sei Helga nur auf Urlaub und könne jeden Tag zurückkommen. Er baute sich ein Museum auf, in dem er weiter mit seiner Tochter lebte.

Und von Tag zu Tag wuchs sein Haß gegen diesen Dr. Bornholm, der einmal der Liebhaber seiner Tochter gewesen war und von ihr sagte, sie sei wie eine heiße Füchsin gewesen ...

Auf Capri flossen die Tage dahin mit Schwimmen und Sonnenbaden, mit Tauchen und Ruderfahrten. Nach vier Wochen erschien Petra Rahtenau.

»Papa hat alles geregelt. Ein Verfahren vor der Ärztekammer wird niedergeschlagen. Er hat dir auch eine Chefarztstelle besorgt. Ein Haus mit zweihundertvierzig Betten. Keiner denkt mehr an die dumme Sache. Im Gegenteil, alle sagen: Der Bornholm ist ein toller Bursche. Steckt den eigenen Kopf in die Schlinge, um einer jungen Kollegin zu helfen! So spricht man jetzt von dir. Ich bin so stolz auf dich, Alf.«

Sie plapperte noch viel sinnloses Zeug, Blendwerk verliebter Gehirne, mädchenhafte Philosophie und gewollt freizügige Bereitschaft. Dr. Bornholm genoß diese Tage mit Petra, als ahnte er die Gefahr, die einmal von Bruno Herwarth auf ihn zukommen konnte. Er war wie ein heißer Sturm, der über Petra wehte, ihr den Atem nahm und sie in seinen Armen fast verbrennen ließ. Die Tage in der Sonne, auf den Klippen liegend und übersprüht von dem Gischt der Brandung, waren nur Atempausen von dem Gestammel der Nächte.

»Du«, sagte sie immer wieder und nahm seine Hand und küßte sie und leckte das salzige Wasser von ihnen und biß in die Finger und grub die Zähne in die starken, behaarten Arme und verging vor Lust und vor Sehnsucht nach dem Schmerz während seiner Umarmung. »Du — du — du.«

Dann lächelte er still und fast weise vor sich hin und verbiß sich den Schmerzlaut, wenn sie die Zähne in seine Muskeln drückte und dann die Bißstelle streichelte.

Ab und zu, in den wenigen Momenten, die Petra ihm zur Ruhe gönnte, dachte er auch an Erika Werner. Es waren Gedanken, die ihn unsicher und ängstlich machten.

Was er ihr versprochen hatte, war zu einem gewissen Teil gehalten worden: Er hatte den besten Rechtsanwalt beauftragt, eine

Strafminderung durchzusetzen. Drei Gnadengesuche waren abgeschickt worden. Selbst Professor Rahtenau hatte sich nach einer erregten Diskussion mit seinem zukünftigen Schwiegersohn bereit erklärt, seinen großen Einfluß in der Geisteswelt geltend zu machen und sich für Erika Werner einzusetzen.

Die Anträge liefen ... aber mehr konnte Dr. Bornholm nicht tun. Das, woran Erika Werner glaubte, was ihr die Kraft gegeben hatte, die Schuld auf sich zu nehmen und die Sühne zu tragen – die Liebe und das Versprechen, sie nach der Verbüßung der Zuchthausstrafe zu heiraten –, waren unerfüllbare Träume, die Bornholm in sie versenkt hatte und vor denen er Angst bekam, je länger er darüber nachdachte.

Einmal sprach er das aus, woran er seit Wochen grübelte. Sie lagen in einem weißen, gemieteten Segelboot und trieben um Capri herum. Petras Kopf ruhte auf seiner Brust.

»Was hältst du von Australien?« fragte Bornholm.

Die Frage war so unvermittelt und so absurd, daß Petra sich darüber keine Gedanken machte. Sie lächelte, wie nach einer Schmeichelei, und legte ihre Hand auf Bornholms Schenkel.

»Dort gibt es viele Schafe«, sagte sie. »Ich hab's in der Schule gelernt. Merinoschafe ...«

»Könntest du in Australien leben?«

»Ich? Bin ich ein Merinoschaf?«

Aber als sie ihn ansah, spürte sie, daß hinter seinen Worten mehr steckte. Sie setzte sich auf.

»Willst du etwa nach Australien gehen?« fragte sie.

»Vielleicht ...«

»Verrückt! Das würde Vater nie erlauben!«

»Ich bin kein Befehlsempfänger deines Vaters. Ich habe mich erkundigt. Ich hätte in Australien alle Chancen, die mir hier durch Geldknappheit und Bürokratie verschlossen sind. Ich bekomme ein Forschungslabor, ein großes Krankenhaus, großzügige staatliche Unterstützung und ein Gehalt, das fünfmal so hoch ist wie in Deutschland. Ist das vielleicht nichts?«

»Mir reicht, daß ich dich habe!«

»Das Leben ist nicht nur ein Liebesspiel, Petra. Zum größten Teil besteht es aus Arbeit und Alltag. Darum sollte man sich mehr sorgen als um die Liebe.«

»Dein Ehrgeiz wird dich noch auffressen – das ist das ganze Geheimnis. Was willst du denn in Australien? Und vor allem: Was soll ich da?«

»Ich sehe eine Chance, dort ein ruhiges und vernünftiges Leben zu führen.«

»Das hast du in Deutschland auch: als Chefarzt, als Professor ...«

»Das glaube ich nicht«, sagte Bornholm nachdenklich.

Was sind drei Jahre, dachte er, selbst wenn sie wirklich so lange sitzen muß? Und was dann? Wenn sie herauskommt – und ich bin mit Petra verheiratet?

»Ich werde mich nach Australien bewerben!« sagte Dr. Bornholm hart. Petra umklammerte die Segelstange. Ihr schönes, puppenhaftes Gesicht wurde herb und trotzig.

»Willst du mir mit deinen Hirngespinsten Capri versauern? Papa wird dir etwas anderes sagen.«

»Ich pfeife auf deinen Papa!« schrie Bornholm plötzlich. Petra zuckte zusammen. Sie preßte die Lippen zusammen und hißte das Segel.

»Fahren wir zurück!« sagte sie stockend. »Ich werde dir einen eiskalten Whisky bringen ... der tut dir gut ...«

Im Block III des Frauenzuchthauses streikte Helga Pilkowski. Sie hatte sich hingelegt und hungerte. »Ick mach's wie der Gandhi!« schrie sie Katharina Pleuel an. »Entweder komm ick in die Zweierzelle mit Erika, oder ick hungere mich weg ...«

Man ließ sie hungern. Vier Tage lang. Dann war es nicht mehr zu verheimlichen. Eine Meldung ging an den Direktor, einen biederen Oberregierungsrat. Er erschien selbst im Block III und ließ sich Helga Pilkowski vorführen. Sie hatte zehn Pfund abgenommen, aber man sah es nicht.

»Die kann noch mehr zusetzen!« sagte der Oberregierungsrat gemütlich. »Laßt sie weiter ihre Schlankheitskur machen.«

»Bullen!« schrie Helga. Dann kam sie wieder in die Zelle zurück und wurde eingeschlossen.

Am sechsten Tag kapitulierte sie. »Ick seh nich ein, warum ick dem Staat meine Verpflegung sparen soll!« brüllte sie die Blockaufseherin Berta Herkenrath an, als morgens die Zelle aufgeschlossen wurde. »Es jibt ja ooch noch andere Wege.«

Erika Werner hatte sich in ihrer Einzelzelle notdürftig eingelebt. Katharina Pleuel hatte sie im Nähsaal angemeldet. Dort wurden Kohlensäcke genäht und Arbeitsanzüge für die Männergefängnisse. Auch Helga Pilkowski war durch diese Abteilung gelaufen, allerdings nur drei Tage lang. Dann hatte Anna Schürrhart, die Aufseherin des Nähsaales, händeringend um die Wegnahme der dicken Blonden gebettelt.

Schon am ersten Tag hatte Helga Pilkowski mit einer Herrenjacke einen Tanz aufgeführt, dann war sie zu den Tischen mit den Herrenhosen gelaufen und hatte getobt. »Wenn ick 'ne Männerhose sehe, werd ick wild!« hatte sie geschrien. Was dann geschah, wurde in den Gefängnisakten nüchtern mit ›Sie vollführte anstößige Handlungen‹ beschrieben.

Helga kam in Dunkelhaft. Und schon warteten die anderen Abteilungen auf ihre Freilassung, denn wo Helga auftauchte, verflog die Eintönigkeit und die Langeweile des Zuchthausbetriebes.

Zwei Wochen lang sah und hörte Erika Werner nur auf dem täglichen Spaziergang auf dem Hof von ihren Badegenossinnen. Bei dem halbstündlichen Spaziergang um das Rasenstück wurden die Erfahrungen des Tages ausgetauscht, Nachrichten aus anderen Blocks weitergegeben, Adressen an zur Entlassung kommende Frauen ausgetauscht, die die Rückkehr ins Leben erleichtern sollten, Witze machten die Runde, einer schlüpfriger als der andere, Zigaretten wurden gegen Streichhölzer ausgetauscht, und keiner wußte oder fragte, wo sie herkamen, sie waren einfach da ...

Erika gliederte sich in diesen Betrieb still und fast wortlos ein. Bald wußte es der ganze Block: Die Neue ist stur. Sie schickt keine Kassiber, sie behauptet, unschuldig zu sein, sie tauscht nicht, sie ärgert nicht die Pleuel oder die Herkenrath, sie tut alles, was man von ihr verlangt, sie ist brav und nicht aufsässig, sie kennt keine Witze aus der siebenten Sohle, sie weint nur ab und zu ... mit ihr ist absolut nichts anzufangen. Eine Träne von Weib!

Die anderen Frauen sonderten sich von ihr ab. Wer die halbe Stunde an ihrer Seite spazieren gehen mußte, empfand es als Strafe. Erika sprach nicht. Mit gesenktem Kopf drehte sie ihre Luftschnapper-Runden um das Rasenbeet, die Hände auf dem Rücken, stumm und starr wie eine aufgezogene Puppe, die gleichförmig ihren vorgeschriebenen Weg abrollt.

Zweimal besuchte sie noch der Rechtsanwalt, der ihre Verteidigung übernommen hatte und dem nichts anderes übrig geblieben war, als nach Erikas Geständnis das Gericht um Milde zu bitten. Immer wieder versuchte er, hinter das Geheimnis zu kommen, das Erikas Lippen verschlossen.

»Ich weiß, daß Sie hier unschuldig sitzen!« sagte der Anwalt. »Es ist Irrsinn, was Sie tun! Sie haben jetzt knapp drei Wochen hinter sich ... aber vor Ihnen liegen drei Jahre! Wissen Sie, was das bedeutet?!«

»Ich fühle mich hier wohl«, sagte Erika ruhig. »Hier habe ich endlich Ruhe. Bitte lassen Sie mich. Ich habe nicht mehr zu sagen, als ich schon gesagt habe.«

In der vierten Woche, in einer Nacht, schellte die Alarmglocke im Block III. Die Frauen fuhren aus ihren Betten hoch. Schritte hämmerten über die Gänge, dann hörte man schnelles Laufen, gedämpfte Stimmen, das laute Organ Katharina Pleuels: »Man sollte ihr den Hintern blau schlagen!« Dann wieder das Getrappel vieler Füße.

Gespannt standen die Frauen an den Zellentüren, hatten die Ohren an das Holz gelegt und lauschten nach draußen.

Welche Zelle? Warum Alarm? Ein Ausbruch?

Dann war es wieder still in dem großen Backsteinblock. Nur im Revier standen Katharina Pleuel und Berta Herkenrath hilflos vor einem Bündel Mensch. Es lag auf dem Wachstuchsofa und atmete nur noch schwach. Über den linken Arm war ein Blutstrom gelaufen, das schmale Gesicht unter den blutverklebten Blondhaaren war weißgelb, spitz stach die Nase hervor, die Augen waren eingesunken.

»Die haut uns ab!« sagte Katharina Pleuel. Ihre Stimme hatte nichts mehr von der Strenge und Kratzbürstigkeit, die sie so gefürchtet machten. »Wenn sie ... Berta, das gibt eine Meldung und Strafversetzung.«

Berta Herkenrath hielt den Bademantelgürtel fest, mit der sie den Oberarm des Menschenbündels abgeschnürt hatte. Unterhalb des Ellenbogengelenkes, von der Handwurzel bis fast zur Mitte des Unterarmes, war der Arm mit einem stumpfen Gegenstand zerfetzt worden und die Vene an mehreren Stellen zerrissen.

»Mit 'nem geklauten Blechlöffel, den se sich am Gitter scharf gewetzt hat ...«, sagte Berta Herkenrath. »Wenn ich nicht zufällig ...«

Die Revieraufseherin kam herein. Ihr Gesicht war ratlos.

»Der Doktor ist nicht zu erreichen! Er ist weggefahren, keiner weiß, wohin. Was nun?«

»Die verblutet uns!« sagte Katharina Pleuel stockend. »So ein blödes Luder!«

Sie starrten in das wachsbleiche Gesicht des Mädchens. Noch schlug das Herz, aber auch die Pleuel und die Herkenrath wußten, daß man den Arm nur zwei Stunden lang abbinden konnte. Dann starb er ab.

»Nummer 12456 ...«, sagte Katharina Pleuel plötzlich. »Die ist doch Ärztin ...«

»Holen!« rief die Revieraufseherin.

»Aber das ist doch gegen die Vorschrift ... Wenn der Chef das erfährt ...«

»Hier ist's ein Notfall! Und ehe sie stirbt ... Los, holen! Ich bereite alles vor ...«

Mit Riesenschritten rannte Katharina Pleuel zum Block III zurück. Keuchend schloß sie die Zelle auf und drehte das Deckenlicht an.

Erika Werner lag auf der Seite, ein Bein angezogen, und schlief. Katharina Pleuel rüttelte sie an der Schulter. Mit einem Schrei fuhr Erika empor und starrte in das breite Gesicht, das über ihr schwebte.

»Was ... was ist denn?« schrie sie, als solle sie getötet werden. Katharina Pleuel legte ihr die breite Hand auf den Mund.

»Sssst – mitkommen! Du sollst operieren ...«

»Was soll ich?« Erika setzte sich. Sie begriff nicht, was sie gehört hatte.

»Operieren! Eine von euch hat sich das Leben nehmen wollen! Los ... zieh dich an ... sie verblutet sonst ...«

Schnell warf Erika ihren weiten Rock und die Jacke über. Dann rannten sie durch den langen Gang des Blocks zum Revier. An den Zellentüren klopfte es.

»Was ist los?« riefen einige Stimmen. Katharina Pleuel blieb stehen.

»Ruhe!« schrie sie durch den Gang, daß es bis zur letzten Zelle hörbar war. »Schnauze halten!«

Dann zog sie Erika weiter, hetzte mit ihr durch die Nacht und schob sie in das Ordinationszimmer hinein. Auf dem kleinen OP-Tisch lag bereits das sterbende Mädchen. Ihr grauenvoll zerfetzter Arm hing festgeschnallt neben ihr. Noch immer hielt Berta Herkenrath den Bademantelgürtel fest angezogen.

Erika trat an den Tisch heran. Sie erkannte die Lebensmüde, und verstand plötzlich, warum sie es getan hatte. Es war die junge Kindesmörderin, Lore Heimberg, ein Mensch, für den Leben und Liebe gestorben waren, als sie ihr Kind aussetzte.

Erika zögerte nicht. Sie ging zum Waschbecken und wusch sich. Unterdessen stand die Revieraufseherin hinter ihr, einen sterilen Kittel in den Händen. Als sie den Gürtel zuband, war es Erika, als falle alles ab, was in den vergangenen Wochen auf sie niedergestürzt war.

»Skalpell!« sagte sie und setzte sich neben dem zerfetzten Arm auf einen Schemel. Die Revieraufseherin reichte ihr das Messer.

Vorsichtig begann Erika, den aufgerissenen Arm von zerfetzten Muskelfasern zu reinigen. Sie präparierte die Vene frei und sah, daß sie an drei Stellen verletzt war.

Der Oberarm war dort, wo er mit dem Bademantelgürtel abgebunden war, stark angeschwollen und begann sich bläulich zu färben.

»Wie lange liegt sie denn schon hier?« fragte Erika laut. Katharina Pleuel sah über den Körper hinweg gegen die weiße Wand.

»Sicherlich eine halbe Stunde.«

»Wissen Sie, was das bedeutet? Drei Venennähte muß ich jetzt machen. Warum haben Sie mich nicht früher gerufen?«

»Es ist gegen die Bestimmung!« sagte die Pleuel dumpf.

»Dann allerdings brauche ich gar nicht weiterzumachen ...

dann lassen wir das arme Ding einfach sterben ... getreu den Bestimmungen, daß ich nicht helfen darf!«

Erika Werner erhob sich von dem Schemel und begann, ihren weißen Kittel aufzuknöpfen. Die Revieraufseherin hielt ihren Arm fest. Ihr Gesicht war vor Angst verzerrt.

»Machen Sie weiter ... bitte ...«

»Wenn es zu spät sein sollte ...«

Der Rest des Satzes blieb unausgesprochen. Aber die beiden Aufseherinnen wußten, wie er zu Ende ging. Mit verkniffenen Gesichtern sahen sie zu, wie Erika die durchgeschnittenen Venen nähte. Es war eine schwere, langsame und mit feinstem Fingerspitzengefühl ausgeführte Arbeit. Kurz vor der letzten Naht blickte Erika auf.

»Blutkonserven haben wir sicherlich nicht hier?«

»Nein. Wenn wir sie brauchen, lassen wir sie aus dem Krankenhaus kommen.«

»Dazu ist es jetzt zu spät. Wie ist es mit physiologischer Kochsalzlösung?«

»Die haben wir.«

»Dann bereiten Sie zwei Infusionen vor. Aber schnell. Stehen Sie nicht hier herum ...«

Die Revieraufseherin zögerte. Eine Strafgefangene, die sie anbrüllte ... Sie holte tief Luft, dann rannte sie davon, mit hochrotem Kopf, verzerrtem Gesicht und einer ohnmächtigen Wut unter dem Herzen.

Stumm hängte sie die Kochsalzlösungsflaschen in die Eisenständer und fuhr sie zum OP-Tisch. Sie schloß die Hohlnadel an die Schläuche an und legte sie auf sterile Tücher. Katharina Pleuel stand noch immer neben Erika und hielt ein Instrumentenbrett neben sie hin, Berta Herkenrath klammerte sich immer noch an den Bademantelgürtel.

»Lockern Sie langsam die Abschnürung«, sagte Erika laut. Berta Herkenrath zuckte zusammen und löste den Bademantelgürtel. Sofort begann aus dem zerfetzten Arm das Blut wieder hervorzuquellen, aber die genähte Vene war dicht. Langsam, ganz schwach, pulste das Blut durch sie hindurch ... als Erika die Finger auf sie legte, spürte sie kaum den Rhythmus eines Herzschlages.

»Infusion ...« Sie sah empor. Die Ständer mit den Flaschen standen bereit. Die Revieraufseherin hatte die beiden Oberschenkel des Mädchens bereits freigelegt, gewaschen und mit Alkohol abgerieben.

Als die Kochsalzinfusionen in beiden Oberschenkeln angebracht worden waren, stand Erika vom Schemel auf. Sie war müde, ein Druck in den Schläfen erzeugte das Gefühl, als liege der Kopf zwischen den Backen eines Schraubstockes. Taumelnd ging sie zum Waschbecken und tauchte die Hände in das kalte Wasser.

Katharina Pleuel folgte ihr wie ein Schatten. »Wird sie weiterleben?« fragte sie leise.

»Ich weiß nicht –«

»Aber Sie sind doch Ärztin?«

»Ich bin Strafgefangene Nummer 12456.«

»Und ein arrogantes Aas dazu!« schrie die Pleuel. »Gott verdammich noch mal ... bilden Sie sich bloß nichts ein, weil wir Sie gerufen haben!«

Erika wandte sich, stieß Katharina Pleuel mit dem Ellenbogen zur Seite und ging zurück zum OP-Tisch. Sie beugte sich über den kaum atmenden Körper Lore Heimbergs und tastete mit dem Stethoskop das Herz ab. Es war müde, flatterte und hatte keinen Rhythmus mehr.

»Haben Sie Coramin hier?«

»Ich glaube ...«

»Vom Glauben haben wir nichts. Sehen Sie nach!«

Mit zusammengebissenen Zähnen ging die Revierbeamtin zum Medikamentenschrank. Sie holte die Ampullenkartons und Flaschen hervor und warf sie fast auf den nebenstehenden Tisch.

»Wir haben alles hier: Coramin, Cormed, Cardiazol, Suprarenin ...«

»Wunderbar! Haben Sie eine lange dünne Nadel?«

»Wie nach Wunsch!« schrie die Revierbeamtin.

»Dann schnell!«

Mit großen Augen sahen die Aufseherinnen zu, wie Erika Werner eine Ampulle mit 1 ccm Suprarenin aufzog, die lange, dünne Nadel auf die Spritze steckte und sich dann über den Brustkorb des Mädchens beugte.

Nach einem kurzen Tasten stach sie dann die Nadel im 4. I.C.R. links neben dem Sternalrand vier Zentimeter tief ein, saugte mit der Spritze Blut ab aus dem rechten Ventrikel und injizierte dann das Kreislaufmittel.

»Was machen Sie denn da?« stotterte die Revierbeamtin. Schweiß stand ihr auf der bleichen Stirn.

»Ich habe direkt ins Herz gespritzt ...«

»Sie haben mit der Nadel ... da, mit der Nadel ... ins Herz gestochen?«

»Ja!«

Katharina Pleuel riß Erika vom OP-Tisch weg. »Sie bringt sie um!« schrie sie. »Und wir sind schuld. Wir haben sie gerufen! Das Aas will sich an uns rächen!«

Sie stieß Erika gegen die weiß gekachelte Wand und holte weit aus, um ihr ins Gesicht zu schlagen. Erika schloß die Augen. Sie wartete auf den Schlag, der sie zu Boden werfen würde. Aber bevor Katharina zuschlagen konnte, hielt die Revieraufseherin ihr den Arm fest.

»Sie atmet wieder!« rief sie. »Das Herz arbeitet wieder!«

Mit starrem Blick sah die Pleuel auf das freier atmente Mädchen. Das bleiche Gesicht wurde ein klein wenig rosig. Der Blutkreislauf war wieder intakt.

Mit der linken Hand riß sie Erika von der Wand. »Was haste da gemacht?« schrie sie ihr ins Gesicht.

»Man nennt das intercardiale Injektionen«, sagte Erika müde. »Fahrt sie ins Bett. Einer muß dabei bleiben ... wenn etwas ist, ruft mich wieder ... Ich will auch schlafen.«

Wie eine Nachtwandlerin ließ sich Erika zurück in ihre Zelle führen. Dort sank sie auf das Bett, und, angezogen wie sie war, schlief sie ein, schräg über den Decken liegend, die Beine über den Boden schleifend.

Erika Werner wachte auf, weil sie das Gefühl hatte, daß sie jemand anstarrte. Sie schlug die Augen auf und sah in das Gesicht eines Mannes. Mit einem Ruck sprang sie auf. Die Zellentür stand offen, auf dem Gang hörte sie das Reinigungskommando mit den Eimern und Schrubbern klappern. Die rauhe Stimme Katharina Pleuels keifte dazwischen. Es mußte schon später Morgen sein. Niemand hatte sie geweckt. Auf dem kleinen Tisch an der gegenüberliegenden Wand stand ein Teller mit belegten Broten. Wurst und Käse. Eine Kaffeekanne stand daneben, mit einem Kaffeewärmer darüber. Einem bunten, gehäkelten Kaffeewärmer wie zu Großmutters Zeiten.

»Was soll das alles?« fragte Erika. Sie fuhr sich mit den gespreizten Fingern durch ihre zerwühlten Haare und dann über die brennenden Augen.

»Dr. Rumholtz ... Sie kennen mich noch? Ich habe angeordnet, daß man Sie nicht weckt. Es war gar nicht so leicht, hier im Zuchthaus einen Kaffeewärmer aufzutreiben. Aber Sie sehen ... selbst im Zuchthaus ist nichts unmöglich!«

»Wie geht es der kleinen Heimberg ...?« fragte Erika. Sie setzte sich aufs Bett zurück. Auf einmal schämte sie sich. Vor ihrer Anstaltskleidung, ihrem Aussehen, der Zelle, dem Geruch, der in ihr war und aus dem Zimmerklosett stammte, vor dem Makel, der auf ihr lag. Zuchthäuslerin Nr. 12456. Drei Jahre wegen Tötung einer Schwangeren.

»Dem Mädchen geht es verhältnismäßig gut. Die Infusionen haben gerade noch alles aufgehalten. Und die intercardiale Injektion ... Hören Sie mal, warum haben Sie mir nicht bei Ihrer Einlieferung schon gesagt, daß Sie eine Kollegin sind?«

»Ich bin es ja nicht mehr. Man hat mir nach dem Prozeß die Approbation, sogar den Doktortitel aberkannt.«

»Ihre Venennaht war phantastisch, wissen Sie das? Ich habe bereits mit dem Zuchthausdirektor telefoniert ...«

»Warum? Wollen Sie die Aufseherinnen noch mehr verärgern?«

Dr. Rumholtz beugte sich zu Erika vor. Sein Blick lag forschend auf ihrem blassen Gesicht.

»Hat man Ihnen Schwierigkeiten gemacht? Sagen Sie es mir!«

»Nein. Nichts ...« Erika schüttelte den Kopf. Aber es klang nicht überzeugend. Dr. Rumholtz hörte es heraus. Er war seit vier Jahren Anstaltsarzt, er kannte die Beamtinnen. Immer hatte er sie im stillen bewundert. Wer tagaus, tagein mit Asozialen umgehen muß, wer täglich von ihnen betrogen, belogen und bekämpft wird, wer nur immer das Schlechte des Menschen als Lebens- und Triebelement sieht, dessen Seele verhärtet sich, muß abstumpfen, um das zu ertragen, was man einfach ›Dienst‹ nennt und für den man den Titel ›Justizwachtmeisterin‹ trägt.

»Ist es die Pleuel?« fragte Dr. Rumholtz.

»Niemand, Herr Doktor.«

Erika stützte den Kopf in beide Hände. Sie vermied es, Dr. Rumholtz anzusehen. Er kam aus einer Welt, hinter der sie selbst die Türen zugeschlagen hatte. Es war ihr, als ströme sein Anzug den leichten Karbolgeruch aus, der über allen Krankensälen liegt. Ihre Nasenflügel bewegten sich schnuppernd ... dann hielt sie den Atem an. Es war eine Selbstquälung, die unerträglich wurde.

»Es freut mich, daß es der kleinen Heimberg gut geht. Warum hat sie es überhaupt getan?«

»Sie sagt, weil sie keine Schuld hat. Als sie das Kind aussetzte, war sie aus Verzweiflung wie von Sinnen ... Heute träumt sie von der Kleinen, hört im Schlaf das Kindergeschrei und singt Schlaflieder.«

Erika senkte den Kopf. »Ich kenne dieses Gefühl«, sagte sie leise. »Man klagt sogar Gott an ... und er schweigt. Und man sehnt sich nach der Dunkelheit des Vergessens ... dafür ist der Schlaf nicht lang und tief genug, und das morgendliche Erwachen ist immer wieder eine neue Qual. Man will vor sich selbst entfliehen ... für immer! Man stellt es sich herrlich vor, weg von dieser Erde zu sein. Ruhe zu haben!«

»Sie reden, als ob Sie morgen mit aufgeschnittenen Pulsen eingeliefert werden würden ...«

»Wäre das so unsinnig?«

Dr. Rumholtz beugte sich zu ihr vor. Einen Augenblick war er versucht, seine Hände auf ihre Knie zu legen. Er hatte ihre Akte gelesen. Gleich, nachdem er im Revier die Verbände der kleinen Lore Heimberg gewechselt und den Bericht der Revierbeamtin mit fassungslosem Staunen gehört hatte, ließ er sich die Papiere aus der Verwaltung herüberschicken und las das Schicksal der ehemaligen Ärztin Dr. Erika Werner. Es war ein kurzes Leben, das in den wenigen Papieren stand. In einer Nacht, die völlig sinnlos war, endete es. Das, was jetzt in der Zelle im Block III vegetierte, war nicht mehr die Erika Werner, die Dr. Rumholtz fast greifbar vor sich gesehen hatte: Ein jugendfrisches, lebensfrohes Mädchen mit großen Idealen und einer erfolgversprechenden Karriere. Und dann kam diese Nacht, eine unbegreifliche Nacht, in der sie alles wegwarf, was vorher ihr Ziel gewesen war. Warum? Was hatte sie dazu getrieben? Verbarg sich dahinter ein bisher unaufgestöbertes Geheimnis? Verschwieg sie etwas?

Mit diesen Fragen war Dr. Rumholtz in die Zelle gekommen, nachdem er Katharina Pleuel angewiesen hatte, Erika nicht zu wecken.

»Fängt schon an, die Sonderwurscht!« sagte sie zu Berta Herkenrath. »Zuchthaus is Zuchthaus ... aber och hier sind die Feinen wat Besseres!«

»Sie fühlen sich unschuldig?« fragte Dr. Rumholtz.

Erika sah ihn schräg von unten an. »Es steht alles in den Akten, Herr Doktor.«

»Dort stehen Fakten! Aber hinter allen Taten, Daten und Urteilen steht doch ein Mensch! Und ein Mensch ist nicht nur eine Gesetzesübertretung, wenn er hier eingeliefert wird, sondern hinter seinem Vergehen muß man irgendwie den Sinn suchen ... hinter jedem Verbrechen steht ein seelischer Trieb, und wenn es nur Habgier ist oder Geltungssucht oder ein Rachekomplex. Bei Ihnen ist das alles nicht ... Sie sitzen hier in Ihrer Zelle, haben einen Menschen getötet, und keiner weiß, warum! Sie haben kein Geld dafür genommen, Sie hatten keinen Nutzen davon, Sie hatten überhaupt kein Motiv.«

»Vielleicht Mitleid?!«

»Das soll ich Ihnen glauben? Sie, die so hoch von der ärztlichen Ethik dachten, sollten plötzlich aus Mitleid einen Mord begehen?! Das ist sinnlos!«

»Das Leben an sich ist sinnlos. Haben Sie das noch nie bemerkt?«

»Trotzdem ist es schön.«

Dr. Rumholtz lehnte sich zurück, hob die Kaffeemütze von der Kanne und goß die Tasse voll. Erikas Kopf fuhr hoch ... sie schnupperte wie ein Hund vor einem Fleischerladen. Dr. Rumholtz lächelte schwach.

»Ja, Sie riechen richtig: Bohnenkaffee! Auf meinen Befehl. Die Pleuel hat zwar gemeutert, aber ich habe ihn auf dem Revier aufgießen lassen und selbst herübergebracht.« Er reichte ihr die Tasse hinüber. »Kommen Sie ... trinken Sie erst einmal. Dann sieht es im Magen anders aus ... und mit dem Wohlgefühl im Magen ändert sich auch die Weltanschauung. Bei uns im kleinen, in der hohen Politik im großen. Sattsein verändert den Charakter ... das haben wir Deutsche nach dem Zweiten Weltkrieg der Welt vorexerziert. Wenn Ideale im Fett schwimmen, benehmen sie sich wie schwere Klöße ... sie liegen schwer im Magen, und man stößt auf.«

»Sie können ja auch sarkastisch sein, Herr Doktor?!«

Gehorsam nahm Erika die Tasse und trank sie in kleinen, schnellen Zügen leer. Seit drei Monaten die erste Tasse Bohnenkaffee. Sie griff zu, als Dr. Rumholtz ihr den Teller mit den belegten Broten hinüberreichte. Es war gute, schmackhafte Dauerwurst und fetter Schweizer Käse, nicht die nach Talg schmeckende Leberwurst oder die schwammige Sülze, die sie sonst bekamen.

Durch die offene Tür sah Katharina Pleuel herein. Als sie Erika essen sah, bellte sie:

»Schmeckt's?! Kaviar war nicht aufzutreiben! Darf's heute mittag eine Schildkrötensuppe mit Madeira sein?!«

»Ich habe gebeten, mich nicht zu stören!« sagte Dr. Rumholtz laut. Der Kopf der Pleuel verschwand wieder. Auf dem Flur hörte man sie schimpfen. Ihren Ärger bekamen die anderen Frauen zu spüren.

Dr. Rumholtz stand auf und schloß die schwere Tür der Zelle. Nur dumpf drang der Lärm in die engen Wände. Mit zitternden Händen aß Erika ihre Brote zu Ende.

»In einem Männerzuchthaus geht's ruhiger zu«, sagte Dr. Rumholtz. »Auch in anderen Blocks. Aber hier ... wenn Sie wüßten, mit was für Typen und aus der Bahn geworfenen Weibern Sie zusammenwohnen. Es ist manchmal, als ob die Kloake der ganzen Stadt über diesen Korridor fließt ...«

»Ich weiß es. Die Helga, die eben so schrie, hat mich mit Anträgen verfolgt, eine Diebin machte mir vor, wie man der Herkenrath aus dem Zimmer ein Brot stiehlt, das Räuberliebchen wollte einen Kassiber hinausschmuggeln und mich an einen gewissen Hugo Kuller verkuppeln, der mich nach der Entlassung in Empfang nimmt. Und eine Mörderin wollte mich bestechen, mit ihr zu fliehen. Ich sollte ihr eine Spritze aus dem Revier stehlen, die sie scheintot machen sollte. Von der Kapelle aus wollte sie dann flüchten. Es kommen die verrücktesten Ideen.«

»Davon wollte ich Sie erlösen.« Dr. Rumholtz goß die Tasse noch einmal voll Kaffee. »Ich habe heute einen Antrag eingereicht. Im Revier liegen neunundvierzig Kranke. Ich brauche eine Helferin. Ich habe Sie von der Direktion angefordert ...«

Die Tasse in Erikas Hand zitterte und klirrte. Sie stellte sie mit letzter Kraft auf den Tisch zurück. Dann warf sie die Hände vor die Augen und drehte den Kopf weg.

Dr. Rumholtz erhob sich schweigend und ging aus der Zelle hinaus auf den Gang. Er wußte, was diese Mitteilung für Erika Werner bedeutete. Hinaus aus der grauen, schmucklosen Zelle. Wieder die Luft eines Krankenhauses atmen dürfen, wenn es auch nur das Krankenrevier eines Zuchthauses war. Wieder Kranke pflegen dürfen, injizieren, Verbände anlegen, Bestrahlungen machen, Massagen, Röntgenaufnahmen ...

Er ließ sie allein, um sich zu fassen. Böse sah Katharina Pleuel vom Ende des Flures hinüber. Dort standen drei Frauen nebeneinander und schrubbten in einem wiegenden Rhythmus den Flur.

Nach über fünf Minuten trat Dr. Rumholtz wieder in die Zelle. Erika Werner hatte sich schnell gewaschen und gekämmt. Mit roten Augen, in deren Winkel noch die Tränen schimmerten, aber mit einem so glücklichen Lächeln, daß es Dr. Rumholtz den Hals zuschnürte, stand sie unter dem vergitterten Fenster. Ihre Mundwinkel zuckten, als sie sprach.

»Warum tun Sie das für mich, Herr Doktor? Ich habe einen Menschen umgebracht ... als Arzt ...«

»Das zu glauben, fällt mir schwer. Ich weiß, daß Sie einmal in einer Minute der Verzweiflung gesagt haben: Ich bin unschuldig ... Das war die Wahrheit. Sonst spielen Sie Theater. Ein grausames Theater. Ich spüre es. Ich weiß nur nicht, warum ...«

»Fragen Sie auch nicht. Bitte!«

»Ich werde es ohne Ihr Zutun herausbekommen. Zunächst kommen Sie zu mir. Morgen oder übermorgen wird die Direktion zustimmen.«

Er reichte ihr die Hand hin. Zögernd ergriff sie sie. Da zog er sie ganz zu sich und drückte sie herzhaft.

»Auf gute Zusammenarbeit, Kollegin!«

»Sie tun mir weh ...«

»O Verzeihung.« Er lockerte den Griff. Sie schüttelte den Kopf.

»Nicht mit der Hand ... mit dem Mund. Kollegin ... das ist wie aus einer anderen Welt. Das schneidet mich fast mittendurch ...«

Nachdenklich verließ Dr. Rumholtz die Zelle. Hinter ihm verschloß Katharina Pleuel sofort die Tür. Sie tat es mit Krachen und Schlösserrappeln, als sei Erika Werner eine gemeingefährliche Ausbrecherin. Rumholtz sah sich um. Sein Blick prallte am Ärger der Pleuel ab.

»Wenn ich Klagen höre, gibt's eine saftige Meldung!« sagte er eindeutig. Die Pleuel lächelte böse.

»Hübsch, jung und klug ... so wat muß man sich reservieren, wat?«

Dr. Rumholtz antwortete nicht darauf. Es war sinnlos. Fast atmete er auf, als er den Block III verließ und hinüber ging in sein helles, neues Revier mit den weiß lackierten Türen und dem Spruch, der an die Rückwand des langen Flures gemalt war:

Kommet her zu mir, die ihr mühselig und beladen seid ...

Es dauerte nicht zwei Tage, sondern drei Wochen, bis die Zuchthausverwaltung endlich die Genehmigung erteilte, daß die Insassin Nr. 12 456 als Helferin im Zuchthausrevier eingesetzt werden konnte. Aus Gründen des Strafvollzuges sei allerdings eine ganze Verlegung ins Krankenrevier noch nicht zulässig. Erst nach zwei Jahren abgetragener Strafe.

Das bedeutete, daß Erika Werner jeden Morgen zum Revier geführt und um 6 Uhr abends wieder abgeholt wurde, um in ihrer kleinen Zelle in Block III zu schlafen.

Erika war es gleichgültig, ob sie in ihrer alten Zelle weiterschlief und abends von Katharina Pleuel mit den Worten empfangen wurde:

»Guten Abend, gnädige Frau. Das Diner wird sofort serviert.«

Wortlos holte sie sich dann ihre Suppe ab, ihr Stück Brot, die ab und zu ranzige Margarine, die wässrige Wurst, die Alleskleber-Sülze. Ihre Schweigsamkeit brachte die Pleuel zur Weißglut, die stumme Duldung jeder Schikane füllte in Katharina einen Vulkan auf, der in gehässigen Worten explodierte.

Einmal in der Woche bekam Erika Post.

Es waren nur spärliche Lebenszeichen aus der lauten Welt. Der Rechtsanwalt berichtete von seinen Bemühungen, in die Revision zu gehen. Alle Suche nach neuen Tatsachen scheiterten an einer Mauer des Schweigens, die Erika selbst aufgebaut hatte.

Einmal schrieb der Vater des toten Mädchens, der Architekt Bruno Herwarth. Er beschwor sie, die Wahrheit zu sagen. Er nannte Alf Bornholm einen Lumpen, einen Blender, einen ehrlosen Lümmel. Erika zerriß den Brief, ohne ihn zu Ende gelesen zu haben.

Und dann schrieb Alf Bornholm selbst. Auf dickem Büttenpapier, handgeschöpft mit Wasserzeichen. In der linken oberen Ecke in diskreter Grauschrift: Dozent Dr. med. habil. Alf Bornholm. Erster Oberarzt der Ersten Chirurgischen Klinik.

»Mein Liebstes«, schrieb er,

»immer denke ich an Dich. Das ist keine lapidare Redensart, sondern es ist für mich zur Gewohnheit geworden, wenn ich allein bin, mich mit Dir zu unterhalten, als säßest Du vor mir im Sessel, hübsch, glücklich, in den Fingern das Glas mit dem perlenden Sekt ... so wie damals auf unserer Hütte, als Du mir ins Ohr

flüstertest: ›Ich kann mir die Welt ohne Dich nicht mehr denken ...‹

Ich gestehe es: Ich kann es auch nicht mehr. Wenn ich sehe, wieviel drei Jahre sind, könnte ich verzweifeln. Ich werde alles daran setzen, Dich früher frei zu bekommen. Ich habe schon ein Gnadengesuch an den Präsidenten eingereicht. Auch Professor Rahtenau hat es unterschrieben. Vielleicht erlassen sie Dir zwei Jahre ... und nach einem Jahr wird dann alles vergessen sein ...

Ich bin beschämt vor so viel Liebe ... Kann ein Mensch wirklich so viel erdulden, nur weil er liebt? Es ist fast unbegreiflich ...«

Erika ließ den Brief sinken, den sie auf ihrem Klappbett liegend gelesen hatte. Ihre Augen starrten an die hohe schmutzige Decke ihrer Zelle.

»Ich kann es, Alf ...« sagte sie laut. »Was wissen wir, was man aus Liebe alles kann?!«

Über den Flur klapperten die Schritte Berta Herkenraths. Dann erlosch das Licht in allen Zellen. Schlafen! Ruhe!

Dann klappten die Kontrollklappen an den Türen auf und zu ... die Herkenrath sah nach, ob auch alles im Bett lag.

Erika Werner lag mit weit offenen Augen und starrte an die Decke. Sie brauchte kein Licht mehr, um den Brief noch einmal zu lesen. Sie kannte die Worte Alfs bereits auswendig; sie sprach sie vor sich hin, und es war ihr, als sei es seine Stimme, die zärtlich in ihr Ohr flüsterte, und alle Sorgen, alle Zweifel schwanden vor dem seligen Wissen, daß er auf sie wartete.

Die Klappe an der Zellentür schlug herunter. Erika drehte sich nicht herum. Sie wußte, daß jetzt die Augen Berta Herkenraths durch die Dunkelheit starrten und ihre Blicke über das Bett glitten.

»Noch Wünsche?« fragte sie leise. Erika zog verblüfft die Augenbrauen hoch. Es war das erstemal, daß die Herkenrath sie so fragte.

»Nein!« antwortete sie ebenso leise.

Die Klappe knallte wieder zu. Die Schritte entfernten sich.

Die Bewerbungsunterlagen aus Australien waren eingetroffen. Dr. Alf Bornholm hatte sie durchstudiert ... es waren so günstige Angebote, daß es eigentlich Dummheit war, zu zögern.

Man versprach ihm die Chefarztstelle einer großen Klinik, ein voll eingerichtetes, modernes Labor mit allen Forschungsmitteln, eine Neubauvilla am Stadtrand, einen Wagen und jährlich zwei Monate Europaurlaub.

Petra Rahtenau war nach der Rückkehr aus Capri sofort zu ihrem Vater gegangen und hatte ihm den Plan Alfs vorgelegt.

»Australien?« hatte Professor Rahtenau gesagt. »Unmöglich. Ich lasse dich nicht in diese Ungewißheit gehen.«

»Er ist fest entschlossen, Papa.«

»Er wird die Wahl haben ... Australien oder dich!«

»Das kannst du ihm sagen ... Aber wenn er sich entscheidet für Australien ...« Petra senkte den Kopf. »Ich liebe ihn, Paps ... ich werde mitgehen müssen ...«

Professor Rahtenau schwieg. Er sah nur seine Tochter an und wandte sich dann ab, um nicht in die Versuchung zu kommen, doch zu reden. Petra war sein einziges Kind. Sie war spät gekommen, als Rahtenau schon in einem Alter war, in dem andere Väter mit ihren Töchtern per Arm spazierengehen. Aber gerade darum hing er mit einer fast irrsinnigen Liebe an ihr. Sie war die Jugend, die in sein Alter hineinleuchtete, und nichts war Rahtenau wichtiger als das Glück seiner Tochter. Er sah, daß Petra in Alf Bornholm so etwas wie die Erfüllung ihres Lebens sah, und er wußte, daß mit dem Tage einer Verbindung mit ihm das Unglück über sie kommen würde.

Er wußte es seit einigen Tagen. Anonym war ihm ein Brief Helga Herwarths zugeschickt worden, ein kurzes Schreiben ohne Anrede, vielleicht ein Brief an eine Freundin, vielleicht auch eine verzweifelte Rückendeckung, aus einer Ahnung geschrieben, aus einer Angst geboren, die Helga in den letzten Tagen ihres Lebens begleitet haben mußte.

»Alf ist der Vater meines Kindes«, hatte sie geschrieben. *»Und jetzt stößt er mich weg. Ich habe seit Wochen nichts mehr von ihm gehört. Immer redet er sich heraus mit Arbeit, Vorträgen, Forschungen. Ich bin ganz verzweifelt. Neulich sagte mir jemand, er wolle die Tochter seines Chefs heiraten ... wenn es stimmt, wird es einen Skandal geben. Ich lasse mir den Vater meines Kindes nicht nehmen! Ich bin keine Dirne. Ich habe Alf wahrhaftig geliebt und ihm und seinen Beteuerungen geglaubt ...«*

Professor Rahtenau hatte diesen Brief in seinen Panzerschrank eingeschlossen. Es war ein Wertstück. Und es konnte ein Beweis sein. Der ungeheure Verdacht, der Professor Rahtenau beim Lesen dieses Briefes gekommen war, hatte ihn tagelang unsicher und tatenlos gemacht. Er hatte seinen zukünftigen Schwiegersohn beobachtet und sich gewundert, wie losgelöst von allen Problemen, wie fröhlich und unbeschwert er sein Leben weiterführte, als belaste ihn nicht der Gedanke, daß ein Mädchen und ein Kind, sein Kind, unter Umständen gestorben waren, die mehr als merkwürdig waren.

Was ist er für ein Mensch, hatte Rahtenau gegrübelt. Er ist ein genialer Mediziner, zugegeben. Er operiert mit einer Brillanz und einem Mut, der bewundert werden muß. Seine Blutforschungen rissen ein ganz neues Gebiet der Medizin auf, eine Zukunft, die noch zu schwindelerregend war, um sie voll zu begreifen und damit anzuerkennen. Er besaß einen Ehrgeiz, der fast pathologisch war ... für ihn gab es nur den Aufstieg, den Drang zur Sonne, den Kampf um die Spitze ... ihm opferte er alles. Auch Petra, wenn es sein mußte.

»Er wird nicht nach Australien gehen!« sagte Rahtenau zu Petra. Er drehte ihr dabei den Rücken zu, damit sie nicht sah, wie es in seinem Gesicht zuckte. »Ich werde ihn überzeugen, daß es besser ist, hier zu bleiben.«

»Wenn du das kannst, Paps ...« Petras Stimme war so voll Freude und Glück, daß Rahtenau den Kopf senkte.

»Ich habe Argumente«, sagte er heiser.

Kurz darauf fuhr er in die Klinik. Dr. Bornholm war bereits im OP I und machte eine Chefoperation. Eine Cholezystogastroanastomose als einzigen Ausweg bei einem Pankreaskopf-Carzinom.

Rahtenau wusch sich schlüpfte in den sterilen Mantel und stellte sich hinter Bornholm. Über die Schulter hinweg sah er auf die schnell und sicher arbeitenden Hände.

Die künstliche Verbindung zwischen Magen und Gallenblase war fast vollendet. Einige Zeit war geschenkt worden, mehr nicht. Das Carzinom selbst war inoperabel.

»Was ist mit Australien?« fragte Rahtenau leise neben dem Ohr Bornholms. Der Kopf des Chirurgen flog herum. Dann wandte er sich wieder dem geöffneten Leib zu. Die letzten Fäden wurden durchgezogen, die Anastomose verknüpft.

»Ich habe heute morgen unterschrieben!« sagte er hart.

»Du wirst den Vertrag rückgängig machen ...«

»Das geht nicht.« Dr. Bornholm trat vom OP-Tisch zurück und überließ es dem 1. Assistenten, die Operationswunde zu schließen. Die Anastomose war gelungen, aber das Leben des Patienten war nur noch nach Wochen zu berechnen. Er hatte eine Erleichterung bekommen ... sein Sterben war langsamer und friedlicher geworden. Mehr konnte auch Bornholm nicht tun.

Er zog seine dünnen Gummihandschuhe ab, warf sie in einen Eimer, band sich Kopftuch und Mundschutz ab und wandte sich dem großen Waschbecken zu. Professor Rahtenau folgte ihm und stellte sich an die gekachelte Wand, während sich Bornholm wusch.

»Warum geht es nicht?

»Ich habe keine Begründung, meine Unterschrift zurückzuziehen.«

»Die Begründung werde ich geben!«

»Du?« Bornholm schielte zu seinem künftigen Schwiegervater.

»Im übrigen habe ich meinen Entschluß sehr überlegt. Es eröffnen sich mir Möglichkeiten.«

»Man verläßt nicht so abrupt seinen Arbeitsplatz und seine begonnenen Forschungen.« Professor Rahtenau atmete tief durch, ehe er weitersprach. »Es sieht fast wie eine Flucht aus.«

»Flucht? Wovor?!« Das Gesicht Bornholms wurde kantig. Er hielt die Hände unter den Heißluftapparat und ließ sie trocknen.

»Vielleicht vor der Vergangenheit.«

Dr. Bornholm trat von dem Heißlufttrockner zurück und steckte die Hände in die Taschen seines weißen Kittels. Sein Gesicht war gerötet.

»Wenn dir etwas an meiner Vergangenheit mißfällt, so sage es bitte! Ich bin bereit, dir Rede und Antwort zu stehen. Bitte, was hast du mir vorzuwerfen?!«

Professor Rahtenau senkte den Kopf. Er hat mich geschlagen, dachte er. Oder soll ich meinen größten Triumph ausspielen, diesen letzten Brief der toten Helga Herwarth mit den Anklagen, die unwiderlegbar sind? Soll ich jetzt schon alles aus der Hand geben?

»Nichts«, sagte Rahtenau langsam. »Ich habe dir nichts vorzuwerfen. Es sei denn –«

»Was?« In die Augen Dr. Bornholms trat ein Funkeln. Angst war in ihnen und eine ungeheure Spannung.

»Ich habe in meinem Panzerschrank etwas liegen ... einen Brief ... Ich bekam ihn kürzlich ...«

Bornholm war es, als gerinne sein Blut. Das Herz hatte Mühe, den zähen Brei durch die Adern zu pumpen.

»Kann ich dieses Schreiben sehen?« fragte er heiser.

»Nein!«

»Aber –«

»Nein!« Professor Rahtenau wandte sich ab. »Es genügt, daß ein Brief vorhanden ist, der deine Abreise nach Australien verhindert. Im Interesse Petras!«

»Ich lasse mich nicht erpressen!« schrie Bornholm.

Vom OP-Tisch starrten die weiß vermummten Gesichter zu ihnen herüber. Sie wandten sich sofort wieder dem Patienten zu, als Bornholm sich zu ihnen umdrehte. Professor Rahtenau ging langsam zum Ausgang. Bevor er die große Glasschiebetür aufschob, sah er noch einmal zurück. Bornholm stand mitten im Raum. Sein Gesicht war weiß und wie zerklüftet.

»Ich werde in deinem Namen den Vertrag rückgängig machen«, sagte er so laut, daß es nur Bornholm verstand. »Ich fahre sofort zum Konsulat. Ein Arzt flüchtet nicht ... am wenigstens vor sich selbst.«

An diesem Tage operierte Dr. Bornholm nicht mehr. Er überließ das Krankenhaus seinem 1. Oberarzt und fuhr in das Gebirge, zu seiner einsamen Hütte unter dem Himmel. Dem Adlernest.

Dort saß er draußen auf der Bank, bis die Nacht an den Felsen herabkroch.

Er trank einen Whisky nach dem anderen, aber er merkte den Alkohol nicht. Den Kopf in die Hände gestützt, starrte er hinab ins Tal und auf das winzige Dorf, von dem die Lichter heraufflimmerten wie Glühwürmchen, die zwischen den Felsen schwirren. Welch ein Brief mag es sein, grübelte er. Wer hat ihn geschrieben? Was steht in ihm? Wenn Rahtenau ihn in seinem Panzerschrank verschließt, muß er ungeheuer wertvoll für ihn sein.

Wieder griff Angst an sein Herz und überzog den ganzen Körper. Er kam sich elend vor. Er hatte sich von Rahtenau einschüchtern lassen. Statt zu verhindern, daß sein Vertrag rückgängig gemacht wurde, war er auf seine Hütte geflüchtet, weg von den Menschen, nach einem Ausweg und einer Erklärung suchend, die er nicht fand, weil sein Leben plötzlich ganz in der Hand Rahtenaus lag.

Bornholm überdachte alle Möglichkeiten, aber nirgends war eine Lücke, die ihn retten konnte. Nur eines beruhigte ihn: Solange Erika Werner schwieg und aus Liebe zu ihm die Schuld auf sich nahm, war er unangreifbar.

Er vertrank die ganze Nacht und fuhr am frühen Morgen durch den Bergnebel zurück in die Stadt. In seiner Wohnung badete er sich eiskalt, nahm ein paar Chlorophyll-Tabletten, die den Alkoholgeruch im Mund absorbierten und rief dann die Zuchthausverwaltung an.

»Hier Bornholm«, sagte er, als sich der Zuchthausdirektor meldete. »Ich wurde an Sie verwiesen. Es geht um eine Sondergenehmigung ... um eine Besuchserlaubnis außer der Reihe ... Ich möchte Sie bitten, mir eine kurze Rücksprache mit Fräulein Erika Werner zu gewähren. Es geht um bestimmte Versuchsergebnisse meiner Blutforschungsreihe, die ich nicht im Journal finden kann. Sie würden der Wissenschaft einen großen Dienst erweisen, wenn Sie die Erlaubnis —«

»Ich muß erst mit der Oberstaatsanwaltschaft sprechen.« Der Zuchthausdirektor war sehr dienstlich. »Bitte, rufen Sie im Laufe des Tages noch einmal an.«

Bornholm blieb zu Hause und wartete. Gegen 16 Uhr hatte er die Erlaubnis. Zehn Minuten Sprecherlaubnis. Am Freitag.

Zufrieden legte er den Hörer zurück. Er fuhr in die Stadt, aß in einem bekannten Speiselokal zu Abend und kam im Hause

Professor Rahtenaus an, als die Familie in festlicher Kleidung in die Oper abfahren wollte.

»Ach!« sagte Professor Rahtenau, nachdem Petra Bornholm zwar mit einem Kuß, aber sehr kühl begrüßt hatte. »Der Eremit kehrt zurück. Du hättest anrufen sollen ... jetzt sind wir auf dem Wege ...«

»Laßt euer Programm nicht durcheinander kommen!« Bornholm legte den Arm um die schmale Schulter Petras. »Hast du den Australienvertrag annullieren können?«

»Ja ... es fehlt nur noch deine Gegenunterzeichnung vor dem Konsulat.«

»Am Freitagnachmittag ...« Bornholm drückte Petra an sich und küßte sie auf die Stirn. »Ich begleite euch zur Oper.«

Helga Pilkowski hatte dreimal versucht, zu Erika Werner ins Zuchthausrevier zu kommen. Sie entwickelte dabei eine Erfindungsgabe, die niemand der dicken, blonden Dirne zugetraut hatte.

Zunächst ritzte sie sich mit einem Nagel in den Unterarm und legte in die Wunde ein kleines Holzstückchen. So wurde aus dem Riß eine große, eiternde Entzündung, die Helga erst dann meldete, als sie wirklich böse aussah und eine Blutvergiftung drohte.

»Verrücktes Frauenzimmer!« brüllte Katharina Pleuel, als Berta Herkenrath sie mit 39,5 Fieber zu ihr brachte. »Aber dir Luder versalze ich die Suppe! Du wirst in der Zelle behandelt!«

»Ihr Mistziegen!« schrie Helga zurück und warf sich auf das Bett der Pleuel. »Laut Zuchthausordnung hab ick Anspruch auf stationäre Behandlung im Revier! Ick werde mir beschweren!«

»Die Entscheidung liegt beim Arzt!«

»Ihr steckt alle unter einer Decke! Ick will ins Revier! Sofort!« Sie hielt ihren Arm empor. Er war dick geschwollen und stark gerötet. »Oh, mein Arm!« wimmerte sie schrill. »Ick sterbe ... ick hab' 'ne Blutvergiftung ...«

»Die haste!« schrie die Pleuel. »Aber 'ne Syphilis!«

Berta Herkenrath hatte unterdessen den Anstaltsarzt Dr. Rumholtz angerufen. Er kam hinüber in den Block III und sah sich den Arm an. Helga Pilkowski war still geworden ... mit großen Augen sah sie zu, wie Dr. Rumholtz vorsichtig an dem geschwollenen Fleisch herumdrückte.

»Tut's weh?« fragte er.

»Nee!« Helga grinste ordinär. »Mir hat's nie weh getan, wenn mich 'n Mann drückte. Wenn Se ooch bloß 'n Arzt sind —«

Dr. Rumholtz ging auf den Ton nicht ein. Er war ihn gewöhnt. Nirgends ist das Leben ordinärer als in einem Frauenzuchthaus, nicht einmal in den Slums der amerikanischen Industriestädte. Was die Dauerinsassen eines Frauenzuchthauses vom Typ Helga Pilkowskis an Gemeinheit und Hysterie aufstauen, ist unübertreffbar.

Der kleine Holzsplitter hatte sich festgeeitert. Dr. Rumholtz fühlte ihn unter seinen tastenden Fingern. Er fragte nicht danach, er kannte die Tricks zu genau.

»Alkoholumschläge!« sagte er und ließ den Arm Helgas los. »Später, wenn die Entzündung etwas zurückgegangen ist, Verbände mit einer Zugsalbe.« Er legte ein Röllchen Tabletten auf den Tisch. »Und das fürs Fieber!«

Helgas Augen funkelten. »Also keene Station?«

»Nein!« Dr. Rumholtz drehte sich um und wusch sich die Hände. »Das mußt du schon klüger anstellen.«

Vier Tage später kam eine Regenperiode. Es wurde kalt. Der Herbst kündigte sich an. Durch den kleinen Garten des Zuchthauses pfiff der Wind und peitschte den Regen gegen die hohe Backsteinmauer.

Helga Pilkowski, die sich ein Stück Garten zugelegt hatte, blieb zwei Stunden in diesem Unwetter stehen. Sie ließ sich einregnen, sie fror im kalten Wind ... sie riß das Kleid auf und stand mit geschlossenen Augen und klappernden Zähnen an der Mauer, gegen die der Sturm prallte.

Aber die ersehnte Lungenentzündung stellte sich nicht ein. Nur ein Schnupfen.

»Du bist zu fett!« lachte die Pleuel, als man ihr die neue Tat Helgas meldete.

Mit einigen unschönen Bemerkungen ging Helga zurück in ihre Zelle und rieb sich Schnupfensalbe unter die rote Nase.

»Sauladen!« schrie sie die Herkenrath an, als man ihr das Abendessen brachte. »Nicht mal anständig krank werden kann ick hier ...«

Von diesen Ereignissen unberührt blieb Erika Werner. Sie hörte nur von ihnen, wenn die Beamtinnen untereinander darüber sprachen oder von Block III eine Kranke ins Revier eingeliefert wurde. Dr. Rumholtz kapselte sie ab. Er hatte erreicht, daß Erika ihre Zelle in Block III aufgeben und ins Revier umziehen konnte. Maßgebend für diese Ausnahme war die Rettung der kleinen Lore Heimberg von ihrem Selbstmordversuch.

Im Besuchszimmer des Krankenreviers saß Dr. Alf Bornholm und blätterte in alten Illustrierten, die auf dem Tisch lagen.

Er war unruhig. Daß man ihn nicht in das normale Sprechzimmer des Zuchthauses geführt hatte, sondern ins Revier, machte ihn besorgt. Vergeblich hatte er versucht, zu erfahren, ob Erika erkrankt sei oder ob ihr etwas zugestoßen war oder ob sie selbst, vielleicht in einem Anfall von Verzweiflung ...

Dr. Bornholm warf die Illustrierten weg und steckte sich eine Zigarette an. Er fürchtete weniger für die Gesundheit Erikas als für die Möglichkeit, daß sie das Schweigen, das ihn schützte, gebrochen hatte und die Wahrheit gesagt haben könnte. Wenn ihr auch niemand glauben würde, so war es doch unangenehm, neuen Fragen entgegnen zu müssen, Verdachte zu entkräften und alles als eine Ausgeburt eines krankhaften, von der Haftpsychose befallenen Gehirns hinstellen zu müssen.

»Nervös?«

Dr. Bornholm fuhr herum. In der Tür stand ein Mann in einem weißen Arztkittel. Er musterte Bornholm mit unverhohlener Abneigung. Beim Betrachten dieses Gesichtes wußte der Besucher, daß hier jemand ins Zimmer gekommen war, der mehr wußte, als er überhaupt befürchtet hatte.

»Bornholm«, stellte sich Alf vor. Der Mann an der Tür nickte.

»Ich weiß. Sie sind ja avisiert. Doktor Rumholtz. Ich bin der Anstaltsarzt. Sie wollten die Strafgefangene Nummer 12 456 sprechen?«

»Fräulein Doktor Werner, ja«, sagte Bornholm verwirrt. »Ist sie krank?«

»Nein.«

Bornholm zerdrückte die Zigarette.

»Ich verstehe nicht, warum Sie, Herr Kollege ...«

»Ich habe darum gebeten, mich mit Ihnen über Fräulein Werner unterhalten zu dürfen.«

»Ich wüßte nicht, von Ihnen angesprochen worden zu sein.« Bornholm sah hochmütig auf den Arzt, der noch immer an der Tür stand, regungslos, nur beobachtend.

»Ich hole es hiermit nach.«

»Und ich verzichte auf eine Unterhaltung mit Ihnen.«

»Etwas anderes habe ich auch nicht erwartet.«

»Dann darf ich also bitte Fräulein Werner jetzt sehen!«

»Noch nicht. Sie befindet sich in meinem Krankenrevier, und auf meinen Wunsch hin findet die Begegnung hier statt. Sie werden mich also anhören müssen, wenn Sie die Strafgefangene Nummer 12 456 sprechen wollen.«

»Ich werde mich über Ihr flegelhaftes Benehmen beschweren!« rief Dr. Bornholm. Sein Gesicht rötete sich. Aber in seinen Augen lauerte die Angst. Was weiß er, dachte er. Was gibt ihm die Sicherheit?! Hat Erika gesprochen?

»Der Beschwerdeweg steht Ihnen frei, Herr Kollege. Es ist auch sinnlos, bei Ihnen an irgend etwas zu appellieren, was mit Moral oder Menschenwürde zusammenhängt.«

»Ich verbitte mir ...«

Dr. Rumholtz hob die Hand und wischte mit ihr den Satz vom Mund Bornholms. Gleichzeitig kam er in das Zimmer hinein und ging auf den Besucher zu. Bornholm blieb stehen, etwas vorgebeugt, mit geballten Fäusten. Was will er, grübelte er. Was will er bloß? Ein Kloß bildete sich in seinem Hals, der wuchs und wuchs.

»Ich möchte Ihnen nur eins sagen, Herr Kollege, damit Sie sich darauf einstellen können: Ich bin überzeugt, daß Erika Werner unschuldig im Zuchthaus sitzt! Und ich werde mit allen Mitteln, die ich zur Verfügung habe, und wenn sie noch so bescheiden sind, dafür sorgen, daß die wahren Hintergründe ans Tageslicht kommen!«

Dr. Bornholm atmete auf. Der Kloß in seiner Kehle löste sich auf. Er weiß gar nichts, jubilierte er. Er vermutet nur. Erika hat nicht gesprochen.

»Sie langweilen mich«, sagte er arrogant und steckte sich mit ruhigen Fingern eine neue Zigarette an. »Sie berauschen sich da an einem Geschwätz.«

»Wir haben Zeit. Drei Jahre sind lang, wenn man sie abwarten muß. Ich bitte Sie, sich zu überlegen, daß ich mich in meinen Handlungen nicht beeinflussen lasse.«

»Sie drohen mir? Was soll das überhaupt?« Dr. Bornholms Stimme schwoll an. »Ich komme hierher, um meine ehemalige Assistentin zu sprechen und werde von einem so nichtigen Zwerg wie Sie belästigt! Sie sollten einen Psychiater aufsuchen! Was reden Sie da überhaupt für einen Unsinn zusammen? Was geht es mich an, was Sie denken? So traurig es ist – Fräulein Werner wurde verurteilt. Und daß ich hier bin und sie sprechen will, sollte beweisen, daß ich keinen Groll gegen sie hege, obwohl sie auch mich in eine fatale Situation gebracht hatte.« Bornholm drehte Dr. Rumholtz den Rücken zu und blies den Rauch seiner Zigarette gegen die Decke. »Und nun befreien Sie mich von Ihrer Gegenwart. Es wäre peinlich, einen Zuchthausbeamten zum Schutze meiner Persönlichkeit zu rufen.«

Dr. Rumholtz antwortete nicht. Er verließ leise das Zimmer. Was er erreichen wollte, hatte er geschafft: Er hatte Mißtrauen ausgesät, Angst, Zweifel und eine Gegenwehr, die vielleicht neue Anhaltspunkte geben konnte. Der Unsichere macht Fehler, die ihn verraten ... darauf hoffte Dr. Rumholtz.

Bornholm hatte den Weggang seines neuen Gegners nicht gehört. Auch das erneute Aufgehen der Tür vernahm er nicht. Seine Gedanken jagten sich. Noch einmal rief er sich alles ins Gedächtnis zurück ... die Anklage, die Verhandlung, das Geständnis Erikas, die moralische Diffamierung der toten Helga Herwarth, das Abstreiten der Vaterschaft ... nur eine Lücke blieb, die gefährlich werden konnte und die bisher niemand erklären konnte: Wie war Helga Herwarth nachts in die Klinik gekommen? Die Pfortenschwester hatte geschworen, nicht geschlafen zu haben. Der Eid einer Ordensfrau aber war ohne Zweifel.

»Ich möchte von Ihrer Gegenwart befreit werden!« sagte Bornholm hart, im Glauben, Dr. Rumholtz sei noch im Zimmer.

»Alf –«, sagte eine leise, ganz schüchterne Stimme.

Dr. Bornholm fuhr herum. Die Zigarette fiel aus seinen Fingern. An der Tür stand Erika, in einem weißen Arztkittel. Aus der Tasche sahen die Kunststoffschläuche des Membranstethoskopes heraus. Bornholm wischte sich verblüfft über die Augen.

»Erika ... ja, träume ich denn? Ich denke ... ich ... Liebes ...« Er streckte beide Hände nach ihr aus. Sie kam ein paar Schritte auf ihn zu, aber um den Tisch herum, der sie trennte, kam sie nicht. Er bildete die Grenze. Er verkörperte das Gesetz, die Abschneidung von der Außenwelt. Erst jetzt bemerkte Bornholm die rundliche Beamtin, die auf einem Stuhl in der Ecke Platz genommen hatte. Sie starrte Bornholm an, als könnte er jeden Augenblick ein Ausbrecherwerkzeug in die Hände Erikas schmuggeln.

»Du ... du siehst gut aus ...«, sagte Bornholm befangen. Der weiße Arztkittel irritierte ihn. Der Zusammenhang zwischen Dr. Rumholtz und Erika Werner war plötzlich sichtbar. Erika war aus dem Zellenbau in das Krankenrevier versetzt worden. Bornholm erkannte sofort die Gefährlichkeit, die in diesem Wechsel für ihn verborgen lag.

»Mir geht es ganz gut.« Erika setzte sich auf den Stuhl, der hinter dem Tisch stand. Mit großen Augen sah sie zu Bornholm empor. Er ist unverändert, dachte sie. Elegant, männlich, selbstsicher. Der große Forscher. Der Mann, in den sich eine Frau verlieben muß, ob sie es will oder nicht. Nur etwas blaß sieht er aus. Überarbeitet. Und seine Augen flackern. Sie faltete die Hände in ihrem Schoß und lächelte schwach.

»Es ist schön, daß du gekommen bist.«

Bornholm schluckte. Er blieb stehen.

»Ich wollte dir nur sagen«, seine Stimme war belegt vor innerer Erregung, »daß ich dich liebe. Und daß du es nie vergessen sollst ...«

»Ich habe es nie vergessen, Alf.«

»Nie?« In dieser Frage lag alles, was ihn bedrückte. Sie verstand und schüttelte den Kopf.

»Nie!«

»Du arbeitest jetzt im Zuchthausrevier? Das ist schön.«

»Dr. Rumholtz hat es erreicht. Ich bin ihm sehr dankbar dafür.«

Bornholm nickte. Mit einem kurzen Blick sah er zur Seite auf die stumme Beamtin. Dann setzte er sich und legte seine Hände auf die kalten, schmalen Finger Erikas. Er spürte, wie sie zitterten, und er streichelte sie und drückte sie, als wolle er lautlos sagen: Es wird alles gut werden. Nur Mut wie bisher.

»Ich bin dabei, die Blutforschungen in einem größeren Maße auszubauen«, sagte er stockend. »Ich weiß nicht, ob du es erfahren hast.«

»Gratuliere.« Sie lächelte wieder, und plötzlich hatte sie Tränen in den Augen. Bornholm senkte den Kopf.

»Ich verdanke es ganz allein dir, Liebes.« Er umfaßte wieder ihre Hände. Mit mißtrauischem Blick sah die Beamtin von ihrem Stuhl aus zu. »Alles, was in Zukunft geschehen wird, liegt ganz allein in deinen Händen. Daran solltest du immer denken ... unser Schicksal hältst du fest.«

»Ich weiß, Alf. Und die drei Jahre werden auch vorbeigehen. Es ist alles halb so schlimm. Ich kann wieder mit Kranken arbeiten ... und wenn ich nicht die vergitterten Fenster sehe, könnte ich glauben, ich sei wieder in einer Klinik.«

»Ich werde das, was du für mich tust, nie wieder gutmachen können.«

»Doch, Alf.« Sie löste ihre Hände aus seinen Fingern und strich ihm liebkosend über die mit weißen Fäden durchsetzten Haare. »Du brauchst nur zu warten ... Wenn ich an den Tag denke, an dem ich entlassen werde ... ich kann es nicht beschreiben.«

»Noch zwei Minuten!« sagte die Beamtin an der Tür.

»Du solltest mehr schreiben, Alf.«

»Ich verspreche es dir.«

Erika sah auf die Tischplatte. Sie war aus Kunststoff und hatte einen Aufdruck aus roten und schwarzen Kreisen.

»Und ... und was ist mit Petra Rahtenau?« fragte sie leise. Es war eine unsagbar schwere Frage. Bornholm flüchtete sich in die Burschikosität. Es gelang ihm vorzüglich.

»Die Tochter vom Alten? Was soll sie machen? Wir sehen uns ab und zu.«

»Du wolltest dich doch entloben!«

»Natürlich, das kommt noch! Aber es soll ohne Skandal geschehen. Es wird eine natürliche Entfremdung werden.«

»Ende der Sprecherlaubnis!« sagte die Beamtin und erhob sich von ihrem Stuhl. Sie klapperte mit den Schlüsseln, um ihre Worte akustisch zu unterstreichen. Bornholm sprang auf. Er war froh, Erikas Fragen zu entkommen.

Erika Werner stand langsam auf. Ihre Augen waren glanzlos vor Trauer. »Es war so kurz«, sagte sie und zwang sich, nicht zu schluchzen. »Kommst du wieder, Alf?«

»Ich werde jede Sprecherlaubnis ausnützen.«

»Das ist schön. Ich danke dir.« Sie wollte ihm die Hand reichen, aber die Beamtin trat an den Tisch heran und schüttelte den Kopf.

»Kommen Sie«, sagte sie. Langsam wandte sich Erika ab und ging zur Tür. Bornholm stützte sich auf den Tisch und starrte ihr nach.

»Ich liebe dich!« rief er plötzlich, als Erika die Tür öffnete. »Vergiß es nie, Erika ... ich liebe dich!«

Es war wie ein Aufschrei. Und wie ein letzter Befehl. Schweig!

Dann klappte die Tür hinter Erika Werner zu. Bornholm war wieder allein im Raum. Mit einem seidenen Taschentuch wischte er sich über die Stirn. Er stand noch eine Weile untätig im Zimmer, als erwarte er etwas. Dann ging er durch die hintere Tür hinaus in die Wachstube, wo ihn eine andere Beamtin in Empfang nahm und durch viele Gänge und verschlossene Türen in die Freiheit hinausbrachte.

»Zu Weihnachten wird geheiratet!« sagte Professor Rahtenau.

Er hatte eine Flasche Rotwein entkorkt und sie am offenen Kaminfeuer peinlich genau temperiert. Nun goß er die geschliffenen Gläser voll und reichte Petra und Bornholm den dunkelroten Wein herüber.

Dr. Bornholm hob sein Glas. Das zitternde Licht der Kaminflamme brach sich im Schliff des Glases und schillerte zurück wie ein Feuerwerk. Petra saß zusammengekuschelt in dem breiten Kaminsessel, hatte die Beine untergeschlagen und blickte verliebt zu Bornholm empor.

»Das soll ein Wort sein!« rief Bornholm fröhlich. Sein Gesicht war weingerötet, er war in bester Laune. Sein erster Bericht über sein ›Kunstblut‹ war erschienen und hatte ein weltweites Echo gefunden. Zwar meistens negativ, aber das war zu erwarten. Das Neue, nie Erwartete, das Revolutionäre in der Medizin war fast immer angefeindet worden.

Aber der Name Doktor Alf Bornholms war in aller Munde. In den Labors in England und den USA, in Frankreich und Italien, in Rußland und Japan wurden die alarmierenden Forschungen Bornholms nachgeprüft. Es schien, als habe er die Sonne der Wissenschaft erreicht.

Selbst Rahtenau vergaß darüber, was er im Panzerschrank noch immer verwahrte. Er war bereit, es zu zerreißen, wenn die Trauung vorbei war. Er glaubte jetzt zu wissen, daß sein Kind glücklich werden würde. Das war das letzte Ziel, das er sich in seinem Leben gesetzt hatte, ein Leben, das so reich an Erfolgen und Ehren war.

Das Hochzeitsgeschenk wuchs von Tag zu Tag: Es war eine kleine Villa am Rande der Stadt in einem großen Garten, die Rahtenau seiner Tochter baute. Kurz vor Weihnachten sollte sie bezugsfertig sein.

Dreimal in der Woche fuhr Rahtenau hinaus zum Bauplatz und stand stundenlang zwischen den Gerüsten, Zementsäcken, Hohlblocksteinen, Kiesbergen, Kalkpfannen und Speiseaufzügen. Er studierte den Fortgang der Arbeiten, änderte um, was ihm besser gefiel, als auf der Zeichnung angegeben war, und trank mit den Maurern und später mit den Installateuren eine Flasche aus der Hand. Er fühlte sich wie verjüngt, wie zurückversetzt in seine eigene Brautzeit.

Fast zur gleichen Zeit, als Dr. Bornholm vor dem flammenden Kamin sein Rotweinglas leerte und Petra über die Schulter streichelte, geschah im Frauenzuchthaus von Block III aus der seit langem geplante und vorbereitete Ausbruchsversuch von drei Frauen. Es waren Friedel Bartnow, die Mörderin, das Räuberliebchen Monika Bergner und die elegante, immer zurückhaltende Betrügerin Maria Jüttner.

Der Ausbruch begann mit einem alten, aber immer wirksamen Trick: Friedel Bartnow wälzte sich auf dem Boden ihrer Zelle, stöhnte und jammerte und rief um Hilfe. »Mein Blinddarm!« schrie sie. »Oh, mein Bauch brennt! Helft mir doch! Helft mir doch!«

Berta Herkenrath, die in dieser Nacht Nachtdienst hatte, rannte durch den Flur und öffnete erschrocken die Zellentür. Sie sah die sich krümmende Gestalt auf dem Betonboden, das schmerzverzerrte Gesicht, die verdrehten Augen.

»Ich hol sofort den Arzt!« rief sie. »In fünf Minuten ist er da. Komm, leg dich aufs Bett.«

Sie beugte sich zu der Wimmernden herunter, faßte sie unter die Arme und wollte sie aufstützen.

In diesem Augenblick schnellten zwei krallenförmige Hände vor, legten sich Berta Herkenrath um den Hals und drückten ihr die Luft ab. Wie Eisenklammern lagen sie auf der Kehle.

Um sich schlagend, röchelnd brach Berta Herkenrath in die Knie. Über ihr stand mit einem lächelnden, gnadenlosen Gesicht Friedel Bartnow, die Mörderin.

In den Nebenzellen standen Monika Bergner und Maria Jüttner mit dem Ohr an der Betonwand und lauschten. Das Stöhnen der Mörderin hatte aufgehört, sie hatten die Schritte der Herkenrath gehört, das Schlüsselklappern, das Aufschließen der Zelle ... und nun war es verdächtig still nebenan. War es gelungen?

Der Ausbruchsplan war bis ins kleinste vorbereitet worden. Über sechs Monate hatte es gedauert. Durch Kassiber, die vorher entlassene Frauen aus dem Zuchthaus schmuggelten, waren die noch in Freiheit lebenden Genossen Monika Bergners verständigt worden. Sie warteten in einer Nebenstraße mit einem großen Wagen auf die drei Frauen. In rasender Fahrt sollte es danach in die Stadt gehen ...

Friedel Bartnow ließ den Hals der Herkenrath los. Schlaff fiel der Körper auf den Steinboden und rollte ans Bett. Sie beugte sich herunter und überzeugte sich, daß sie nicht tot war, sondern nur besinnungslos. Dann nahm sie die Schlüssel, rannte zu den Zellen von Monika Bergner und Maria Jüttner und schloß sie auf.

»Los!« zischte sie. »Es ist schon zwanzig Minuten später als vorgesehen! Ich kümmere mich um Berta ...«

Sie rannte in ihre Zelle zurück, schlug der Beamtin aus Sicherheit noch einmal über den Kopf und begann dann, sie zu entkleiden. Die Uniform war ein wenig knapp, aber Friedel Bartnow preßte sich hinein und zog den Bauch ein. Dann rannte sie den langen Gang entlang zur Hauptwachstube. Die Zellen ließ sie einfach offen.

In der Hauptwachstube hatte sich ein ähnliches Drama wie in der Zelle abgespielt. Nur noch lautloser und schneller.

In ihren Betten lagen Katharina Pleuel und Jule Blauberg, die Badewärterin. Sie hatten den Namenstag Katharinas nachgefeiert und zu dritt eine Flasche Kirsch mit Rum geleert. Nun schliefen sie fest und traumlos. Sie hörten weder das Aufgehen der schweren Tür, noch das Hereintappen der beiden ausgebrochenen Frauen. Die Pleuel schnarchte laut mit offenem Mund.

Die elegante Maria Jüttner blieb vor dem Bett stehen. Ihr Gesicht verzog sich vor Ekel.

»Ich kann schnarchende Frauen nicht ausstehen«, sagte sie. »Sie verletzen die sanfte Würde der Weiblichkeit. Eine schnarchende Frau ist wie eine Entweihung der Schönheit.«

»Red keine Philosophien!« flüsterte Monika Bergner zitternd vor Erregung. »Hau ihr eins über die Birne!«

Katharina Pleuel drehte sich im Schlaf auf die Seite. Dabei seufzte sie. Maria Jüttner nahm ein Sofakissen, das auf einem Stuhl lag, und preßte es ihr aufs Gesicht. Gleichzeitig schlug das Räuberliebchen Monika der wie ein Brett auf dem Rücken liegenden Jule Blauberg mit der leeren ›Kirsch mit Rum‹-Flasche gegen die Schläfen. Katharina Pleuel fuchtelte noch ein paarmal mit den Armen durch die Luft, dann war auch sie still und atmete ganz leise.

In der Tür erschien Friedel Bartnow. »Lahme Enten!« zischte sie. Sie half den beiden, die Uniformen anzuziehen. Dann deckten sie die beiden ohnmächtigen Gestalten bis zum Hals zu, verschlossen die Hauptwachstube und standen nun in dem spärlich von einer Nachtsparlampe erhellten langen Zellengang. Drei Wärterinnen in schlecht sitzenden Uniformen.

»Wir müssen sieben Sperren passieren!« sagte Friedel Bartnow leise. »Ich habe mir alles genau gemerkt. Von Hof drei können wir auf das Dach der Wäscherei und von dort zur Straßenmauer. In der Wäscherei liegen genug Bettücher, die wir zu einem Seil knüpfen. Ich lasse euch hinab, und ihr fangt mich unten auf, wenn ich nachspringe. Es ist alles ganz einfach.«

»Erst müssen wir auf Hof drei sein!« Maria Jüttner musterte das dicke Schlüsselbund, das die Bartnow aus der Hand Berta Herkenraths gerissen hatte. »Ehe du die alle durchprobiert hast, gibt's Alarm!«

»Immer diese Quatscherei!« Monika Bergner rannte zum Blockausgang. »Wenn man uns erwischt, ist's aus mit der Ruhe! Wir müssen 'raus ... oder das Zuchthaus wird wirklich zum Kotzen! Mit Ausbrechern kennen die kein Erbarmen mehr! Die haben auch Kellerzellen hier! Los ... 'raus aus dem Kasten. Franz und Willi warten schon 'ne halbe Stunde an der Ecke ...«

Der vierte Schlüssel paßte. Wie Schatten, die über den Mond ziehende Wolken gegen die Mauer zaubern, huschten die drei Frauen die Treppen hinab. Zwei Haupttüren wurden aufgeschlossen ... die große Stahltür ... Schwitzend bastelte Friedel Bartnow an ihr herum, bis der achte Schlüssel sich knirschend drehte.

Die Kälte der Nacht schlug ihnen entgegen, aber es war ihnen, als komme der frische Luftzug aus einer anderen Welt.

Sie rannten an der Hauswand entlang zu der kleinen Hofpforte. Hier paßte der erste Schlüssel. An der zweiten Mauer zum Hof drei probierten sie alle Schlüssel durch. Keiner drehte sich. Monika Bergner lehnte sich an die Wand und verbiß das Schluchzen. Maria Jüttner starrte auf die Hände Friedel Bartnows. Dann faßte sie die eiserne Klinke an und drückte sie herunter. Lautlos schwang das Türchen auf. Wie eine Erscheinung aus Geisterhand starrten die drei Frauen das kleine gähnende Loch in die Freiheit an.

»Die war ja offen ...«, stotterte Monika Bergner.

Maria Jüttner lachte plötzlich. Sie ging als erste durch das Türchen in den großen Hof drei. Dunkel, mit flachem Dach, niedriger als die Zellenblocks, lag an der Mauer das Gebäude der Wäscherei.

»Aufs Dach, los!« kommandierte Friedel Bartnow. »An der Dachrinne hoch!«

Im Block III flammten die Flurlichter auf. Fast im gleichen Augenblick gellte der Sirenenton durch die schlafende Stadt des Verbrechens. Auf und ab heulte die Sirene. In allen anderen Blocks flammten die Lichter auf.

Alarm! Ausbruch! Alarm!

Von Block III aus tastete plötzlich der lange, weiße Arm eines Scheinwerfers über die Höfe und Mauern. Langsam glitt er auch auf das Dach der Wäscherei zu.

»Die Herkenrath ist erwacht!« schrie Monika Bergner. »Hast du die nicht eingeschlossen?«

»Nein. Ich –«

»Idiot!« Sie schlug der Mörderin mit der flachen Hand ins Gesicht, dann schnellte sie zur Dachrinne und kletterte hinauf wie eine Katze. Die elegante Maria Jüttner folgte ihr, gewandt, schnell, als sei sie immer an Häusern hinaufgeklettert. Zuletzt folgte Friedel Bartnow. Ihr Gesicht brannte von den Schlägen Monikas. Haß trieb sie weiter, unersättlicher Haß. Ich werde sie draußen umbringen, dachte sie. Mich jetzt zu schlagen ... jetzt, wo wir die Freiheit sehen ...

Kurz vor der Dachkante erreichte der tastende Arm des Scheinwerfers das Dach der Wäscherei. Eng an die Mauer gedrückt, in einem toten Winkel, ganz im Nachtschatten, lag Maria Jüttner. Monika Bergner kroch in die breite Dachrinne und schmiegte sich in sie hinein, als sei sie ein Stück Abfall, das der Regen gleich wegschwemmen würde. An der Hauswand, nur einen Griff bis zum Dach entfernt, hing noch Friedel Bartnow an dem Abfallrohr.

Monika Bergner krallte die Finger. Sie wußte: Wenn jetzt der Kopf Friedels im Scheinwerfer auftauchte, und er mußte beim nächsten Kletterzug auftauchen, war alles verloren. Rücksichtslos ballte sie die Fäuste und hieb auf die Finger, die immer wieder zur Dachrinne griffen.

»Du Aas!« brüllte Friedel Bartnow. »Du Hure! Du Miststück! Laß mich hoch! Laß mich hoch!«

Der Scheinwerfer glitt weiter, über das Dach der Wäscherei hinweg zur Wand von Block VI und über die anderen Mauern.

In der Dunkelheit beugte sich Monika Bergner vor. Sie starrte über die Dachrinne in die weit aufgerissenen Augen der Mörderin. Dann hob sie beide Fäuste und schlug mitten in dieses schwitzende Gesicht hinein. Immer und immer wieder, bis die Hände den Halt verloren und Friedel Bartnow mit einem schrillen Schrei vom Dach hinab auf das Pflaster des Hofes stürzte. Ihr Aufprall wurde übertönt von dem neuen Geheul der Sirenen. Von der Hauptwache her kamen zehn Zuchthausbeamte, um alle Durchgänge abzusperren.

Monika Bergner schnellte zur Mauer an die Seite Maria Jüttners.

»Los! Herunterspringen. Was kann jetzt noch passieren?«

Maria Jüttner schwang sich auf die Mauer. Sie überwand ihre Angst, warf die Beine auf die andere Seite und wollte in die Dunkelheit hinabspringen.

In diesem Augenblick bog ein Auto mit abgeblendeten Scheinwerfern um die Ecke und raste schleudernd die Straße herunter, bog um die nächste Ecke und verschwand. Mit beiden Fäusten trommelte Monika Bergner gegen die Mauer. Ihre Stimme überschlug sich. Die Verzweiflung zerbrach sie völlig.

»Das waren sie ... Franz und Willi ... Feige Bande ... feige Hunde! Saukerle!« schrie sie.

Sie lehnte sich gegen die Mauer und drückte das Gesicht gegen die rauhen Ziegelsteine. Der grelle Arm des Scheinwerfers erfaßte sie auf seinem Rückweg ... es war ihr gleichgültig.

»Holt mich, ihr Polypen!« schrie sie grell. Dann brach sie zusammen. Maria Jüttner sprang in das Licht des Scheinwerfers und hob die schlaffe Gestalt auf. Im Hof 3 hörte sie viele Schritte, eine laute Stimme: »Hier liegt ja noch eine!« und das Kommando: »Runterkommen! Aber schnell! Oder es wird geschossen!«

Plötzlich waren auch Leitern da. Vier Polizisten kletterten auf das Dach der Wäscherei und rannten auf die beiden Frauen zu. Unten wurde auf einer Bahre die Mörderin Friedel Bartnow weggetragen. Maria Jüttner konnte nicht sehen, ob sie nur verletzt oder tot war ... sie ordnete sich die Haare, ehe sie die Leiter hinabstieg und klopfte einem der Polizisten auf die Hand, als er sie an die Schulter faßte. Unten stand Katharina Pleuel, breitbeinig, die Arme in die Hüften gestemmt.

»Wie konnte gnädige Frau so etwas tun?« empfing sie Maria Jüttner mit schriller Stimme. Die elegante Betrügerin musterte die Pleuel wie ein keifendes Marktweib, die einen stinkenden Fisch als frischgefangen anbietet. Dann sagte sie etwas, was aus ihrem Mund, der sogar zart rosa geschminkt war (niemand wußte, woher sie den Lippenstift bekommen hatte), völlig artfremd klang:

»Mist!«

Dann ging sie stolz den Polizisten nach durch die kleine Pforte, die ihnen die wertvolle Zeit geraubt hatte, weil sie nicht verschlossen gewesen war.

Völlig gebrochen schleppte man Monika Bergner ab. Ihr war alles gleichgültig. Taumelnd ging sie mit den Polizisten zurück zum Block III. Dort hatte man Berta Herkenrath in den Hauptwachraum gebracht. Sie stammelte vor sich hin und sah ängstlich, mit ihren Augen um sich. Ein schwerer Nervenschock hatte sie völlig verwirrt.

Eine bleierne Ruhe lag über dem ganzen Zellenblock. Sogar Helga Pilkowski schwieg. Die Frauen standen an den Türen und lauschten.

Was würde jetzt kommen? Schärfere Bewachung? Keine Gartenarbeit mehr? Zellenhaft ohne Arbeit in den Gemeinschaftssälen? Tag und Nacht Kontrollen?

Die Frauen legten vergeblich die Ohren an die dicken, eisenbeschlagenen Türen. Nichts regte sich im Block III. Die Ausbrecher wurden von der Hauptwache gleich in die Kellerzellen geführt. Nur ein Gerücht kroch durch die Flure und von Zelle zu Zelle, und wurde von Wand zu Wand zugerufen. Niemand wußte, woher es kam, und keiner wußte, ob es wahr sei ...

»Eine ist tot ...«

»Wer?«

»Das weiß man noch nicht ...«

Einige Frauen gingen zu ihren Betten zurück und bekreuzigten sich. Andere starrten stumm gegen das vergitterte Fenster und auf den kreisenden Schein des immer noch die Mauern abtastenden Scheinwerfers.

Plötzlich erlosch wieder das Licht im ganzen Bau. Auch der Scheinwerfer blendete ab. Die Dunkelheit war drückend und legte sich wie ein Eisenklotz aufs Herz.

Auch im Zuchthauslazarett gellte die Alarmsirene. Erika Werner fuhr von ihrem Bett hoch und warf sich die Kleider über. Nebenan hörte sie die Revieraufseherin fluchen. Erika rannte an das vergitterte Fenster und sah hinaus auf den Hof. Vom Rundturm in der Mitte des Zuchthauskomplexes griff der Scheinwerfer durch die Nacht und kreiste über die Mauern und Dächer. Die Sirene heulte und riß über zweitausend Frauen aus dem Schlaf.

»Ein Ausbruch!« rief die Revierbeamtin, als sie zu Erika Werner ins Zimmer kam. »Das ist seit sieben Jahren wieder der erste Versuch. Damals kamen drei durch ... aber nach vier Tagen hatten wir sie wieder. In Hamburg, auf der Reeperbahn. Wollten sich dort etwas Geld verdienen, um ins Ausland zu entkommen. Ist doch alles sinnlos ... für die paar Stunden Freiheit noch ein paar Jahre Strafverlängerung zu riskieren ...«

Sie standen an dem vergitterten Fenster und sahen hinaus. Von weitem hörten sie Stimmen, Zurufe, Befehle. Ein Automotor wurde angelassen, heulte auf und entfernte sich schnell. Sie lauschten so angestrengt nach außen, daß sie beide zusammenschraken, als hinter ihnen das Telefon anschlug. Die Revierbeamtin nahm den Hörer ab.

»Ja«, sagte sie. »Kommen lassen! Ich benachrichtige den Doktor. Nummer zwölf-vier-sechsundfünfzig ist ja auch bereit.«

Sie legte den Hörer zurück und wandte sich zu Erika Werner um.

»Ein Unfall beim Ausbruch. Friedel Bartnow ist schwer verletzt. Sie ist vom Dach der Wäscherei gefallen oder gestoßen worden ... das wird noch untersucht werden. Sie ist auf dem Weg zu uns. Ich glaube, Sie müssen wieder operieren ...«

Erika Werner fragte nicht lange. Sie rannte hinüber zu dem kleinen OP. Während sie sich wusch, bereitete die Revierbeamtin eilig alles vor ... sie legte das Instrumentarium bereit, deckte den OP-Tisch ab, holte Narkoseäther, die sterilen Kästen mit Catcut und Seide, Spritzen und Herzstärkungsmittel. Sie hatte gerade den Aufbau beendet, als die Bahre hereingetragen wurde.

Mit spitzem Gesicht lag Friedel Bartnow besinnungslos zwischen den beiden Trägern. Ihr rechtes Bein ragte über die Trage hinaus. Im rechten Winkel fast stach es vom Körper ab.

Erika Werner sah kurz während des Waschens hinüber. Die typische, anomale Beinstellung machte eine Diagnose klar. Es war ein vollkommener Bruch. Ob Friedel Bartnow sonst noch schwere innere Verletzungen hatte, mußte die Untersuchung ergeben.

»Ausziehen und auf den Tisch legen!« rief sie vom Waschbecken her. Die beiden Träger zögerten. Die Frau, die ihnen das zurief, trug die Zuchthauskleidung.

»Los! Macht schon!« kommandierte die Revierbeamtin. »Wenn se auch im Zet ist, so ist's doch 'ne Ärztin! Doktor Rumholtz kommt auch gleich. Er ist schon unterwegs!«

Während man Friedel Bartnow entkleidete, schlüpfte Erika in den Operationsmantel, band das Kopftuch um die Haare und tauchte die Hände in die antiseptische Lösung.

Vorsichtig, aber gründlich untersuchte sie dann den auf dem Tisch ausgestreckten Körper mit dem wegragenden Bein. Außer einigen Prellungen konnte sie nichts feststellen. Als sie sich dem Bein zuwandte und es geraderichten wollte, zuckte Friedel in ihrer Bewußtlosigkeit zusammen und stöhnte laut.

»Wir müssen es erst röntgen!« Erika Werner richtete sich auf. »Wenn der Bruch so ist, wie ich es mir vorstelle, müssen wir den Knochen nageln ...«

»Nageln? Hier?« Die Revierbeamtin starrte Erika ungläubig an. »Das haben wir noch nie gemacht. In Gips gelegt, ja ... aber genagelt?«

»Dann machen wir es eben zum erstenmal. Zuerst röntgen wir ...«

Gemeinsam schoben sie die Aufnahmeröhre zum OP-Tisch. Erika legte die Plattenkassette unter den gebrochenen Knochen, stellte die Belichtungszeit ein und winkte den anderen, die im Zimmer standen, zu.

»Gehen Sie bitte hinaus. Röntgenstrahlen sind gefährlich! An einem ungeschützten Körper können sie Krebs erzeugen.«

»Aber Sie bleiben ja auch im Zimmer!«

»Es bleibt mir nichts anderes übrig.« Erika Werner wartete,

bis alle den kleinen OP verlassen hatten. Dann stellte sie die Röntgenröhre ein und trat zurück in die Ecke des Zimmers. Ein leises Summen, ein kaum vernehmbares Klicken ... auf der Filmplatte in dem Bleikasten war der zerbrochene Knochen fotografiert worden. Durch einen Spalt der Tür sah die Revierbeamtin in den OP.

»Fertig?«

»Ja.« Erika holte die belichtete Röntgenplatte unter dem Bein hervor und reichte sie hinüber. »Sofort belichten. Ich bereite unterdessen alles andere vor.«

Zwanzig Minuten später stürmte Dr. Rumholtz in das Zuchthauslazarett. Er fand Erika Werner, wie sie an einem Bett mit der Montage eines Schraubenzugapparates beschäftigt war.

»Was höre ich, Kollegin?« rief Dr. Rumholtz. »Sie wollen hier tatsächlich eine Marknagelung machen?« Er hatte die Röntgenplatte in der Hand. Ein ziemlich zersplitterter Querbruch, der auch bei bester Reposition und Extension zu einer Verkürzung des Beines führen konnte, wenn man nur die konservative Behandlung mit Gipsverband und Stillegung des Beines anwandte.

»Haben Sie Angst davor?« Erika prüfte den Unterschenkel-Extensionsbügel.

»Wir sollten so etwas den großen Kliniken überlassen. Ich kann nicht die Verantwortung übernehmen, wenn irgendein Kunstfehler ...«

»Ich habe bei Professor Rahtenau gesehen, wie man so etwas macht. Wir können das auch hier.«

Eine halbe Stunde später standen sich Dr. Rumholtz und Erika Werner am OP-Tisch gegenüber.

Der Nagel für die Dauer-Extension wurde in örtlicher Betäubung durch den Kalkaneus eingeschlagen. Dann wurde der Bügel eingesetzt, und die kunstgerechte Reposition und Einstellung im Schraubenzugapparat begann. Immer wieder wurde die Richtung des Knochens durch Röntgenaufnahmen kontrolliert, bis Dr. Rumholtz zufrieden nickte.

»So kann er bleiben«, sagte er und wischte sich den Schweiß von der Stirn.

»Und in dieser Stellung schlagen wir den Küntschernagel ein«, sprach Erika Werner.

Dr. Rumholtz sah Erika groß an. Er widersprach nicht mehr. Welch eine Frau, dachte er bloß. Sie gehört niemals hierher in das Zuchthaus! Warum hat sie kein Vertrauen zu uns? Warum trägt sie die Last einer Schuld mit sich herum, die ihr keiner glaubt und die sie durch ihr Geständnis jedem einreden will? Welch ein großes Geheimnis steht hinter ihr? Ist es nur dieser Dr. Bornholm?

Plötzlich haßte er diesen Mann.

Der Aufstieg Bornholms war unaufhaltsam.

Nach der Veröffentlichung seiner Artikelserie, nach den Diskussionen um seinen Namen und sein ›Kunstblut‹ häuften sich die Angebote. Schwiegervater Professor Rahtenau suchte das beste von ihnen heraus: Die Chefarztstelle einer großen Unfallklinik. Die Universität ernannte ihn zum a. o. Professor. Seine Vorlesungen waren überfüllt ... in den Gängen standen die Studenten, sie brachten sich Klappstühlchen mit oder saßen auf den Fensterbänken.

Es war ein Höhenflug, den Bornholm in einer Art Trunkenheit genoß. Auch Erika Werner ließ er an seinem Glück teilhaben. Er schickte ihr die Zeitungsausschnitte mit den Berichten seiner Ernennung, seinen Bildern, die Besprechungen seiner Referate ... Nachdem sie die strenge Postzensur des Zuchthauses passiert hatten, wurden die Briefe und Artikel von Dr. Rumholtz an Erika weitergegeben.

»Ihr ehemaliger Chef hat es erreicht!« sagte er einmal dabei mit einem Unterton von Sarkasmus. »Frei von aller Unbill, die seine Umwelt sonst erleidet.«

»Was meinen Sie damit?« Erika Werner stopfte die Briefe in ihre Arztkitteltasche. »Sie können Professor Bornholm nicht leiden, nicht wahr?«

»Das kann man wohl sagen!«

»Und was hat er Ihnen getan?«

»Absolut nichts. Darum verachte ich ihn ja!«

Erika Werner wandte sich ab. Sie wußte, was Dr. Rumholtz mit dieser Andeutung sagen wollte, und sie hatte jedesmal eine tiefe Angst, er könnte ihr ihr Geheimnis ins Gesicht sagen.

Mit der Ernennung Bornholms zum Professor verschob man auch die Hochzeit. Rahtenau hatte es sich als ein Doppelfest ausgedacht: Überreichung der Lehrurkunde und Wechsel der Ringe. Unter den Augen der Weltöffentlichkeit sollte beides vonstatten gehen. So sehr Rahtenau mit seinem Wesen und seiner Lebensart im verflossenen Jahrhundert verwurzelt war ... bei seiner Tochter entdeckte er den Wert der Publicity.

Bornholm sträubte sich gegen diesen Aufwand. Vergeblich. Auch Petra, von ihren zur Wahrheit werdenden Jungmädchenträumen in den Himmel gehoben, erstickte seine Argumente mit Küssen.

Noch bevor Professor Bornholm seine Chefarztstelle übernahm, hatte er eine unangenehme Begegnung in der Ersten Medizinischen Klinik seines Schwiegervaters.

Auf dem Flur zu den Labors traf er auf einen Mann, der mit einem Bauplan in der Hand den Grundriß der Klinik kontrollierte. Fast gleichzeitig sahen sie sich an. Langsam faltete der Mann seinen großen Bauplan zusammen.

»Was machen Sie denn hier, Herr Herwarth?« fragte Bornholm. »Draußen an der Tür steht: Eintritt verboten!«

»Ich weiß.« Bruno Herwarth steckte den Bauplan in seine Rocktasche. »Ich studiere die Lage der Räume und Eingänge ...«

»Ich wüßte nicht, daß man Sie beauftragt hat ...«

»Doch, doch!« Der Architekt nickte. Bornholm hatte ihn in den vergangenen Wochen seit dem Prozeß nicht wieder gesehen. Er war alt geworden. Nach vorn gebeugt stand er in dem langen Laborflur, ein vergrämter Mann in einem ungebügelten Anzug und schlecht geschnittenen Haaren, mit müden, dunkel umränderten Augen und plötzlich zuckenden Mundwinkeln, als jage ein dauernder Schmerz durch den verhärmten Körper.

»Sicherlich sind Sie nicht über die Maßnahmen der Klinikverwaltung unterrichtet«, sagte Bruno Herwarth freundlich. Aber in dieser Verbindlichkeit lag eine Gefahr, die Bornholm spürte und nicht unterschätzte. »Man hat einen Umbau ausgeschrieben ... Ausbau einiger Keller, Ansetzen eines neuen Röntgentraktes, eine neue Wachstation. Ich habe mich um die Ausschreibung bemüht und sie bekommen. Ich war am billigsten ...«

Bornholm spürte wieder den ekligen Kloß in der Kehle.

»Was soll das, Herr Herwarth?«

Bruno Herwarth blinzelte zu dem großen Arzt hinauf, so wie ein Kurzsichtiger ein Bild aus der Ferne besehen muß.

»Sie haben Anatomie studiert, um den Menschen genau zu kennen ... Ich bin dabei, die Anatomie dieses Hauses zu studieren, um es genauso gut zu kennen wie Sie den menschlichen Körper. So habe ich entdeckt, wie man in dieses Haus kommen kann, ohne durch die Pforte zu kommen ... auch des Nachts ...«

An Bornholms Herz griff es wie mit einer eisigen Hand. Sein Gesicht wurde steinern und kantig.

»Ich dachte, Sie sollten um- und ausbauen?«

»Über dieses Rätsel ist die Kriminalpolizei gestolpert, und das Gericht wußte sich auch keinen Rat. Dabei liegt es doch so nahe. Darf ich es Ihnen zeigen ...« Bruno Herwarth holte den Grundrißplan aus der Tasche und entfaltete ihn. Er stellte sich mit dem Rücken zu Bornholm und drückte den Plan gegen die Wand.

»Sehen Sie hier ... die kleine Pforte in der Mauer? Man braucht sie nur aufzulassen ... aus Vergeßlichkeit. Wer achtet bei so viel Türen und Toren auf eine kleine Mauerpforte, die heute gar keine Funktionen mehr hat und aus der ersten Bauperiode der Klinik stammt? Vielleicht ein Gärtnereingang. Keiner weiß es mehr. Ich habe mich durchgefragt. Tja ... und von dieser kleinen Mauerpforte geht ein Weg durch den Garten zu dem Labor, in dem Sie, Herr Doktor Bornholm, Ihre Affen und Ratten hielten. Gegenüber ist eine Kellertür, die in einen leeren Raum führt ... früher war es die Wäschekammer der alten Klinik, heute stehen dort ab und zu ein paar Räder der Krankenhausarbeiter. Nehmen wir nun an, auch diese Tür wäre zufällig nicht verschlossen gewesen ... ein Arbeiter hat sie aufgelassen, als er sein Rad herausholte. Hier kommt ja doch keiner 'rein, wird er wohl gedacht haben. Was soll man in einem Krankenhaus schon klauen?«

Bruno Herwarth fuhr herum. Der Plan rutschte aus seinen Händen und fiel zu Boden.

»Aber es kam jemand herein, in der Nacht ... und man hat etwas gestohlen, nämlich ein junges Leben!« Bruno Herwarth brüllte plötzlich, sein vergrämtes Gesicht war verzerrt. »Und ich werde auch beweisen, wie und wer ihr das Leben stahl ... und wenn ich mein ganzes Vermögen in den Beweis setze, in den einen Namen, den ich kenne, den mir aber keiner abnimmt ... noch nicht ...«

»Sie sind krank«, sagte Bornholm eisig. Mit der Fußspitze schob er den Plan zur Seite. »Sie phantasieren am hellichten Tag. Pforte, Kellertür ... machen Sie sich doch nicht lächerlich.«

»Noch bin ich lächerlich, jawohl. Ich nehme es auf mich. Auch den Vorwurf, verrückt zu sein, schlucke ich. Ich lasse alles über mich ergehen, wenn ich dadurch ans Ziel komme. Und ich stehe davor. Sie wissen es so gut wie ich! Sie sollten Ihre Augen im Spiegel betrachten. Angst schreit aus ihnen. Das Geständnis steht in Ihrem Gesicht ... aber keiner sieht es. Nur der Blick eines Vaters erkennt es.«

»Man sollte Sie einsperren!« Bornholm trat an Bruno Herwarth vorbei. Die Hand des Architekten hielt ihn zurück. Sie verkrallte sich in seinem Anzugärmel.

»War es ein Unfall ... oder wollten Sie Helga still machen, wollten Sie sie töten?«

»Lassen Sie mich los, Sie Idiot!« schrie Bornholm. Er hieb mit der Faust auf die Hand Herwarths. Der Architekt ließ los, er taumelte gegen die Wand und hielt sich den Handrücken fest.

»Du brutaler Hund«, sagte er leise.

Mit großen Schritten eilte Bornholm aus dem Laborflur. Er blieb nicht länger in der Klinik, sondern fuhr nach Hause und rannte dort wie ein gefangenes Raubtier von einer Wand zu anderen.

Er wußte nicht, wie er sich gegen Bruno Herwarth wehren sollte.

Die Hochzeit Professor Bornholms mit der Tochter des Ordinarius' für Chirurgie Professor Dr. Rahtenau war nicht nur ein gesellschaftliches Ereignis.

In beiden Kliniken, der Ersten Medizinischen und dem St.-Katharinen-Hospital, dem neuen Haus Professor Bornholms, waren die Arbeitszimmer des Chefs ein Blumenmeer. Auf allen Stationen warteten die Kranken auf die letzte Chefvisite, mit der sich Bornholm vor seiner Hochzeitsreise verabschiedete. An jedem Krankenbett nahm er seinen Blumenstrauß in Empfang.

Sogar Bruno Herwarth gratulierte. Er schickte einen riesigen Strauß Lilien. Totenblumen.

In der Villa Rahtenaus häuften sich die Geschenke. Aus dem Ausland trafen laufend Telegramme und Blumenspenden ein. Herrliche Orchideen in Plastikkartons. Seiden, Silberwaren, Kristalle. Es war ein Blitzen und Funkeln von den großen und breiten Tischen, die mitten im Gesellschaftszimmer der Rahtenau-Villa standen, einer Ausstellung gleich: Seht, wie berühmt er ist!

Rundfunk und Fernsehen hatten sich angemeldet. Sie wollten sowohl die Hochzeitszeremonie wie auch die Verleihung der Professorenwürde aufnehmen. Für einen Tag war Bornholm in das grelle, unbarmherzige Licht der Weltöffentlichkeit emporgespielt worden. Er hatte es nicht gewollt, und er machte sich so rar, wie es ging, flüchtete vor allen Interviews und verbarg sich fast in seinem Zimmer neben dem Ankleideraum der jungen, glücklichen, strahlenden Braut.

Während in der Rahtenau-Villa die Sektgläser klirrten und der glückliche Rahtenau seinen Schwiegervatertoast ausbrachte, während Bornholm und Petra den ersten Brauttanz, einen Wiener Walzer, allein auf dem Parkett tanzten ... »Ein Paar wie aus dem Märchen!« flüsterte jemand im Hintergrund ... während aus der Küche die riesigen kalten Platten mit Hummer, Gänsebrust, Wildpastete, Roastbeef und verschiedenen Salaten hereingetragen wurden, lag im Zuchthauskrankenhaus die Mörderin Friedel Bartnow wieder auf dem OP-Tisch, aufgehängt in einen kunstvollen Schraubenzugverband.

Die Röntgenkontrolle hatte ergeben, daß der Bruch soweit eingerichtet war, daß man die Marknagelung vornehmen konnte.

Dr. Rumholtz hatte die Länge genau ausgemessen und sich den Küntschernagel nach diesen Maßen kommen lassen. »Sie müssen es wissen«, hatte der Zuchthausdirektor gesagt. »Sie sind Arzt. Wenn's schiefgeht ... Sie halten den Kopf hin, nicht ich!«

Nun saß der Herr Oberregierungsrat an der Wand neben dem Waschbecken und sah auf die Mörderin Bartnow, die in ihrem Streckbett in den OP gefahren wurde.

»Wozu eigentlich?« fragte er laut, als die Bartnow ihn unverschämt angrinste. »Ob das Bein zwei Zentimeter kürzer wird oder nicht ... 'raus kommt die ja doch nicht mehr! Der Mordversuch an der Beamtin kostet lebenslänglich ...«

»Muß der dabei sein?« rief Friedel Bartnow. Ihr langer Zeigefinger zeigte auf den Zuchthausdirektor. »In einem Operationsraum hat ein Laie nichts zu suchen!«

»Der Herr Direktor ist als Amtsperson hier. Und eine Amtsperson ist nie ein Laie!«

»Aha!« Friedel Bartnow wandte den Kopf zur Seite.

Dr. Rumholtz wusch sich. Aus der Tasche seines Kittels sah eine zusammengefaltete Zeitung heraus. Sie fiel aus der Tasche, als er sich bückte. Erika Werner, die neben ihm stand, beugte sich nach vorn und wollte sie aufheben. Dr. Rumholtz setzte den Fuß auf die Zeitung und hielt sie damit am Boden fest.

»Sie sollten sie nicht lesen«, sagte er ernst.

»Aber warum denn?«

»Nicht jetzt. Bitte.«

»Aber –«

»Ich habe meine Gründe. Nach der Operation.«

»Steht etwas Besonderes ...« Erikas Augen wurden groß und starr. »Ist etwas geschehen ... draußen ...« Sie bückte sich und zerrte die Zeitung unter dem Fuß Dr. Rumholtz' fort.

»Bitte nicht!« sagte der Arzt noch einmal. Aber Erika hatte das Blatt bereits aufgefaltet. Auf der ersten Seite schrie ihr das Bild Alf Bornholms entgegen. In seinen Arm eingehängt, glücklich, strahlend, Petra Rahtenau.

»Heute wird Professor Bornholm die Tochter des berühmten Chirurgen Professor Rahtenau heiraten. Bornholm hat sich durch seine Blutforschungen einen Namen gemacht und ...«

Erika ließ die Zeitung sinken. Sie fiel aus den Händen und flatterte unter das Waschbecken. Ihr Gesicht war weiß wie die gekachelte Wand.

»Das ... das ist doch nicht möglich ...«, sagte sie leise. Ihre Stimme hatte keinen Ton mehr, es waren Worte, die aus ihr herausfielen. Sie starrte Dr. Rumholtz an. Der Arzt wich ihrem Blick aus.

»Ich hatte Sie gebeten, es nicht zu lesen. Sollen wir die Operation verschieben?«

»Aber nein ... nein ...« Erika Werner wischte sich mit beiden Händen über das Gesicht. »Warum denn? Was kann die Kranke dafür? Nein ... ich operiere ... Aber nachher ...« Ihr Kopf fuhr herum und sah den Zuchthausdirektor an, der auf seinem Stuhl in der Ecke saß.

»Nachher habe ich etwas auszusagen ... Ich will die Wahrheit sagen ... die Wahrheit ...«

Sie drehte sich brüsk ab und winkte der Revierbeamtin zu.

»Narkotisieren Sie!« rief sie. »Lassen Sie wenigstens eine von uns für eine Stunde vergessen, daß es eine Welt und auf ihr Menschen gibt ...«

Das Wort Menschen klang so, als spucke sie es aus.

Die Operation verlief ohne Zwischenfälle. Das Einschlagen des silbernen Nagels, durch den die beiden auseinandergebrochenen Knochenteile einen für alle Zeit festen Halt bekamen, geschah mit einer Sicherheit und Ruhe, die Dr. Rumholtz faszinierte. Er war nur der Assistent von Erika Werner ... er durfte wie ein Famulus das tun, was sie ihm mit knappen Worten angab. Das schwierige Eintreiben des Nagels, die millimetergenaue Berechnung führte Erika allein aus. Dr. Rumholtz blieb danach nur noch übrig, die Operationswunde zu vernähen, den Sitz des Nagels durch eine Kontrollröntgenaufnahme zu dokumentieren und das Bein wieder in die völlige Ruhigstellung zu bringen.

In der Narkose schnarchend, mit offenem Mund und heraushängender Zunge wurde die Mörderin Friedel Bartnow zurück in ihr immer verschlossen gehaltenes Einzelzimmer gerollt. Es war eins der drei ›festen Zimmer‹ des Krankenreviers ... eine Krankenstube, die sich von einer normalen Zelle nur durch das weiße Bettzeug, einen Nachtisch und weiße Wände unterschied. Sonst war alles wie im Block III ... die dicke Tür mit der Beobachtungsklappe, das hoch an der Decke liegende kleine, stark vergitterte Fenster, das Holzpaneelbrett, auf dem das Eßgeschirr stand, die Blechbestecke, eine zerfledderte Bibel und die Zuchthausordnung.

Langsam streifte Erika Werner ihre Gummihandschuhe ab, als Friedel Bartnow aus dem OP gerollt war. Der Zuchthausdirektor erhob sich von seinem Stuhl in der Ecke. Er wischte sich den kalten Schweiß von der Stirn. Zum erstenmal hatte er eine Operation gesehen ... einen offen gelegten Knochen, den man einfach wie zwei Brettstücke zusammennagelte. Er hatte krampfhaft die Übelkeit heruntergeschluckt, die ihn zeitweilig überfallen hatte. Nun atmete er tief auf, als Dr. Rumholtz das große OP-Fenster öffnete und der Geruch von Blut und Äther von einem frischen Windzug aus dem Raum gefegt wurde.

Sorgsam wusch sich Erika die Hände und Unterarme und hielt sie dann wieder in die antiseptische Lösung, ehe sie sie abtrocknete. Dr. Rumholtz beobachtete sie von seinem Waschbecken aus. Sie war ganz ruhig, ganz gefaßt ... zu ruhig fast für den Schock, den sie erlitten haben mußte.

»Wunderbar«, sagte der Oberregierungsrat ehrlich. Er steckte sein schweißdurchfeuchtetes Taschentuch ein und kam mit ausgestreckten Händen auf Erika Werner zu. »Ich verstehe zwar nichts davon ... es war meine erste Operation ... aber trotzdem: Wunderbar, sage ich! Ich werde das dem Minister melden! Es wird in Ihre Akten kommen. So etwas ist maßgebend für eine frühzeitige Begnadigung.«

»Ich brauche keine Begnadigung mehr, Herr Direktor.« Die Stimme Erikas war ganz klar und leidenschaftslos. Dr. Rumholtz ließ die Seife ins Becken fallen. Seine Finger zitterten so, daß er sie nicht mehr festhalten konnte.

»Wie soll ich das verstehen?« fragte der Zuchthausdirektor verblüfft. Er stand noch immer mit ausgestreckten Händen vor Erika Werner und merkte gar nicht, daß keiner sie ergriff und zu schütteln bereit war.

»Ich bin unschuldig eingesperrt.«

»Aber, aber!« Der Oberregierungsrat verzog das Gesicht. Seit dreißig Jahren hörte er das immer wieder ... im ganzen vielleicht bis heute siebentausendfünfhundertmal. »Ihr Urteil —«

»Mein Urteil basiert auf meinem Geständnis. Man hat sich damals nicht die Mühe gemacht, mein Geständnis nachzuprüfen, weil die Person des Mitangeklagten, des Dozenten Dr. Bornholm, über alle Zweifel erhaben war. Aber mein Geständnis war falsch! Ich widerrufe es hiermit! Und ich bitte um Wiederaufnahme des Verfahrens.«

Der Oberregierungsrat ließ die Hände an den Körper zurückfallen und starrte zu Dr. Rumholtz hinüber. »Verstehen Sie das, Herr Doktor?« fragte er konsterniert.

»Ja. Jedes Wort!« Dr. Rumholtz trat an die Seite Erika Werners. »Seit über einer Stunde hat sich hier im Raum eine kleine Welt verändert. Es begann vor der Operation. Eine Zeitung entfiel meiner Rocktasche und Fräulein Werner hob sie auf. Von diesem Augenblick an erlebten Sie, ohne es zu wissen, ein Erwachen. Eine Illusion brach zusammen ... und übrig blieb nur eine solche Hundsgemeinheit, daß alles weitere Schweigen ein neues Verbrechen wäre.«

»Ich verstehe überhaupt nichts mehr!« Der Oberregierungsrat wandte sich Erika zu. »Was ist hier los, Nummer 12 456?!«

»Bitte, nehmen Sie ein Protokoll auf«, sagte sie leise.

»Aber — ich bitte Sie ...«

»Ich habe Papier und einen Kugelschreiber hier.« Dr. Rumholtz rannte in den Hintergrund. Er zerrte ein Stück Papier von einem Tisch.

»Das ist doch makaber!« rief der Direktor.

»In Gegenwart des Arztes Dr. Peter Rumholtz in seiner Eigenschaft als amtlicher Arzt des Frauenzuchthauses Freienstadt und des Direktors des Zuchthauses, Herrn Oberregierungsrat Dr. Benter, sage ich, die Strafgefangene Nr. 12 456, die ehemalige Ärztin Dr. Erika Werner aus«, schrieb und las dabei laut Dr. Rumholtz vor. Dann blickte er Erika Werner ermutigend an. Sie starrte an ihm vorbei aus dem Fenster hinaus in den Zuchthausgarten. Auf die wiegenden Baumkronen, auf die Sträucher, deren Blätter herbstwelk abfielen, auf den Rasen, der bräunlich wurde, auf die Astern.

»Ich sage aus«, sagte sie mit leiser, aber deutlicher Stimme, »daß meine vor Gericht gemachte Aussage falsch war. Ich habe wissentlich eine Tat auf mich genommen, die ein anderer begangen hatte. Ich tat es aus Liebe und im Glauben, daß dieses Opfer unserer Liebe wert sei! Jetzt habe ich keine Veranlassung mehr, zu schweigen. Der Tod des Mädchens Helga Herwarth war ein Tod durch Verbluten, hervorgerufen durch einen chirurgisch eingeleiteten Abortus mit Perforierung des Uterusgrundes. Den tödlichen Eingriff unternahm Dozent Dr. Bornholm ... ich kam erst hinzu, als das Mädchen schon im Sterben lag. Das ist meine Aussage. Sie ist wahr bei Gott —«

Ihre Stimme brach ab. Dr. Rumholtz und auch der Oberregierungsrat sprangen hinzu ... aber es war zu spät. Seitlich fiel Erika Werner zu Boden. Ihre Beine knickten kraftlos ein, es war, als falle ihr zarter Körper auseinander ... sie fiel mit dem Kopf zuerst auf den Steinboden und lag wie ein klägliches Häufchen zwischen schmutzigen Binden und dem Abfalleimer.

»Erika!« schrie Dr. Rumholtz auf. Er kniete neben ihr nieder und hob ihren Kopf in seinen Schoß. Aus ihrem Mund lief ein dünner Blutfaden.

»Eiskompressen!« schrie Dr. Rumholtz die zurückkommende Revierbeamtin an. »Glotzen Sie nicht ... Eis! Eis!«

Mit dem Oberregierungsrat, der an den Beinen anfaßte, brachte er Erika Werner aus dem OP in ein freies Einzelzimmer. Dort fühlte er den Puls ... er war weich und kaum sechzig. Die Revierbeamtin kam mit einer Schüssel Eis, einem Gummi-Eisbeutel, einer großen 10-ccm-Injektionsspritze und einigen Ampullen Traubenzuckerlösung.

»Eine schwere Gehirnerschütterung!« sagte Dr. Rumholtz, als er die stumm fragenden Augen des Direktors sah. »Sie ist mit voller Wucht auf den Kopf gefallen. Dazu ein seelischer Schock ...« Er beugte sich über die Ohnmächtige und strich ihr über die wachsbleichen Wangen. »Ich habe Angst«, stotterte er, »ich habe wirklich Angst, daß wir sie nicht durchbekommen ... sie wird einfach nicht mehr leben wollen ...«

»Sie haben ein persönliches Interesse, nicht wahr, Herr Doktor?«

Dr. Rumholtz nickte. Langsam injizierte er den Traubenzucker in die Armvene Erikas. »Ich liebe sie, Herr Direktor.«

»Aber sie ... sie ist doch eine Strafgefangene ...«

»Für mich nicht. Für mich war sie immer unschuldig. Jetzt haben Sie ihr wirkliches Geständnis ...«

»Gott gebe, daß es wahr ist!« Der Direktor sah auf das bleiche, schmale Gesicht und den zusammengekniffenen Mund. »Oder besser: Gott gebe ... daß man es ihr glaubt und es nicht einfach in den Papierkorb wirft ...«

»Dafür will ich sorgen! Man wird alles wieder aufrollen!« Dr. Rumholtz zog die Nadel aus der Vene und drückte einen kleinen Wattebausch auf den Einstich.

»Kein Gericht widerruft gern ein eigenes Urteil. Das wissen Sie.«

»Man kennt nicht meine Zähigkeit.«

»Ich wünsche Ihnen alles Glück, Doktor. Was ich tun kann, werde ich machen: Das Geständnis weitergeben. Mehr kann ich nicht tun.« Er legte die Hand auf die Schulter Rumholtz'. »Noch eins: Haben Sie Fräulein Werner schon gesagt, daß Sie sie lieben?«

»Ich habe nie mit ihr darüber gesprochen und es ihr nie gezeigt.«

»Dann tun Sie es weiterhin nicht, Doktor. Bis alles vorbei ist ... hoffentlich zum Guten! Sie verstehen: Die Aussagen eines Anstaltsarztes, der eine Liebschaft mit einer Strafgefangenen hat ... das ist unmöglich ein Beweismittel, sondern im Gegenteil ein neuer Anklagepunkt! Das nur als väterlicher Rat.«

»Ich kann warten, Herr Direktor. Was man mit diesem Mädchen getan hat, ist so gemein, daß man fast zum Verbrecher werden könnte.«

»Sie denken an diesen Bornholm?« Der Direktor schüttelte den Kopf. »Lassen Sie die Finger davon, Rumholtz. Der Mann ist berühmt. Sie sind dagegen ein kleines, schwindsüchtiges Licht. Wer berühmt ist, hat zunächst immer das Recht auf seiner Seite.«

»Zunächst –«

»Eben! Das wollte ich sagen. Es wird ein langer Kampf werden, vielleicht ein vergeblicher. In spätestens sieben Monaten wird man Fräulein Werner begnadigen und den Rest der Strafe erlassen. Dann können Sie sie immer noch heiraten, und keiner kräht mehr nach dem Vergangenen. Ihr Kampf gegen Bornholm, gegen die Staatsanwaltschaft, gegen das Gericht, gegen alle, die Erika Werner schuldig sprachen und sich nun selbst berichtigen sollen, wird schwerer und länger sein. Und aussichtsloser!«

»Es gibt hier nur eins: Die volle Wahrheit! Es muß doch nicht so schwer sein, die Wahrheit zu sagen!«

»Haben Sie eine Ahnung!« Der Direktor klopfte Rumholtz auf die Schulter. »Das ist das schwierigste überhaupt – Wer glaubt denn heute noch an die Wahrheit?«

Vier Tage blieb Erika Werner in ihrer Besinnungslosigkeit. Sie wurde durch Sonden künstlich ernährt, bekam Herzstärkungsspritzen, Traubenzuckerinjektionen und immer neue Eisbeutel auf das stark durcheinandergeschüttelte Gehirn.

Dr. Rumholtz nutzte diese Zeit aus. Er pendelte zwischen dem Zuchthauslazarett und der Stadt hin und her. War er außerhalb des großen, roten Backsteinkomplexes, rief er jede Stunde an und erkundigte sich nach dem Befinden Erikas. Die Revierbeamtin stellte fast schon die Uhr, wenn Dr. Rumholtz weggefahren war. 14.56 Uhr ... um 15.56 ruft er an. Und immer war die Antwort die gleiche: »Noch nicht aufgewacht. Puls weich.«

Die Stadtbesuche galten seinem Freund, dem jungen Rechtsanwalt Dr. Hermann Plattner.

Bisher hatte man von diesem Dr. Plattner noch wenig gehört. Er hatte seine Praxis ganz neu aufgemacht, voll Optimismus, daß einmal der große Fall kommen würde, der seinen Namen bekanntmachen konnte. Im Augenblick waren es Lappalien, die er durchpaukte: Zahlungsbefehle, die zu Protest gingen, kleine Beleidigungen, eine Schlägerei, eine Ehescheidung, ein Grenzstreit zwischen zwei Bauern. Die einzige Strafsache, die Dr. Plattner in der Praxis hatte, war die Verteidigung einer Dirne, die öffentlich die Polizei als beste Kunden bezeichnet hatte. Es war eine von vornherein verlorene Sache.

»Auch das ist faul!« sagte Dr. Plattner, als sein Freund Dr. Rumholtz mit dem ›Fall Dr. Werner‹ zu ihm kam. »Erst gesteht sie, dann widerruft sie, weil der Adonis eine andere heiratet. Jeder wird sagen: Ein Racheakt! Ein Gericht ist nicht dafür da, die Privatkriege zwischen Verliebten auszufechten, und übrigens ist das neue Geständnis deiner Wunderärztin durchaus kein Revisionsgrund! Schon gar nicht unter diesen dramatischen Zuständen. Wir müssen Beweise bringen!«

»Dann bring sie!« rief Dr. Rumholtz erregt. »Ihr Juristen seid eine langweilige Bande! Überall seht ihr Paragraphen und Unrat ... nirgends seht ihr das Menschliche!«

»Das Recht ist Logik. Ist Menschliches logisch?«

»Ich bin nicht hier, um mit dir Philosophie zu treiben. Du sollst Erikas Fall wiederaufnehmen lassen! Sie ist unschuldig ... Und ich sage dir: Du hast hier einen Prozeß in der Hand, der dich ganz vorn in die erste Reihe der Anwälte stellt, wenn du ihn gewinnst.«

»Wenn! Das ist es eben! So, wie du mir alles geschildert hast, ist alles oberfaul! Dieser Professor Bornholm wird nie gestehen ... er ist ja kein Idiot! Zeugen gibt es nicht. Nur das neue Geständnis einer Verurteilten, die damals auf alle Rechtsmittel verzichtete und das Urteil annahm.«

»Aus Liebe! Aus Verblendung!«

»Das nimmt uns doch kein vernünftig denkender Mensch ab, Peter! Ende der Karriere, Ende der ärztlichen Laufbahn, Aberkennung der Approbation, drei Jahre hinter Gittern ... und alles freiwillig, eines Mannes wegen, dessen Karriere nicht gestört werden soll!«

»Dann müssen wir eben das Material sammeln!« rief Dr. Rumholtz. Der Rechtsanwalt nickte.

»Und es liegt so auf der Straße herum. Nur bücken und aufheben! Die Kräutersammler im deutschen Paragraphenwald. Wie stellst du dir das eigentlich vor? In einem Kriminalschmöker liest sich das alles so einfach ... im täglichen Leben ist das komplizierter ... vor allem, wenn man so berühmt ist wie dieser Professor Bornholm.«

»Du wirst es schon schaffen, Hermann!«

»Ich habe Vertrauen nie als eine solche Zentnerlast empfunden wie jetzt. Und dein ›Treuer-Hund-Blick‹ ... Peter, fahr in dein Zuchthaus, tröste deine Erika und sag ihr: Was ich tun kann, will ich tun.«

»Ich danke dir.« Dr. Rumholtz sprang auf und hieb seinem Freund auf die Schulter. »Bist ein feiner Kerl.«

»Denkste! Zunächst will ich dein Unschuldslamm selbst sprechen. Und ich drehe sie durch die Mangel, darauf kannst du dich verlassen.«

»Im Augenblick ist sie vernehmungsunfähig und besinnungslos.«

»Das wird ja nicht ein Dauerzustand sein.«

»Hoffen wir es bei Gott!«

»Oh — wenn das ein Arzt sagt!« Dr. Plattner blätterte in einem Telefonbuch. »Ich werde zunächst einmal mit Bornholm sprechen.«

»Mit wem?« Dr. Rumholtz setzte sich wieder. Die Erregung fuhr ihm in die Beine wie ein Blitzschlag.

»Mit dem Wunderknaben.« Dr. Plattner hatte die Adresse Bornholms gefunden und schrieb sie sich aus dem Telefonbuch heraus. »Ich frage mich bloß, was ich mache, wenn auch ich seinem unheimlichen männlichen Charme erliege.«

»Doppelköpfiges Rindvieh!« schrie Dr. Rumholtz. Ehrlich wütend verließ er türenknallend das Büro Dr. Plattners. Er kannte seinen Freund von Kindesbeinen an. Es war immer so gewesen ... nichts im Leben hatte Hermann Plattner ernst genommen. Sogar im Abitur eröffnete er seine mündliche Prüfung zur maßlosen Verblüffung des Schulkollegiums mit einem krachenden Witz, allerdings vorgetragen in einem einwandfreien und eleganten Latein.

Von der Telefonzelle an der Straßenbahnhaltestelle rief Dr. Rumholtz wieder das Zuchthaus an. Die Revierbeamtin hatte eine ganz aufgeregte Stimme.

»Vorhin ist sie aufgewacht!« rief sie. »Aber sie hat nichts erkannt. Kurz darauf fiel sie wieder in ihre Besinnungslosigkeit zurück. Doch der Puls ist besser, und der Blutdruck steigt ...«

»Ich komme sofort!« Dr. Rumholtz warf den Hörer zurück auf die Gabel.

Der Puls ist besser, der Blutdruck steigt. Sie ist kurz aufgewacht ... sie hat die Krisis überwunden. Sie wird weiterleben, dachte er immer nur. Und es soll ein neues Leben sein ...

Professor Dr. Bornholm war weniger verblüfft oder überrascht, als äußerst vorsichtig und reserviert, als ihm das Hausmädchen einen unangemeldeten Besuch ansagte und die Visitenkarte abgab.

Dr. H. Plattner, Rechtsanwalt, las er. Er hob die Schultern, schüttelte den Kopf und warf die Karte in den großen Aschenbecher auf dem Kamintisch.

»Ein Patient?«

»Ich weiß nicht, Herr Professor.«

»Hm. Ich lasse bitten. In zehn Minuten kommen Sie herein und sagen, mein Schwiegervater habe angerufen. Ich müsse zu ihm.«

»Sehr wohl, Herr Professor. In zehn Minuten.«

Das Hausmädchen ging, den Besucher zu holen. Professor Bornholm stellte sich an den flammenden Kamin. So bot er ein imponierendes Bild, unnahbar, abweisend, beherrschend. Petra war ins Kino gegangen und würde vor 23 Uhr nicht zurückkommen.

Ein Rechtsanwalt, dachte Bornholm. Vielleicht ist dieser Beruf nur ein Zufall und der Mann kommt doch als Patient.

Ausgesprochen fröhlich trat Dr. Plattner in das große Wohnzimmer. Er übersah die malerische Drapierung Bornholms am flammenden Kamin, kam völlig unbefangen durch das Zimmer marschiert und warf seine dünne Aktentasche in einen der Kaminsessel.

»Das ist nett, daß Sie mich gleich empfangen, Herr Professor«, sagte er völlig unkonventionell. »Ein so mit Zeit und Ruhm belasteter Mann wie Sie.«

Bornholm zog die Augenbrauen hoch. Er merkte den feinen Unterschied. Dr. Plattner sagte nicht: Mit Ruhm geehrt oder gebrauchte sonst eine Floskel, sondern er sagte klar: Mit Ruhm belasteter Mann ...

»Wenn ich Ihnen helfen kann ...« Bornholm musterte den Besucher eingehend. Jung noch, eine Art Draufgängertyp, Anzug billige Qualität, aus einem Kaufhaus sicherlich, moderne spitze Schuhe, ein Jungenlächeln, das aber täuscht, denn über der scharfen Nase blickten ein Paar Augen, die eiskalt werden konnten. Bornholm bemerkte es sofort, als Dr. Plattner zwar lächelnd, aber wieder fast eindeutig sagte:

»Helfen! Das wäre nett, Herr Professor. Wenn sich die Menschen mehr untereinander helfen würden, gäb's viel weniger Probleme auf der Welt.«

»Dazu bin ich da.« Bornholm starrte in die Augen Dr. Plattners. »Welche Beschwerden haben Sie?«

»Mir gehen Tatsachen nicht aus dem Kopf.«

»Wie bitte?« Professor Bornholm stützte die Hände gegen die warme Marmorfläche der Kaminverkleidung. »Wie soll ich das verstehen?«

»Ich habe Tatsachen, und diese Tatsachen sind verschleiert. Es ginge mir und es ginge manchen Menschen besser, wenn sie aber nicht verschleiert, sondern offen wären.«

»Sie sollten zu einem Psychiater gehen«, sagte Bornholm spöttisch, aber er spürte gleichzeitig, wie heiß es in ihm wurde. »Nicht zu einem Chirurgen –«

»Nur ein Chirurg kann mir helfen! Es geht um einen schnellen chirurgischen Schnitt ... und alles ist wieder klar.«

»Was wollen Sie eigentlich hier?« Bornholms Stimme war grob und laut. »Ich habe keine Zeit ...«

Es klopfte. Das Hausmädchen kam herein, einen Zettel in der Hand.

»Herr Professor, Entschuldigung«, sagte es brav. »Ihr Herr Schwiegervater, Herr Professor Rahtenau, hat soeben angerufen. Sie möchten gleich zu ihm kommen.«

»Schönen Dank, Erna ...« Bornholm wartete, bis das Mädchen die Tür hinter sich zugezogen hatte. »Sie sehen, Herr Plattner ... ich bin beschäftigt. Wenn Sie morgen in meine Klinik kommen wollen ...«

»Ich vernehme es mit Verwunderung.« Dr. Plattner lächelte höflich. »Herr Professor Rahtenau befindet sich zur Zeit in Rom auf einem Kongreß ... ich habe mich erkundigt. Er kommt erst am Samstag wieder. Und das mit dem Telefon, das ist ein alter, abgespielter Trick, Herr Professor Bornholm. Da hat man heute bessere Ausflüchte. Wenn Sie Interesse haben, kann ich Ihnen ein paar verraten.«

»Was wollen Sie von mir?« schrie Bornholm. Er ballte die Fäuste. Dr. Plattner sah es und schüttelte den Kopf.

»Ich habe Sie immer für einen beherrschten Mann gehalten, Herr Professor. Enttäuschen Sie mich bitte nicht. Außerdem war ich vom zweiten Semester an Judomeister unserer Alma mater. Ich trainiere auch heute noch.«

»Ich weiß nicht, warum Sie überhaupt hier sind? Sie kommen hier zu mir und reden dummes Zeug ... ich werde die Polizei rufen und Sie entfernen lassen, wenn Sie nicht sofort freiwillig gehen!«

»Polizei ist immer gut!« Dr. Plattner öffnete seine Aktenmappe und entnahm ihr ein Bild. Wortlos reichte er es Bornholm. Es war ein Foto Erika Werners vor der Berghütte Bornholms. Dr. Plattner hatte es mit einer Fotomontage hergestellt ... ein Bild der Hütte hatte er als Hintergrund genommen und ein Foto Erikas darüber kopiert. Niemand sah, daß dieses Bild aus zwei Fotos zusammengesetzt war. Auch Professor Bornholm stolperte über diesen Trick. Er starrte auf das Bild, dann auf Dr. Plattner, dann wieder auf die Aufnahme. Sein Gesicht wurde rot.

»Wer hat das Bild gemacht?!«

»Weiß ich es, Herr Professor?«

»Es hat uns niemand fotografiert, als wir auf der Hütte waren. Wir waren ganz allein und —«

Er brach ab. Das Gesicht Dr. Plattners war plötzlich nicht mehr verbindlich und freundlich, sondern hart und maskenhaft. Bornholm sah jetzt die Falle, in die er hineingeraten war. Er drehte sich schnell um und warf das Bild in die Flammen des Kamins.

»Sie ausgekochter Bursche!« sagte er leise dabei.

»Es ist beim Prozeß gegen Fräulein Dr. Werner nie zur Sprache gekommen, daß sie Ihre Geliebte war, daß Sie mit ihr auch auf jener Hütte waren, in der Sie Helga Herwarth zu Ihrer Geliebten machten. Es ist nie zur Sprache gekommen, daß Sie Fräulein Doktor Werner so in ein derart enges Abhängigkeits- und Hörigkeitsverhältnis gebracht haben, daß sie eine Tat, die sie gar nicht begangen hatte, auf sich nahm, um Sie, den wirklich Schuldigen, zu schützen! Sie haben an Helga Herwarth den verhängnisvollen Eingriff durchgeführt. Sie haben sie verbluten lassen ... gewiß, nicht gewollt, es war ein Kunstfehler, ein Unglücksfall ... aber wenn man Sie des verbotenen Eingriffs verklagt hätte, wäre Ihre glänzende Karriere zu einem Nichts zusammengebrochen! Da schoben Sie die kleine, gutgläubige, in Sie hoffnungslos verliebte Erika Werner vor, versprachen ihr die Heirat nach dem Absitzen der Strafe und zogen so den Kopf aus der Affäre. Sie erreichten den Gipfel des Ruhmes ... und Sie wußten ganz genau, daß, wenn jetzt die Wahrheit wirklich an den Tag käme, sie keiner glauben würde. Ein Racheakt der verlassenen Geliebten ... das war das höchste, was Sie anerkennen würden. Und einem berühmten Mann hat man noch nie eine Liebesaffäre übelgenommen ... im Gegenteil: Sie hebt seinen Charme! So dachten Sie, und so wäre es auch gekommen, wenn es nicht einen Doktor Plattner gäbe!«

»Sie?!«

»Ja.«

»Sie sind ein Phantast! Wer wird Ihnen diesen Räuberroman glauben?«

»Das Schöffengericht.«

»Sie junger Hüpfer!« Bornholm lachte rauh. »Ich weiß nicht, welcher Illusion Sie aufgesessen sind, aber wenn Sie logisch denken, dann müssen Sie sich doch sagen, daß Sie mit Nichts in den Händen nach Elefanten schießen! Sie tragen einen Verdacht vor, die Racheaussage einer Zuchthäuslerin – und schon ist Schluß. Ich werde beschwören können, daß alles unwahr ist. Ich wiederhole auch jetzt: Ich kam erst, als alles vorbei war ... am Morgen! Alles andere ist Unsinn! Ich möchte den sehen, der beschwören kann, mich in der Nacht in der Klinik oder im OP gesehen zu haben! Es muß ein Phantom sein!«

»Ich werde es finden!«

Bornholm sah Dr. Plattner mit zusammengekniffenen Augen an. Er wußte, daß es keine Großsprecherei war, er sah die Gefahr, und er wußte nicht einmal, wieweit der junge Anwalt bereits Beweise in der Hand hielt. Niemand geht ohne Rückendekkung so massiv vor. Es gibt kein perfektes Verbrechen ... das war eine Weisheit, die noch nie widerlegt werden konnte.

»Dann viel Glück!« sagte Bornholm heiser. »Und jetzt gehen Sie. Sonst verliere ich meine gute Erziehung und werfe Sie eigenhändig hinaus.«

In der Tür erschien wieder das Hausmädchen. Dr. Plattner nickte.

»Ach ja. Ich vergaß ... der Schwiegerpapa wartet!« Er nahm seine Aktentasche, schob sie unter den Arm, winkte Bornholm freundlich zu und nickte dem Mädchen zu. »Na, dann gute Fahrt nach Rom, Herr Professor!« sagte er und ging schnell aus dem Zimmer.

Das Hausmädchen sah zu Bornholm hinüber. »Herr Professor verreisen?«

»'raus!« brüllte Bornholm.

In der Diele stand Dr. Plattner und zog seinen Mantel an. Er streckte die Hand aus und gab dem Mädchen ein Fünfmarkstück.

»Für den Schwiegerpapa-Anruf ...«

»Aber!« Das Mädchen riß die Augen auf.

Dr. Plattner winkte ab. »Jede Pointe ist ihr Geld wert. Seien Sie auf der Hut, Mädchen: Bei Bornholm können Sie da in der nächsten Zeit noch allerlei verdienen –«

Am Sonntag, nach dem Mittagessen, meldete sich bei Professor Rathenau ein unbekannter Besucher an.

»Soll wiederkommen!« sagte Rahtenau. »Sonntags will ich meine Ruhe haben! Außerdem habe ich zu arbeiten. Sagen Sie, ich sei gerade aus Rom gekommen und hätte gar keine Zeit ...«

Die Haushälterin ging mit dieser Auskunft. Nach zwei Minuten klopfte sie wieder an die Tür.

»Der Herr sagt, er überließe es Ihrer Intelligenz — das hat er wörtlich gesagt! — zu entscheiden, ob die Insel Bornholm in Rom erobert werden kann.«

Professor Rahtenau zog die Augenbrauen zusammen und biß sich auf die Unterlippe.

»Es scheint sich um einen äußerst witzigen Mann zu handeln«, sagte er etwas unsicher. »Lassen Sie ihn hereinkommen. Und nach zehn Minuten ...«

»Ich weiß, Herr Professor.« Die Haushälterin lächelte breit. »Die Klinik ruft an.«

Mit jungenhaftem Lächeln betrat Dr. Plattner den Salon des alten Professors Rahtenau. Er sah den berühmten Mann zum erstenmal. Gehört hatte er manches von ihm. Wunderdinge, Operationen, die an Zauberei grenzten. Nun sah er sich einem weißhaarigen Gelehrtenkopf gegenüber, forschenden, scharfen Augen und dünnen Lippen, die vom charmantesten Kompliment bis zur unvorstellbarsten Schimpfkanonade alles geformt hatten, was es nur an Worten gab. Zwei Generationen Mediziner hatten vor ihm gezittert, einige tausend Studenten vergaßen im ganzen Leben nicht die Prüfungen, die Rahtenau mit ihnen abhielt, und seine Oberärzte standen oft vor den Spiegeln in ihren Zimmern und betrachteten sich, ob sie wirklich wie dumme Jungen aussahen, als welche sie von Rahtenau öffentlich behandelt wurden.

Dr. Plattner war kein Mediziner. Er empfand daher keine berufliche Angst noch eine heilige Scheu vor dem großen Arzt. Er war ein moderner Jurist, der mit einem dicken Sack Sarkasmus durchs Leben pilgerte und von allen menschlichen Schwächen alle kannte und verstand bis auf eine: Die Angst vor Prominenten und Vorgesetzten.

»Grüß Gott!« sagte er unbefangen. »Ich muß mich sehr entschuldigen, daß ich Ihre Sonntagsruhe störe. Aber ich habe etwas auf dem Herzen, was nicht die Ruhe eines Sonntags stört, sondern was Unruhe in drei Jahre bringt!« Er sah sich nach der Haushälterin um, die noch immer auf der Türschwelle stand. »Im übrigen — falls es auch hier Sitte ist — können Sie es sich sparen, nach zehn Minuten mit einem Telefonanruf zu kommen. Ihre Kollegin bei Professor Bornholm hat dafür fünf Mark kassiert

... mir wird das sonst zu teuer. Ein junger Anwalt streichelt noch jedes Markstück, das hereinkommt.«

Mit hochrotem Kopf ging die Haushälterin hinaus. Professor Rahtenau drückte das Kinn an den Kragen.

»Sie erwähnten eben meinen Schwiegersohn? Hängt Ihr Besuch mit Herrn Professor Bornholm zusammen?«

»Er ist der Anlaß dazu, Herr Professor.« Dr. Plattner hob bedauernd die Schultern. »Ich habe bei Ihrem Schwiegersohn Zeichen einer chronischen Vergeßlichkeit festgestellt. Es kann sich doch unmöglich um eine Arteriosklerose der Gehirngefäße handeln ... in dem Alter? Ich bin nun zu Ihnen gekommen, in der Hoffnung, daß Sie sich vielleicht besser erinnern.«

»Was hat Professor Bornholm vergessen?« fragte Rahtenau laut. Er musterte Dr. Plattner wie ein widerwärtiges Tier, das durch einen Türspalt geschlüpft war.

»Manches, Herr Professor. Erst einmal, daß die zu drei Jahren wegen eines tödlichen Abortus verurteilte Ärztin Doktor Erika Werner — deren Interessen ich übrigens vertrete — die Geliebte des damaligen Dozenten Doktor Bornholm war und in einem solchen Abhängigkeitsverhältnis zu ihm stand, daß sie eine Schuld auf sich nahm, die ...«

»Reden Sie nicht weiter!«

Professor Rahtenau erhob sich. Er stützte sich auf die Kante des Tisches und schüttelte den Kopf.

»Was geht mich das an? Der Prozeß ist vorbei!«

»Ich bin dabei, ihn wiederaufnehmen zu lassen.«

»Aber ...« Professor Rahtenau starrte den jungen Rechtsanwalt mit offenem Mund an. »Es ist doch erwiesen, daß mein Schwiegersohn ...«

»Es ist erwiesen, daß Doktor Bornholm sowohl der Geliebte der getöteten Helga Herwarth war, und es wird bewiesen werden, daß das Kind, das sie bekam, sein Kind war. So wie er auch der Geliebte der Ärztin Erika Werner war. Erwiesen ist, daß Helga Herwarth nicht wie ein Geist durchs Schlüsselloch in Ihre Klinik, Herr Professor, geflogen ist, sondern daß sie hereingelassen wurde. Durch Hintertüren, die nur einer kannte, der auch die Klinik wie seine eigene Tasche kennt! Fräulein Werner konnte es nicht sein, denn es war ihre erste Klinikstelle. Sie war erst sechs Wochen im Haus! Erwiesen ist auch, daß Fräulein Werner gar keinen Grund zu diesem Eingriff hatte ... wohl aber der Vater des Kindes, dessen Karriere auf dem Spiel stand. Und als das Unglück im OP geschah, brach die Karriere vollends zusammen ... wenn nicht Erika Werner sie rettete, aus Liebe, mit dem Versprechen, nach den drei Jahren Zuchthaus geheiratet zu werden. Mit diesem Glauben ging sie zum Prozeß, ging sie ins Zuchthaus.«

»Das ... das ist nicht wahr«, stotterte Professor Rahtenau.

Er mußte es sagen ... es war sein einziger Schutz ... Ungläubigkeit. Dabei hörte er jetzt nur, was er in all den vergangenen Monaten selbst geahnt hatte und was er in sich unterdrückt hatte, wenn er zusah, wie glücklich Petra an der Seite ihres schönen, berühmten Mannes war.

»Was ... was soll ich denn dabei?« fragte er. Es klang so kläglich, daß Dr. Plattner so etwas wie Mitleid fühlte.

»Ich möchte Sie bitten, auf Professor Bornholm einzuwirken, daß Fräulein Werner rehabilitiert wird. Er allein kann es. Er kann die Lage richtigstellen.«

»Er soll gestehen, meinen Sie?!«

»Ja.«

»Wissen Sie, was Sie da verlangen?«

»Wahrheit.«

»Das Ende von allem, was er sich aufgebaut hat. Auch das Ende vom Glück meiner Tochter.«

»Und an das Ende der kleinen Ärztin Erika Werner denken Sie nicht?«

Professor Rahtenau senkte den Kopf. »Wenn das alles stimmt, was Sie sagen ... Ich werde mit meinem Schwiegersohn zusammen dafür sorgen, daß Fräulein Werner nach ihrer Entlassung nichts entbehrt. Ich verpflichte mich, finanziell wie ideell dafür zu sorgen, daß ihr ferneres Leben ...«

»Herr Professor ...« Die Stimme Dr. Plattners war sanft, aber doch alle weiteren Worte abschneidend. »Ich rechne es Ihrer Erregung zu, daß Sie so etwas sagen ... Es kann nicht Ihr wirklicher Ernst und Ihre Einstellung zu den Dingen sein. Ich weiß, daß in Studentenkreisen gesagt wird: Dem Rahtenau kannste die Präparate mit Coca Cola übergießen ... er hat Verständnis dafür ... nur die Wahrheit mußte sagen ... Das sagen die Studenten von Ihnen ... Und auf diese Stärke Ihres Charakters baue ich, Herr Professor. Das wollte ich von Ihnen, mehr nicht. Ich wollte Sie bitten, mir zu helfen, die Wahrheit zu suchen ... und wenn sie unter Ihrem Sofa liegt ...«

Professor Rahtenau starrte noch immer gegen die Tür, als Dr. Plattner längst gegangen war. »Lump ...«, kam es zitternd von seinen Lippen.

Dr. Plattner kam sich vor wie ein Hürdenläufer. Nur stolperte er fast über jede Hürde, die er anlief.

Mit Erika Werner selbst hatte er noch nicht gesprochen. Er wollte sich erst überall überzeugen, wie die wirkliche Sachlage war. Er ›eruierte‹ das Gelände, wie er zu Dr. Rumholtz sagte. Erst wenn er sah, daß seine Bemühungen Erfolg versprachen, wollte er mit ihr selbst reden.

So sprang er also die Hürden an, die sich ihm in den Weg stellten, ganz allein, mit nichts in der Tasche als der vagen Versicherung seines verliebten und deshalb im logischen Blick getrübten Freundes Rumholtz: Erika ist unschuldig!

Professor Bornholm hatte so reagiert, wie er es sich gedacht hatte. Er war schuldig und wußte von der Macht seiner sicheren Position, die man nicht mit bloßen Verdächtigungen erschüttern konnte. Professor Rahtenau schien mehr zu wissen, als er zugab, aber ihm ging es in erster Linie um das Glück seiner Tochter Petra. Sein Angebot, Erika Werner nach dem Zuchthaus großzügig zu entschädigen, war so etwas wie ein Eingeständnis.

Alles zusammengenommen, so stellte Dr. Plattner auf dem Weg zum Ersten Staatsanwalt fest, ergab sich das Bild eines unschuldig sitzenden Mädchens und ein dicker Grund der Wiederaufnahme. Nur – wo waren die Beweise? Alle Gespräche waren unter vier Augen geführt worden. Es würde eine Flut von nicht nachweisbaren Meineiden geben, in der der Prozeß rettungslos ertrinken würde. Wenn er überhaupt stattfand ... und das bezweifelte Dr. Plattner immer mehr, je deutlicher für ihn die Schuldlosigkeit der kleinen Ärztin wurde.

Der Erste Staatsanwalt saß beim Nachmittagsmokka auf der Veranda seines Hauses, als Dr. Plattner sich melden ließ.

»Worum geht's, mein Lieber?« fragte er jovial. Dr. Hermann Plattner war der Sohn seines Bundesbruders Hans Plattner, des Oberstudienrats am Stadtgymnasium.

»Um eine Wiederaufnahme«, sagte Dr. Hermann Plattner und bedankte sich mit einer leichten Verbeugung für die Tasse Mokka, die die Frau des Ersten Staatsanwaltes ihm zuschob.

»Schon faul! Wiederaufnahmen müssen so begründet sein, daß das vordem urteilsprechende Gericht als Idioten hingestellt wird. Und das läßt niemand auf sich sitzen. Sie müssen Formfehler nachweisen, übersehene Beweispunkte für Ihren Mandanten, Meineide, neue Tatsachen, die dem Gericht nicht bekannt waren.«

»Ich weiß.« Dr. Plattner trank den heißen Mokka und sagte: »Es handelt sich um die Ärztin Doktor Erika Werner. Sie hat drei Jahre Zuchthaus bekommen und ist unschuldig.«

»Das sagen Sie ... weil Sie ihr Rechtsanwalt sind!«

»Das sagt sie selbst. Ihr Geständnis, aufgrund dessen sie verurteilt wurde, ist falsch. Sie widerruft es.«

»Ach nein! Und wie lange sitzt sie schon?«

»Fast ein und ein Vierteljahr.«

»Ziemlich spät, was, sich das einfallen zu lassen?! Hören Sie mal, lieber Plattner ... wer wirklich falsch gesteht und unschuldig ist, der wartet nicht so lange, sondern der kippt um, kaum, daß er die Gitter vor den Fenstern sieht. Es sei denn ...«

»Was, Herr Staatsanwalt?«

»Er muß einen decken!«

»Genau das ist es!«

Der Erste Staatsanwalt stellte seine Mokkatasse, die er in der Hand balancierte, abrupt auf den Tisch zurück.

»Das ist doch ein Witz!«

»Es wäre ein schlechter, denn er kostet drei Jahre Zuchthaus!«

»Sie haben Beweise?«

»Ja — und nein!«

»Was soll das heißen?«

»Die Beteiligten geben es zu ... aber nur vor mir unter vier Augen. Vor Gericht werden sie jeden Gegeneid schwören und ich habe keine Möglichkeit, sie zu überführen!«

»Das ist oberfaul!« sagte der Erste Staatsanwalt.

»Der wahre Täter ist so sicher, daß es schon fast Selbstmord wäre, ihn anzuzeigen!«

»Wer ist's?!«

»Sie werden mich auslachen.«

»Ich lache nie bei dienstlichen Sachen!«

»Professor Doktor Alf Bornholm.«

»Der berühmte Schwiegersohn von Professor Rahtenau?«

»Genau der.«

»Plattner!« Der Erste Staatsanwalt sah den jungen Anwalt wie einen faulenden Kohlkopf an. »Gehen Sie in eine Sauna und kochen Sie Ihr Gehirn aus.«

Dr. Plattner sah mit dem Blick eines verwundeten Rehes zu der Gattin des Staatsanwaltes. »Sagte ich es nicht? Es ist völlig sinnlos, darüber auch nur zu sprechen. Wenn ich nun den Antrag auf Wiederaufnahme stellen würde mit der Begründung, der wirkliche Täter sei Professor Bornholm —«

»Sie fliegen aus der Staatsanwaltschaft hinaus. Das kann ich Ihnen ohne Prophetismus voraussagen! Das ist absurd!«

»Aber es ist die Wahrheit!«

»Beweise!« schnaufte der Erste Staatsanwalt.

»Ich habe sie nicht! Nicht greifbar, nicht verbrieft ... ich habe zwei interne Geständnisse, die mir aber weggeschworen werden.«

»Wer hat gestanden?«

»Professor Bornholm und Professor Rahtenau ...«

»Der auch?« Der Erste Staatsanwalt spürte, wie er zu schwitzen begann. »Was haben sie gestanden?«

»Es wäre blödsinnig von mir, Ihnen das zu erzählen! Es würde mir keiner glauben! Jeder — auch Sie — würde zu mir sagen:

Beweise! Erzählen kann jeder, das verrückteste Zeug — aber die Wahrheit nachweisen ... Ich kann es nicht, weil ich ganz allein bin und weil ich wirklich der einzige bin, der sie weiß! Bis auf die unschuldig verurteilte Ärztin ... aber ihr glaubt sowieso keiner, sie muß ja beweisen, daß sie unschuldig ist! Und darum bin ich hier, Herr Staatsanwalt ... um von Ihnen einen Rat zu hören: Was soll ich tun?«

»Nichts!«

»Das ist mehr als wenig.«

»Oder in der Stille arbeiten. Die Beweise sammeln. Ich könnte ja sagen: Gut, die Staatsanwaltschaft schaltet sich ein, sie sammelt mit. Aber das kann ich nicht. Ich kann auf eine solche vage Verdächtigung hin nicht zwei prominente Herren verhören und überwachen lassen! Wie soll ich das begründen? Der Generalstaatsanwalt hielte mich für verrückt! Und noch etwas ... Da es Ihnen und mir nicht möglich sein wird, Beweise einer Schuld Professor Bornholms zu bringen, kann man den Spieß umdrehen, und ich müßte auf eine Anzeige Bornholms hin Sie wegen Verleumdung anklagen. Und diese Anzeige wäre dann sogar beweiskräftig! Denn Sie hängen — ohne es beweisen zu können — einem berühmten Mann ein schweres Verbrechen an! Es ist ein Teufelskreis, lieber Plattner ... springen Sie schnell hinaus, ehe Sie sich darin festrennen!«

Nach einer Stunde fuhr Dr. Plattner nach Hause. Seine letzte Hürde hatte er angesprungen und war wieder gestolpert. Gründlich sogar. Er hatte auf dem Weg mitbekommen, daß der Erste Staatsanwalt ohne schlüssige Beweise keinerlei Ermittlungen aufnehmen würde.

Der berühmte Name war der beste Schutz Bornholms. Ein Name, den Erika Werner geschaffen hatte, indem sie für ihn unschuldig ins Zuchthaus ging.

»Zum Kotzen ist's!« sagte Dr. Plattner laut.

Einen letzten Weg hatte sich Dr. Plattner noch aufgespart. Nicht zu Erika Werner ... das hatte noch immer Zeit.

Am nächsten Abend besuchte er Bruno Herwarth.

Der Architekt saß in seinem Büro und zeichnete. Dr. Plattner setzte sich dem großen Reißbrett gegenüber und schielte zu der Zeichnung hinüber.

»Schöner Kasten!« sagte er. »Bungalow-Villa in Winkelform. Mit Swimming-pool! Muß 'n reicher Krauter sein, der das bestellt.«

»Warum?« Bruno Herwarth legte den spitzen Bleistift zur Seite und strich sich über die müden, angestrengten, rotumränderten Augen. Er sah immer aus, als habe er vor kurzem geweint. »Mit einem guten Steuerberater kann sich so 'n Ding jeder dritte Wirtschaftswunderdeutsche leisten.«

»Ich nicht. Ich bin Rechtsanwalt. Akademiker.«

»Allerdings, das ist faul! Man müßte Gemüsegroßhändler sein oder Käseimporteur oder Schraubenfabrikant . . .«

Sie lachten sich an, der junge, forsche Anwalt und der müde, vom Leben zu Boden getretene, alte Architekt. Und sie fanden sich gleich sympathisch. Warum, das wußten sie nicht.

»Soll ich Ihr Büro umbauen?« fragte Bruno Herwarth.

»Nein, mein Leben!«

Bruno Herwarth verlor das Lächeln. Kritisch betrachtete er den Besucher. Nein, er war nicht verrückt. Er war ein junger, fröhlicher Mann mit blauen, offenen Augen und einem runden Kopf mit Bürstenhaarschnitt.

»Das kann unter Umständen viel Eisenträger kosten!« sagte er langsam.

»Bei mir nicht. Ich brauche nur billigstes Material. Papier, Logik, Geist, Nachdenken, Erinnern . . . Sie sehen, Massenware! Ich bin der neue Anwalt der Ärztin Doktor Erika Werner.«

»Der neue . . .« Bruno Herwarth sprang auf. Er schob das Reißbrett zur Seite. »Was soll das heißen?«

»Ich weiß, daß Erika Werner unschuldig ist!«

»Das weiß ich auch! Aber keiner glaubt es mir.«

»Und Sie kennen den Täter?!« rief Dr. Plattner laut.

»Und wie ich ihn kenne!«

»Nennen Sie ihn.«

»Sagen Sie den Namen!«

»Bornholm!«

»Er ist's!« Bruno Herwarth umklammerte die Tischkante.

»Was wollen Sie tun?«

»Nichts.«

»N . . . nichts . . .?«

»Ich habe keine Beweise!«

»Aber ich habe sie!« schrie Herwarth. Er schleuderte das Reißbrett mit der Villenzeichnung auf den Boden und zog unter den vielen Planzeichnungen eine große Skizze hervor. Mit zitternden Händen breitete er sie vor Dr. Plattner aus.

»Mein Beweis!« sagte er heiser. »Der Grundriß der Klinik, in der Helga starb! Mit Rotstift habe ich den Weg eingezeichnet, den sie gegangen ist . . . von der Straße, durch die kleine Pforte, durch den Garten, über den Hof, vorbei am Labor Bornholms zu der Kellertür, durch die Keller zum Lastenaufzug bis zum OP, wo sie geschlachtet wurde.« Sein Kopf sank auf die Brust. Röchelndes Stöhnen begleitete seine Worte. »Geschlachtet wie ein Stück Vieh.«

Dr. Plattner starrte auf die Planzeichnung und auf den roten Weg ... eine Linie, die wie ein Blutfaden durch das Haus lief und in einem Raum endete, in dem eingetragen stand: Leichenkeller. Ein leiser Schauer durchlief ihn. Er setzte sich wieder.

»So kann es gewesen sein«, sagte er mit belegter Stimme.

»So war es!« schrie Bruno Herwarth. »Anders war es gar nicht möglich! Das ist Logik, bewiesen in einem Plan ... das ist so unwiderlegbar wie zwei mal zwei vier ist! Und ich habe es Bornholm selbst gesagt!«

Dr. Plattner schnellte hoch. »Sie haben Bornholm diese Zeichnung –«

»Ich habe sie ihm unter die Nase gehalten. Jawohl!«

»Und? Was sagte er?«

»Er lachte! Er nannte mich einen Narren!«

»Das waren Sie auch! Jetzt ist er gewarnt!«

»Ich wollte sein Gesicht sehen ... seine Augen. In seinen Augen mußte die Schuld hochschnellen, wenn er diesen Plan sah ... Und ich habe seine Augen gesehen ... sie waren voller Angst ... und wenn er auch lachte ... er hat Angst, hündische Angst vor mir ... Und die wird ihn ins Verderben stürzen ... Nichts frißt an einem Schuldigen mehr als die Angst ... Ich habe Zeit ... ich warte auf einen Fehler, den er macht ... Und er wird diesen Fehler machen.«

»Ich habe keine Zeit ... darin unterscheiden wir uns, Herr Herwarth. Ich muß handeln, weil meine Klientin unschuldig im Zuchthaus sitzt und kein Tag, den sie dort hinter Gittern verbringt, ihr wiedergegeben werden kann! Und je mehr Zeit verrinnt, um so schwerer wird es sein, die Spuren wieder aufzurollen!« Dr. Plattner streckte den Arm aus. »Überlassen Sie mir den Plan, Herr Herwarth.«

»Mein wertvollstes Stück? Nein! Ich werde Ihnen eine Kopie davon anfertigen.«

Nach zwei Stunden hatte Dr. Plattner die Kopie des Klinikgrundrisses.

Er fuhr sofort mit ihr hinaus zu den großen Krankenanstalten.

Nur langsam, in Intervallen, kehrte das Bewußtsein bei Erika Werner zurück. Wenn sie die Augen aufschlug und fragend um sich schaute, hatte Dr. Rumholtz das Gefühl, daß sie sich wundere, überhaupt noch zu leben. Dieses Bewußtsein, nicht der Welt entflohen zu sein, mußte sie jedesmal so erschüttern, daß sie wieder in die Ohnmacht zurückfiel.

Sie wollte nicht mehr leben, das war es. Ihre Welt war verraten worden, und sie hatte sich gerächt, indem sie die Wahrheit hinausgeschrien hatte. Danach gab es nichts mehr, was wert gewesen wäre, ihrem Leben einen Sinn zu geben.

Dr. Rumholtz erkannte sehr wohl diese innere Not Erikas. Daß er ihr nicht helfen konnte, war ihm schrecklich und zehrte an seinen Nerven.

Er tat als Arzt, was er tun konnte. Er setzte ihr einen Dauertropf an mit Vitaminen und kräftigenden Lösungen, er injizierte Herzstärkungsmittel, er hielt den Blutkreislauf immer in Fluß, er unterstützte die Nerven ... aber es waren alles nur äußerliche Reize, ein gewaltsames Zwingen des Körpermechanismus, die Arbeit weiterzutun. An Erikas Seele kam er nicht heran ... sie hüllte sich in Bewußtlosigkeit ein, so wie eine Seidenraupe sich in ihren Kokon verspinnt.

Einmal nur, nach vier Tagen, blieb sie eine längere Zeit in der Welt. Sie sah Dr. Rumholtz aus großen, leeren Augen an und flüsterte:

»Warum laßt ihr mich nicht sterben ...«

»Weil's noch zu früh ist ...«

»Was macht Alf?«

Dr. Rumholtz verkrampfte die Hände hinter dem Rücken. Sie denkt an Bornholm, durchzuckte es ihn. Und es tat ihm weh.

»Ich weiß es nicht.«

»Ihr habt ihn verhaftet?«

»Nein!«

»Warum hat er das getan ... warum«? flüsterte sie. Sie starrte an die Decke. Die Sonne schien, und das Gitter vor dem Fenster wurde als riesengroßer Schatten an die Decke geworfen. »Warum?« wiederholte sie ganz leise.

»Weil er ein Schwein ist!« sagte Dr. Rumholtz laut. Er konnte es nicht mehr zurückhalten. Er wäre daran erstickt.

Als er Erika Werner ansah, war sie wieder in die Bewußtlosigkeit zurückgeglitten.

Zunächst umkreiste Dr. Plattner die Klinik Professor Rahtenaus wie ein Fremder, der sich ein Bild von dem Ausmaß des Krankenhauskomplexes machen will.

Er fand nach kurzem Suchen auch die kleine Pforte, die Bruno Herwarth als Helgas Eingang im Grundriß rot umrändert hatte. Eine alte, wacklige Tür, einige Jahrzehnte alt und nie beachtet oder gepflegt oder erneuert. Ein Feldweg führte an ihr vorbei, fernab jeden Verkehrs.

Dr. Plattner drückte gegen das alte Holz. Knarrend ging die Tür auf. Einen Augenblick zögerte er, dann trat er in den Krankenhausgarten. Ein hoher Rotdornbusch verdeckte die Tür zu dem Weg hin, der gewunden um einige Rasenstücke und Beete zu den

Gebäuden führte. Das mochte auch der Grund sein, warum niemand mehr an die alte Tür dachte und sie unverschlossen durch die Jahre träumte.

Langsam ging Dr. Plattner der Ersten Chirurgischen Klinik zu. Links zogen sich die Isolierstationen hin, rechts lag inmitten verwilderter Büsche ein flacher Ziegelbau mit blinden Fenstern und verrosteten Gittern.

Labor Dr. Bornholm, hatte Bruno Herwarth in den Plan eingetragen. Dr. Plattner blieb stehen.

Hier also hatte er gearbeitet, dachte er. Die Blutforschungen, die Untersuchungen mit den Affen und Ratten, Meerschweinchen und Kaninchen. Weltruhm in einer verfallenden Baracke.

Einige Ärzte und Schwestern gingen an Dr. Plattner vorbei. Sie beachteten ihn gar nicht. Sie sahen in ihm einen Besucher, der im Garten spazierenging.

Es ist also lächerlich einfach, in die Klinik zu kommen, dachte Dr. Plattner. Wer einmal im Garten ist, kommt auch ins Haus. Er entfaltete den Plan und ging der roten Linie nach. Vorbei an dem Labor, über einen schmutzigen Hof, zu einer Tür, die in einen Fahrradkeller führte. Sie war jetzt offen, aber nachts würde sie sicherlich geschlossen werden. Nichts aber war einfacher, als sie wieder aufzuschließen, zumal es sich um ein allgemeines Kastenschloß handelte, zu dem jeder dritte normale Schlüssel paßte.

Dr. Plattner prägte sich noch einmal den im Grundriß eingezeichneten Weg ein, ehe er den Plan zusammenfaltete und in die Innentasche des Rockes steckte. Dann ging er in den Fahrradkeller und schritt den Weg nach, den Helga Herwarth in der Nacht – wahrscheinlich an der Hand Bornholms – in den Tod gegangen war.

Er kam durch zwei andere Keller, dann in einen großen Raum, dessen Rückwand die große Tür des Lastenaufzuges bildete. Dieser große Raum war eine Art Drehscheibe des Kellers. Hier kam alles zusammen, was von oben aus dem Haus nach unten geschafft wurde, und wurde hier durch die abzweigenden Gänge verteilt. Auch die Toten ... irgendwo, einen Gang entlang, mußte der Leichenkeller sein.

Dr. Plattner zog die Schultern hoch, drückte auf den Bereitschaftsknopf des Aufzuges und wartete.

Hinter der großen Eisentür summte und polterte es. Dann ging ein Ruck durch die Wand, der Signalknopf erlosch. Dr. Plattner faßte die Klinke an und zog die Tür auf. Erleuchtet stand der große und breite Lastenfahrstuhl vor ihm. Zwei fahrbare Betten standen an der Hinterwand. Dr. Plattner ahnte, daß mit ihnen die Toten weggefahren wurden.

Er zog die Tür hinter sich zu und drückte auf den Knopf zwei. Summend fuhr er nach oben, es ruckte wieder ... mit der Hand drückte er die Tür auf und stand im Flur des zweiten Stockwerkes, der OP-Station.

Im Flur unterhielten sich einige Ärzte in langen Operationsmänteln und den runden OP-Kappen, als aus dem Lastenfahrstuhl der fremde Zivilist ausstieg und sich interessiert umsah.

»Wer ist denn das?« fragte einer der Ärzte und sah zu Dr. Plattner hin.

»Ein Verirrter!« Der 2. Oberarzt löste sich aus der Gruppe und kam auf Plattner zu. »Kann ich Ihnen helfen?« fragt er. »Sie haben sicherlich den falschen Aufzug benutzt. Zu welcher Station wollten Sie?«

»Zur Endstation!«

»Wie bitte?«

»Gestatten: Dr. Plattner.«

»Ah, ein Kollege?«

»Nein ... Das heißt, ja. Sie flicken Leiber, ich flicke am Gesetz herum.« Dr. Plattner lächelte wieder sein entwaffnendes Jungenlächeln. »Nein, nein!« sagte er, als er bemerkte, wie der 2. Oberarzt sich hilflos umsah. »Ich komme nicht aus der Psychiatrie! Ich bin völlig normal! Ich bin Rechtsanwalt und vertrete Ihre arme Kollegin Doktor Erika Werner.«

Der 2. Oberarzt machte ein saures Gesicht. »Das war vielleicht ein Skandal. Hätten wir der netten Kleinen nie zugetraut.«

»Das ist nett. Sie war's auch nicht!«

Dr. Plattner grüßte freundlich und ließ den verblüfften Oberarzt stehen. An den verstummenden anderen Operateuren vorbei ging er forschen Schrittes aus dem OP-Trakt zum Treppenhaus, hinein in ein hin und her hastendes Leben. Es war Besuchszeit, und zu allen Zimmern und über alle Flure eilten die Verwandten und Freunde.

Dr. Plattner lehnte sich an die riesige Säule, die das Treppenhaus vom Dach bis zur Eingangshalle hielt und entfaltete wieder seinen Plan.

Also vom OP ging es wieder rückwärts, dachte er. Mit dem Aufzug hinab in den Leichenkeller. Dort bildete sie dann das große Rätsel: Wie kommt eine unbekannte, in der Aufnahme nicht eingetragene Tote ins Haus?!

Eines stellte sich jedenfalls als völlig unmöglich heraus: Die Aussage Erika Werners, daß die Sterbende plötzlich bei ihr ans Zimmer geklopft habe! Um zu der Wachstation zu kommen, in der sich Dr. Erika Werner in jener Nacht aufhielt, hätte Helga Herwarth eine vorzügliche Kennerin der Klinik sein müssen. Außerdem wäre sie dann von den Nachtdiensten mehrfach gesehen und sicherlich angesprochen worden. Helga Herwarth aber war nie in der Klinik gewesen! Nur der kürzeste und unsichtbarste Weg ... Keller – Aufzug – OP-Trakt und zurück ... war der richtige, und ihn konnte Helga Herwarth nur mit fremder Hilfe gegangen sein! Das war so zwingend logisch, daß allein dies genügen sollte, eine Wiederaufnahme durchzusetzen.

Er steckte seinen Plan wieder ein und hielt eine Ordensschwester an, die mit einem Spritzentablett an ihm vorbeirauschte.

»Wo kann ich die Schwester Oberin sprechen, Schwester?«

»Im Parterre. Zimmer vierzehn. Aber ich glaube nicht ...«

Dr. Plattner hörte sich nicht an, was nicht geglaubt wurde ... er rannte die Treppen hinab, suchte im Seitenflur der Eingangshalle das Zimmer vierzehn und klopfte an. Bevor er eine Antwort erhielt, trat er ein und fand die Oberin hinter einem Schreibtisch sitzen. Sie telefonierte. Verwundert musterte sie den jungen Mann durch ihre dicken Brillengläser.

»Rechtsanwalt Doktor Plattner«, stellte sich Plattner vor.

Seine Worte hatten eine verblüffende Wirkung. Die Oberin sagte ins Telefon: »Danke. Durch einen Zufall erübrigt sich mein Anruf. Schönen Dank!« und legte den Hörer zurück. »Sie sind wirklicher Rechtsanwalt?« fragte sie streng. Dr. Plattner nickte verlegen.

»Ja. Natürlich! Langestraße zwölf ist meine Praxis. Zugelassen auch zum Landgericht. Darf ich fragen ...«

»Ich brauche Sie, Herr Doktor.« Die Gestalt in der weit wallenden schwarzen Haube erhob sich hinter dem Schreibtisch. »Ich telefonierte gerade nach einem Anwalt. Ich brauche sofort einen. Unsere Schwester Lutetia ist sehr schlecht dran ... und sie verlangt neben einem Pfarrer auch nach einem Rechtsanwalt. Warum, das weiß ich nicht. Aber es ist vielleicht der letzte Wunsch der guten Lutetia.«

»Vielleicht ein Testament?«

»Nein! Ihre Habe gehört dem Orden. Sie ist sehr unruhig. Können Sie gleich mitkommen? Wir können uns dann später darüber unterhalten, was Sie zu mir führte.«

»Ich stehe ganz zu Ihren Diensten, Schwester Oberin.«

Die schwarze Gestalt wandelte an Dr. Plattner vorbei zur Tür. Bevor die Oberin sie aufklinkte, wandte sie sich noch einmal um.

»Sie werden jetzt eine Ordensschwester ohne Haube und im Bett sehen«, sagte sie streng. »Das ist nur durch den Letzten Willen der Sterbenden bedingt, und ich betrachte Sie als eine Amtsperson. Es ist sonst verboten.«

»Ich weiß, Schwester Oberin.« Dr. Plattner biß sich auf die Unterlippe. Irgendwie war er erregt. Daß eine sterbende Schwester nach einem Rechtsanwalt verlangte, war ungewöhnlich.

Sie gingen den Gang entlang bis zum Ende. Dort hing an einer Zimmertür ein Schild. Eintritt verboten! In einem Korbsessel, der in einer Nische des Flures stand, saß eine Schwester in weißer Haube. Ein Wächter vor dem Zimmer, in dem bereits der Tod am Bett saß.

Leise öffnete die Oberin die Tür. Fast auf Zehenspitzen trat Dr. Plattner ein. Um ein Bett, das mit einem weißbespannten Schirm gegen die Tür unsichtbar gemacht war, saßen vier andere Schwestern und beteten. Sie sahen nicht von ihren Gebetbüchern auf, als die Oberin und Dr. Plattner eintraten. Als der Rechtsanwalt um die weiße Wand sah, erschrak er. In den Kissen lag eine gelbliche Mumie, mit offenen Augen, schlohweißem, schütterem Haar und Armen und Händen, die einem mit Haut überzogenen Gerippe glichen.

»Der Rechtsanwalt, Schwester Lutetia«, sagte die Oberin sanft. »Sollen wir dich allein lassen?«

»Bitte«, wehte es aus den Kissen her. Brüchig, zitternd, aber deutlich vernehmbar.

Die betenden Schwestern gingen hinaus. Die Oberin schob Dr. Plattner einen Stuhl ans Bett und deutete auf einen Tisch hinter ihm an der Wand.

»Dort finden Sie Papier und einen Kugelschreiber. Wenn Sie fertig sind, läuten Sie bitte.«

Dr. Plattner wartete, bis die Tür zugezogen war. Dann beugte er sich zu der Sterbenden vor und sah ihr in das Mumiengesicht.

»Sie wollten etwas sagen, Schwester?« fragte er leise. Ihn erschütterte der Anblick dieses vergehenden Menschen ungemein. Wie werde ich einmal sterben, dachte er plötzlich. Welch ein Segen, daß man das nicht vorher weiß.

Schwester Lutetia richtete die großen Augen auf ihn.

»Sie sind Rechtsanwalt?« fragte sie.

»Ja, Schwester. Zwar noch ein junger ... aber Sie können volles Vertrauen haben.«

»Ich habe eine Aussage zu machen ... eine große Aussage. Und ich möchte mit dieser Last auf dem Herzen nicht sterben. Ich werde es auch dem Pfarrer sagen. Ob Gott es mir verzeihen wird?«

»So schwer kann es nicht sein, Schwester.« Dr. Plattner hatte einen Kloß im Hals. »Wenn ich Ihnen helfen kann —«

»Sie können es.« Schwester Lutetias Augen wurden noch weiter. Ihre schmalen, blutleeren Lippen zuckten. »Ich habe einen Schuldigen gedeckt ... ich habe ihn nicht verraten ... ich habe mit angesehen, wie ein Unschuldiger verurteilt wurde ... und ich habe geschwiegen.«

Dr. Plattner fühlte es unter seiner Hirnschale glühendheiß

werden. Er umklammerte den Kugelschreiber, als sei er aus schwerem Blei und rutsche aus seinen Fingern.

»Das ... das ist doch nicht möglich, Schwester«, sagte er heiser vor Erregung.

»Doch! Mich hatte niemand gefragt ... und da habe ich geschwiegen. Das ist meine große Schuld.«

»Und ... wann war das?«

»Vor etwa eineinhalb Jahren ... Hier im Haus ... Es ... es ging um Doktor Bornholm.«

»Das ist doch nicht möglich«, stotterte Dr. Plattner.

Die Sterbende starrte an die Decke. Ihr Mumiengesicht zuckte. Unruhig fuhren ihre Skeletthände über die Bettdecke.

»Es war in der Nacht. Ich habe Doktor Bornholm gesehen ... Ich ... ich will Ihnen alles erzählen, Herr Rechtsanwalt.«

Eine dumpfe Stille lag in dem kleinen Raum. Draußen vor der Tür, auf dem Gang, beteten die Schwestern um das Seelenheil der Sterbenden. Dr. Plattner starrte in das faltige Gesicht mit der pergamentenen Haut. Hier lag der Unschuldsbeweis Dr. Erika Werners ... und er starb. Wenn Schwester Lutetia nicht mehr die Kraft besaß, alles zu erzählen und hinterher ihre Aussage zu unterschreiben, würde die Wahrheit mit ihr sterben.

Dr. Plattner beugte sich zu der Sterbenden vor.

»Bitte, sprechen Sie, Schwester«, sagte er leise, aber eindringlich. »Sie retten einen Menschen damit.«

»Ich hatte keinen Nachtdienst«, sagte Schwester Lutetia. Sie starrte beim Sprechen an die weiße Decke, dann wanderte ihr Blick zur Wand, wo über dem Tisch ein holzgeschnitztes Kruzifix hing. »Als ich schon im Bett lag, fiel mir ein, daß ich im Labor den Giftschrank nicht abgeschlossen hatte. Seit dreißig Jahren habe ich jeden Abend den Schrank abgeschlossen ... nur an diesem Abend nicht. Ich hatte große Angst, man könne es merken. Da stand ich auf und ging hinunter zum Labor.«

Rechtsanwalt Dr. Plattner schrieb es Wort für Wort mit. Er konnte es in deutlicher Schrift tun, denn Schwester Lutetia sprach langsam, stockend, oft sich unterbrechend und nach Atem ringend.

»Bitte weiter«, sagte Dr. Plattner leise. Er sah mit Sorge auf die verfallenden Züge der Sterbenden.

»Als ich zum Labor ging, sah ich aus dem Fenster. Da lief ein Mann mit einem Mädchen an der Hand durch den Garten, auf die Hintertür zum Keller zu. Ich stellte mich in eine Nische des Ganges, ganz in den Schatten. Kurz darauf kam der Mann durch den Gang gelaufen, das Mädchen immer noch an der Hand. Ich erkannte ihn, als er am Fenster vorbeiging. Es war unser Oberarzt Doktor Bornholm.«

Der Kugelschreiber in Dr. Plattners Hand wurde wie ein Zentnerblock. »Bitte, Schwester ... wiederholen Sie das noch einmal.«

»Es war unser Oberarzt Dr. Bornholm. Ich erkannte ihn genau.«

Plattner schrieb die doppelte Aussage mit, aus Sicherheit gegen das Argument, die Aussage und die Nennung des Namens sei aus einer plötzlichen Geistesverwirrung entstanden.

»Weiter, Schwester«, sagte er leise.

»Weiter nichts, Herr Rechtsanwalt. Das Mädchen war die Tote, die wir später im Eiskeller fanden. Das Mädchen, das Doktor Erika Werner getötet haben sollte. Ich habe Doktor Bornholm auch nicht gehen sehen ... ich bin nach dem Abschließen des Giftschrankes sofort wieder zurück in die Klausur und in mein Bett. Ich habe mir damals nichts dabei gedacht. Ärzte sind manchmal so ... wissen Sie ... heimlich, mit Mädchen. Aber am nächsten Morgen, als man die Tote fand ...« Schwester Lutetia starrte auf das holzgeschnitzte Kruzifix. »Das ist meine Schuld«, flüsterte sie. »Meine große Schuld ... ich habe geschwiegen ... Ob Gott mir das verzeiht? Ich habe solche Angst vor Gott.«

Dr. Plattner erhob sich und deckte den Mumienkörper wieder zu. Schwester Lutetia hatte sich während des Redens aufgedeckt. »Gott hat andere Sünder als Sie, Schwester. Er wird darüber lächeln, glauben Sie mir.« Er setzte sich auf die Bettkante und breitete den beschriebenen Bogen Papier auf der Bettdecke aus. »Ich lese Ihnen jetzt vor, was Sie erzählt haben, Schwester. Und dann unterschreiben Sie es.«

»Ja!« sagte die Sterbende und starrte auf das Kruzifix.

Langsam las Dr. Plattner Wort für Wort vor. Eindringlich, damit der Sinn der Worte das weggleitende Bewußtsein noch erreichte. Als er zu Ende war, lag Schwester Lutetia mit geschlossenen Augen da. Ein heftiger Schrecken durchfuhr Dr. Plattner.

»Schwester!« rief er und beugte sich über das verrunzelte Gesicht. »Schwester ... hören Sie?!«

»Ich höre alles.« Es war wie ein Hauch. »Ja, das habe ich gesagt. Ich unterschreibe.

»Sofort!«

Dr. Plattner rannte zur Tür und riß sie auf. Auf dem Flur stand die Oberin wie eine Wächterin. Am Fenster, gegenüber der Tür, standen drei weitere Schwestern und beteten aus dem Gebetbuch die Sterbebitten.

»Kommen Sie bitte herein!« sagte Dr. Plattner und trat aus der Tür. Er wartete, bis die Schwestern in das Zimmer gegangen waren und schloß dann wieder die Tür. »Bitte, überzeugen Sie sich, daß Schwester Lutetia noch bei vollem Bewußtsein ist und alles weiß, was sie sagt. Sie möchte eine Aussage unterschreiben, und Sie bitte ich als Zeugen gegenzuzeichnen.«

Die Oberin sah verwundert auf die Sterbende. Aber sie fragte nicht. Einen Anwalt und einen Pfarrer hatte Schwester Lutetia verlangt. Damit würde sie mit Gott ins reine kommen.

»Ich bin bei vollem Verstand«, sagte die Sterbende mit letzter Kraftanstrengung. Ihre Stimme klang hohl in die Stille hinein.

»Wir sehen es, Schwester.« Die Oberin nickte gütig.

Dr. Plattner schob das Blatt mit der Aussage zu Schwester Lutetia hin. Zwei der Schwestern stützten sie. Mit zitternden Fingern nahm sie den Kugelschreiber und setzte ihren Namen unter das Dokument. Dann unterschrieben die Oberin und die drei anderen Ordensfrauen.

»Ich danke Ihnen«, sagte Dr. Plattner erschüttert. Er gab der Sterbenden die Hand. Sie umklammerte seine Finger.

»Machen Sie alles wieder gut«, sagte sie kaum hörbar.

»Das verspreche ich Ihnen.«

Mit einem Seufzer sank Schwester Lutetia zurück.

»Und jetzt den Pfarrer«, sagte sie röchelnd.

»Er wartet schon.«

Leise verließ Dr. Plattner das Krankenzimmer. Auf dem Flur begegnete er dem Pfarrer mit der Stola und einem Meßjungen, der ein großes Kruzifix trug.

Der Erste Staatsanwalt war ein wenig ungehalten, daß das Hausmädchen wieder nach dem Mittagessen, in der Stunde, in der er seinen Kaffee zu sich nahm, die Zeitung las und mit seiner Frau alltägliche Sorgen austauschte, einen Besucher anmeldete. Nur, weil es Dr. Plattner war, der Sohn des Bundesbruders, reagierte der Erste Staatsanwalt nicht sauer, sondern ließ Dr. Plattner bitten, die freie Stunde zu stören.

»Kommen Sie mir nicht mit der dummen Wiederaufnahme des Falles Werner!« rief er gleich, als Plattner ins Wohnzimmer trat und der Frau des Staatsanwaltes die Hand küßte. »Die Sache ist abgeschlossen, ein Antrag auf Strafnachlaß läuft, und er läuft gut und erfolgreich, so daß Fräulein Werner in vier bis fünf Monaten wieder ein freier Mensch sein wird! Was wollen Sie mehr?!«

»Gerechtigkeit!«

»Also doch Fall Werner! Ich wußte es!« Der Erste Staatsanwalt ließ sich in seinen Sessel fallen. »Mit so etwas vermasseln Sie mir meine Mittagsruhe?! Ich habe Ihnen alles gesagt, was ich weiß und was ich tun kann! Nichts! Was soll ich mehr tun?!«

»Lesen.«

»Wie bitte?«

»Nur lesen. Sonst nichts. Nach zehn Minuten wollen wir uns

dann weiter unterhalten, und ich glaube, es wird auf einer anderen Basis geschehen«

Dr. Plattner nahm den zusammengefalteten Bogen mit der Aussage Schwester Lutetias aus der Rocktasche und reichte ihn an den Ersten Staatsanwalt weiter. Mißtrauisch betrachtete dieser das Papier. Dann faltete er das Papier auseinander und setzte seine Lesebrille auf. Laut begann er:

»Eidesstattliche Erklärung der Schwester Lutetia vom Orden der . . .«

Er blickte auf und schob die Brille hoch auf die Stirn.

»Was soll das? Wir haben damals alle Schwestern vernommen! Wer ist diese Schwester Lutetia?«

»Eine alte Schwester der Klinik, die vor einer Stunde gestorben ist.«

»Gestor ...« Der Erste Staatsanwalt ließ das Papier sinken. »Sie präsentieren mir einen toten Zeugen? Was soll der Unsinn, Herr Doktor?!«

»Lesen Sie bitte weiter. Natürlich war sie noch nicht tot, als sie die Aussage machte...«

Der Erste Staatsanwalt sparte sich das Lächeln, das fällig war. Auf solch dumme Witze reagierte ein höherer Beamter nicht. Er zog das Papier wieder an die Augen, ließ die Brille auf die Nase zurückfallen und las stumm weiter. Er las ganz langsam und merkte nicht, wie sein Gesicht rot wurde und seine Lippen zu zittern begannen. Dr. Plattner beobachtete ihn genau. Blutdruck jetzt zweihundertzwanzig, dachte er. Hoffentlich platzt er nicht. Auch die Frau des Staatsanwaltes bemerkte die Änderung im Gesicht des Mannes. Sie ging an den Wandschrank und holte eine Flasche Cognac hervor. Wer über zwanzig Jahre verheiratet ist, kennt die Gegengifte.

»Das haben Sie gut hingekriegt, Plattner!«

Der Erste Staatsanwalt ließ das Papier sinken. Er nickte seiner Frau zu, die mit dem Cognac neben ihm stand. »Dem Doktor einen ... er hat eine Meisterleistung vollbracht.«

»Es war purer Zufall. Wäre ich am nächsten Tag gekommen oder nur zwei Stunden später —«

»Aber Sie waren da ... das ist wichtig!« Er nahm ein Glas Cognac und kippte ihn hinunter. »Ich glaube, wir brauchen gar nicht mehr lange zu fragen. Es reicht für eine Wiederaufnahme. Gratuliere. Nach diesem Prozeß dürften Sie umziehen und sich größere Praxisräume suchen. Sie werden einen rasanten Zulauf haben. Es freut mich für Sie, Herr Plattner.«

»Darf ich bitten, die Wiederaufnahme so schnell wie möglich anzusetzen? Jeder Tag ist ein Tag, an dem meine Mandantin unschuldig im Zuchthaus sitzt. Und jeder Tag kostet dem Staat später eine dicke Entschädigung ...«

In Hochstimmung ging Dr. Plattner nach Hause. In der Praxis war nicht viel los. Die junge Sekretärin hatte zwei neue Fälle aufgenommen. Sie wollten morgen wiederkommen. Eine Schadenersatzklage von zweihundertfünfzig Mark und eine Ehescheidung, weil der Ehemann keine Nudeln mochte und sie gegen die Wand warf.

»Gehen Sie nach Hause«, sagte Dr. Plattner zu der Sekretärin. »Wir machen heute vorzeitig zu. Ich brauche Ruhe.«

Die Ruhe sah so aus, daß sich Plattner eine Flasche Sekt gönnte und Dr. Rumholtz anrief.

»Peter«, sagte er, schon mit schwerer Zunge. »Nimm schnell einen Spiegel.«

»Idiot! Bist du besoffen?!« Die Stimme Dr. Rumholtz' war böse. »Du solltest dich mehr um Erika kümmern, als dich vollaufen zu lassen.«

»Nimm einen Spiegel! Hast du?! Bitte, nimm ihn. Hast du«?

»Ja doch.«

»Sieh hinein.«

»Idiot, du!«

»Sieh hinein. Bitte! Und jetzt, während du hineinsiehst und dein Schafsgesicht dir entgegenschreit, beobachte die Veränderung deiner Visage. In vierzehn Tagen ist die Wiederaufnahme —«

»Hermann!« schrie Dr. Rumholtz. Plattner hörte es durch das Telefon klirren.

»Ist der Spiegel hin?« fragte er lallend.

»Ich habe die Faust hineingeschlagen! Hermann! Bist du besoffen?! Was sagst du? Die Wiederaufnahme? Du hast es erreicht ... du hast ...«

»Ich habe den Beweis, den eindeutigen Beweis.«

»Hermann!«

Aber Dr. Plattner hörte nicht mehr. Er ließ den Hörer aus der Hand fallen und legte den Kopf zurück auf die Couchlehne. Schlecht war ihm, sauschlecht. Der Sekt und der Cognac tanzten in seinem Hirn einen Höllentanz.

Als Dr. Rumholtz in die Wohnung Plattners stürmte, fand er den Freund schlafend auf der Couch, mit offenem Mund laut schnarchend.

Er rüttelte ihn, er gab ihm eine Ernüchterungsinjektion. Aber Dr. Plattner wachte nicht auf. Erst gegen Mitternacht war er so weit klar, daß er berichten konnte.

Mit der Post, die Chefarzt Professor Dr. Bornholm an diesem Morgen von seinem Sekretariat vorgelegt bekam und die er vor der Chefvisite genau durchlas und mit Anmerkungen versah, ehe sie zurück zum Sekretariat oder zu den anderen Abteilungen lief, war auch ein Schreiben gekommen, das Bornholm mit einem eisigen Herzstich aufnahm.

Der Oberstaatsanwalt.

Eine Vorladung.

»Sie werden gebeten, am kommenden Donnerstag, den ...«

Professor Bornholm legte das Schreiben hin und stützte den Kopf in beide Hände. Er machte sich keine Illusionen darüber, was es bedeutete. Es war keine Routineaussprache mehr ... nicht nach zwei Jahren. Es war ein Erfolg dieses jungen Anwaltes, der Mißtrauen gesät hatte.

An mehr dachte Bornholm nicht. Es gab keine Beweise ... das war für ihn unumstößlich. Nur Erika selbst konnte sprechen, und sie würde schweigen. Immerhin war es unangenehm, vor den Behörden seine Unschuld beteuern zu müssen.

Bornholm legte die Vorladung in seine Privatbriefmappe. Dann nahm er seinen großen Terminkalender und notierte sich für den nächsten Tag: 10 Uhr, Besprechung mit Rechtsanwalt Dr. Kaulen. Verleumdungsklage gegen Dr. Plattner einreichen. – 13 Uhr Besprechung mit Schwiegervater. – 15 Uhr Besuch von Erika ...

Zufrieden, aber noch nicht völlig beruhigt lehnte er sich zurück. Seine Gegenmaßnahmen schienen ihm wirkungsvoll zu sein. Da niemand einen Beweis hatte, konnte er diesen jungen Anwalt durch eine Klage lächerlich machen. Mit Erika wollte er noch einmal sprechen und ihr erklären, warum er Petra Rahtenau geheiratet hatte. Er nahm an, daß sie es erfahren hatte. Dafür hatte schon dieser widerliche Zuchthausarzt gesorgt.

Nach einem kurzen Zögern rief er den Zuchthausdirektor an. Er suchte nach einem Grund für eine Sonderbesuchsgenehmigung, als sich schon die Stimme des Oberregierungsrates meldete.

Es ging schneller und glatter, als es Bornholm erwartet hatte. Die Genehmigung wurde sofort erteilt. »Aber natürlich, Herr Professor!« sagte der Zuchthausdirektor verbindlich. »Allerdings nur fünfzehn Minuten.«

»Ich bin Ihnen für jede Minute dankbar, Herr Oberregierungsrat.«

»Also dann bis morgen, um 15 Uhr, Herr Professor.«

»Bis morgen.«

Kaum hatte Bornholm aufgelegt, schellte der Zuchthausdirektor zum Revier durch.

»Er kommt, Doktor!« sagte er. »Sie haben recht gehabt. Er will retten, was zu retten ist!«

»Er wird sich wundern!« Die Stimme Dr. Rumholtz' klang nach Kampfeslust. »Wir werden alles vorbereiten!«

»Wie geht es denn der kleinen Werner?«

»Besser. Sie hat die Krisis überwunden. Aber sie spricht kaum. ›Ich will nicht mehr‹, sagte sie immer, wenn ich an ihrem Bett sitze. Die Welt, für die sie lebte, ist zusammengebrochen, und sie hat keinen Ersatz für sie ...«

»Noch nicht ..! Warum sagen Sie ihr nicht, daß Sie ...«

»Um Gottes willen! Das wäre jetzt völlig falsch. Vielleicht, wenn Bornholm morgen wieder fort ist ... es wird der letzte Anstoß sein ...«

»Glauben Sie? Und wenn er sie wieder einwickelt mit seinem verteufelten Charme?«

»Das kann er nicht mehr. Bei Erika ist innerlich alles gestorben. Er wird gegen eine glatte weiße Wand sprechen.«

»Wer kennt sich bei den Frauen aus, Doktor ...«

»Niemand! Aber so viel weiß ich: Wenn eine Frau haßt, dann ist das das Glühendste, wozu ein Mensch fähig ist.«

Wenig später saß Dr. Rumholtz wieder am Bett Erikas. Man hatte den Verband von ihrem Kopf genommen, eine Zuchthäuslerin, die einmal Friseuse gewesen war, hatte ihr die Haare geschnitten und mit einer alten Brennschere onduliert.

Katharina Pleuel hatte dies völlig aus der Bahn geworfen. Mit Jule Blauberg und Berta Herkenrath zusammen saß sie in der Hauptwache und konnte sich nicht beruhigen.

»Ondulieren!« schimpfte sie. »Locken um das schmale Engelsköpfchen! Im Zuchthaus! Sind wir hier ein Schönheitssanatorium?! Nur, weil man glaubt, sie sei unschuldig Nur, weil sie schmelzende Blicke werfen kann! Die Männer sind doch alle gleich!«

Dr. Rumholtz fühlte den Puls und maß den Blutdruck. Erika beobachtete ihn, wie er den Gummiball drückte und dann die Luft wieder langsam abließ. Aber er las das Manometer nicht ab. Er sah Erika an.

»Warum tun Sie das?« fragte sie schwach. »Heute messen Sie zum viertenmal den Blutdruck.«

»Ich muß doch einen Grund haben, bei Ihnen zu sitzen.« Dr. Rumholtz lächelte schwach und etwas verschämt. »Ich habe immer noch die Illusion, daß mein Anblick Sie dazu bewegen könnte, wieder an das Leben zu glauben.«

»Finden Sie sich so schön?«

Doktor Rumholtz rollte den Blutdruckmesser zusammen. Seine Hände zitterten leicht. »Daß Sie wieder so sarkastisch sein können, beweist mir, daß Ihnen die Umwelt doch nicht so gleichgültig ist, wie Sie immer tun.«

»Es gab Menschen, die unterm Galgen noch einen Witz erzählten.«

»Aber als der Strick sie hochzog, schrien sie nach Mutter und Gott!«

»Ich habe beides nicht mehr.«

»Es ist schrecklich, so etwas zu sagen. Besteht die Welt nur aus ein paar Begriffen? Ist sie nur Bornholm oder Liebe oder Trauer oder Haß oder Betrug?!«

»Sie ist alles ... ohne all dies wäre sie langweilig. Und ich habe nichts mehr von dem ... ich bin eine Schlacke ...«

»Aber das Leben besteht um Sie herum, Erika. Morgen wird es zu Ihnen kommen. Darum habe ich den Blutdruck gemessen. Sie müssen stark sein. Sie erhalten Besuch –«

»Alf«, sagte sie leise. Blässe überzog ihr Gesicht. In ihre großen Augen trat die nackte Angst. »Was .. was will er noch hier?«

»Anscheinend retten, was er noch kann. Er will Sie mit seinem lügnerischen Charme noch einmal zu Illusionen führen.«

»Ich will ihn nicht sehen!« sagte Erika Werner laut. »Verhindern Sie, daß er kommt! Ich bitte Sie.«

»Es wird nicht gehen, Erika. Wir haben darauf gewartet. Vielleicht ist es die einzige Möglichkeit, von ihm selbst sein Schuldbekenntnis zu hören. Es geht um Ihre Freiheit!«

»Was soll ich mit ihr?« Erika Werner starrte an Dr. Rumholtz vorbei auf das vergitterte Fenster der kleinen Krankenstube. »Was ist Freiheit? Was erwartet mich denn draußen?«

»Das Leben!«

»Ein schrecklicher Gedanke! Ich sehne mich so nach Ruhe und Vergessen ... Bitte, lassen Sie mich allein ... Ich will ihn nicht sehen ...«

Über eine Stunde sprach Dr. Rumholtz auf Erika Werner ein. Er rang verzweifelt um diese Begegnung, die für ihn mehr bedeutete als nur die Hoffnung, daß Dr. Bornholm aus seinem Panzer hervortrat. Für ihn, das wußte er, war diese letzte Begegnung ein Schritt zum Herzen Erikas. Erst, wenn sie sich völlig von Bornholm trennte, würde sie nach einer schweren Übergangszeit bereit sein, sich wieder für das Leben zu interessieren.

»Wie Sie wollen!« sagte Erika nach einer Stunde schwach. »Aber nicht hier ... nicht im Bett ... Ich werde aufstehen und ihm aufrecht entgegenkommen.«

»Das ist völlig unmöglich, Erika!«

»Er soll nicht wissen, daß ich seinetwegen –«

»Sie fühlen doch selbst, daß Ihr Zustand ...«

»Wenn ich ihm gegenüberstehe, werde ich die Kraft einer Löwin haben! Was nachher kommt ... er wird es nie sehen und erfahren. Aber er soll mich nicht schwach und elend im Bett sehen. Können Sie das nicht verstehen?«

»Ich darf es als Arzt nicht verstehen.«

»Und als Mensch?!«

Dr. Rumholtz erhob sich von Erikas Bett. Hilflos hob er die Schultern.

»Wir werden alles vorbereiten. Aber nur fünfzehn Minuten, Erika ... ich werde mit der Uhr hinter der Tür stehen!«

»So lange brauche ich nicht.« Sie versuchte zu lächeln, und es wurde doch nur ein Verzerren des Gesichtes. »Ich habe nicht viel zu sagen. Adieu ... das ist ein kurzes Wort.«

»Aber Bornholm wird reden wollen.«

»Er hat mir nichts mehr zu sagen ...«

Sie drehte den Kopf zur Wand. Leise verließ Dr. Rumholtz die Krankenzelle.

Gleich nach dem Mittagessen wurde die ehemalige Friseuse wieder aus Block III zum Lazarett abkommandiert.

Katharina Pleuel klapperte wild mit dem Schlüsselbund.

»Das gnädige Fräulein verlangt nach dir!« schrie sie die Zuchthäuslerin an. »Soweit sind wir schon ... Schönheitssalon hinter Gittern! Es ist mir eigentlich ein Rätsel, warum man euch nicht auch Männer zur Verfügung stellt! Wenn schon Luxus, dann richtig!« Sie schloß die Zelle ab und boxte das Mädchen in den Rücken. »Los, mach schon ... das Fräulein Doktor wird ungeduldig, wenn sie zu lange warten muß!«

Dr. Rumholtz hatte unterdessen aus der Stadt alles besorgt. Um nichts falsch zu machen, hatte er einen vollständigen Kosmetikkasten gekauft, ein Gedicht aus Lederkoffer und Seidenausschlag, gefüllt mit einer Batterie Fläschchen und Salbendosen, Puderquasten und Make-up-Schatullen, Parfümflacons und Lippen- und Augenbrauenstiften.

»Sie sind total verrückt!« sagte Erika Werner, als Dr. Rumholtz ihr diesen kleinen Kosmetiksalon servierte. »Warum tun Sie das eigentlich? Ich bin doch wie alle anderen hier eine Strafgefangene.«

»Sie sind unschuldig.«

»Vor dem Gesetz noch nicht.«

»Was geht mich in Ihrem Falle das Gesetz an, Erika? Kommen Sie, Sie müssen sich anziehen, sich ondulieren lassen, sich schminken ... in einer Stunde ist es soweit ...«

Erika nickte. Sie saß im Bett, schmal, blaß, eine Handvoll Mensch nur noch, fast wie ein zitterndes junges Vögelchen, das man im Nest vergessen hatte.

»Ich habe Angst«, sagte sie kläglich.

»Ich bin bei Ihnen, Erika. Ich stehe hinter der Tür des Besuchszimmers. Es kann gar nichts geschehen ...«

Dr. Rumholtz half ihr beim Aufstehen. Er stützte sie, als sie die ersten unsicheren, schwankenden Schritte durch die Krankenzelle machte. Mit den Füßen tastend, als gehe sie auf einem dünnen Seil und habe Angst, bei jedem Schritt in eine grundlose Tiefe abzustürzen.

Sie biß die Zähne zusammen. In ihrem Kopf kam ein Brummen auf, wurde stärker und stärker und quoll immer mehr, als wolle es den Kopf zersprengen.

»Es geht schon viel besser«, sagte sie, obwohl es vor ihren Augen flimmerte. »Noch ein paar Schritte ... und es ist wie früher ...«

Als sie den Stuhl vor dem Spiegel erreichte, war sie froh und ließ sich aufseufzend nieder. Katharina Pleuel wartete mit der Friseuse draußen auf dem Gang. Sie warf Dr. Rumholtz eindeutige Blicke des Mißfallens und der Verachtung zu, als er die Strafgefangene hereinholte.

»Wie lange dauert's?« fragte die Pleuel giftig.

»Vielleicht eine halbe Stunde ...«

»Mit Pediküre?«

Dr. Rumholtz warf die Tür zu. Klappernd hantierte die Friseuse mit den Brennscheren. Sie erhitzte sie über zwei Bunsenbrennern, die Dr. Rumholtz aus dem Behandlungszimmer mit Verlängerungsschläuchen in das Zimmer gelegt hatte.

»Sie müssen aussehen, als kämen Sie gerade von einer Modenschau«, sagte er zu Erika. Sie lächelte ihn durch den Spiegel müde an.

»Ich will mir Mühe geben, Doktor.«

Professor Dr. Alf Bornholm hatte sich ebenfalls sehr gründlich auf seinen Besuch vorbereitet. Noch einmal war er bemüht, den ganzen Charme seiner Person und seiner Klugheit aufzubieten, um Erika das Gelübde des Schweigens noch einmal abzuringen und seine Karriere damit zu retten.

Genau hatte er die Worte überlegt, die er sprechen wollte. Sie sollten zunächst eine Rechtfertigung seiner Ehe mit Petra Rahtenau werden, dann ein neuer Treueschwur und zuletzt ein Dank, der in goldenen Zukunftsaussichten schwelgte. Alles aber genau dosiert, denn Erika Werner war nicht mehr das kleine Mädchen, das er mit auf seine Hütte genommen hatte, sondern die Zuchthausmonate hatten sie durch eine Lebensschule geschleift, in der das Wort ›Illusion‹ in ›nackte Wahrheit‹ umgetauscht wurde.

Pünktlich um 15 Uhr meldete er sich bei der Zentralwache am großen, eisernen Tor des Zuchthauses. Man wußte bereits von der Direktion Bescheid. Ohne große Formalitäten – er brauchte nur einen Laufzettel auszufüllen, den er bei der Rückkehr wieder abgeben mußte – wurde er in den großen Gebäudekomplex hineingelassen. Von der Zentralwache holte ihn eine Oberaufseherin ab und führte ihn durch die Höfe zu dem Block, in dem das Zuchthauslazarett untergebracht war.

»Das Lazarett?« fragte Professor Dr. Bornholm, als er das Rote Kreuz über der Eingangstür sah. »Ist sie krank?«

»Nein! Aber das normale Sprechzimmer wird renoviert. Wir machen die Besuche jetzt alle im Lazarett.«

Er wurde durch einen weißen, vergitterten Gang geführt, eine Tür öffnete sich, ein kahler, weißgetünchter Raum mit zwei Türen, ein Tisch, zwei Stühle, ein ebenfalls vergittertes Fenster ... die ganze Trostlosigkeit des Ausgestoßenen überwältigte ihn wieder.

Hier zu leben, dachte er. Monate-, jahrelang ... ich würde verrückt werden. Ich würde mir den Kopf an diesen Mauern einrennen. Diese Stille würde mich irrsinnig machen.

Er setzte sich hinter den Tisch und sah sich um. Durch welche Tür würde Erika kommen? Die Oberaufseherin war draußen geblieben. Er war allein, wie ein Neueingelieferter. Jetzt sah er auch, daß die Türen von innen keine Klinken hatten. Und irgendwie war die Luft anders ... dünner, das Atmen wurde schwerer.

Professor Bornholm sprang auf, rannte an das Fenster und riß es auf. Gierig lehnte er den Kopf an die Gitter und atmete die frische Luft ein, die vom Hof in den Raum wehte.

»Man kann hier wirklich ersticken!« sagte eine Stimme hinter ihm. Bornholm wirbelte herum. Im Zimmer stand Erika, jung, blühend, hübsch wie ein frisch gemaltes Bild, von einer gereiften Schönheit, die Bornholm sprachlos machte und gleichzeitig verwirrte. Seine Erinnerung an Erika war anders ... jetzt sah er sie wieder, und es war ihm, als sei sie die schönste Frau, die er je gesehen hatte.

»Erika«, sagte er langsam und schluckte mehrmals. »Wie ... wie siehst du denn aus? Du siehst so gar nicht aus wie eine ...«

Er verschluckte das letzte Wort und kam vom Fenster auf sie zu. Daß keine Beamtin im Zimmer war, die ihr Gespräch und ihre Handlungen scharf beobachtete, daß sie völlig allein waren, bemerkte er gar nicht.

»Wie eine Zuchthäuslerin, wolltest du sagen, nicht wahr?« Erika blieb stehen ... der Tisch trennte sie. Mit großen Augen sah sie ihn an. Das war der Mann, den sie einmal über alles geliebt hatte, für den sie eine riesengroße Schuld auf sich nahm und drei Zuchthausjahre abdienen wollte, um zu seiner Liebe zurückzukehren.

Was war von dem allen übriggeblieben? Nichts! Sie spürte es jetzt. In ihrem Inneren war es tot. Keine Regung durchzog sie, als sie ihn ansah.

»Wie geht es deiner Frau?« fragte sie, ehe Bornholm etwas antworten konnte.

»Erika!« Bornholm hob beide Arme. Er war auf diese Frage vorbereitet. Wie ein Schauspieler bei seinem Stichwort ließ er seine Rolle ablaufen. »Laß dir erklären ...«

»Erklären? Was? Eine Ehe erklären?! Du hast sie geheiratet. Das ist ein Tatbestand, wie eine Geburt, wie der Tod, wie eine Lüge, wie ein totoperiertes Mädchen.«

Bornholm spürte es heiß unter seinen weißen Haaren werden. Mit ein paar Schritten kam er an den Tisch heran und stützte beide Hände darauf. Weit vorgebeugt sah er Erika ins Gesicht.

»Ich mußte sie heiraten, Erika! Nur so erhielt ich außer der Reihe meine Professur. Du weißt, welchen Einfluß der alte Rahtenau in akademischen Kreisen hat! Jetzt habe ich eine eigene Klinik, eigene Labors ... jetzt habe ich es erreicht. Und ich warte nur, bis du entlassen bist ... dann werde ich mich sofort scheiden lassen und dich heiraten! Der dann folgende kleine Skandal ist unbedeutender als ... na, du weißt, was ich meine.«

»Du lügst!«

Erika sagte es ganz klar und nüchtern. Ohne Leidenschaft, ohne Anklage. Bornholm nagte an der Unterlippe.

»Wie kannst du so etwas sagen, Liebes? Du weißt, daß ich dir ewig dankbar sein muß! Und ich werde dir diesen Dank abtragen. Alles, was bisher geschehen ist, war ja nur ein Übergang ... das Leben beginnt erst, wenn du entlassen bist.«

»Wie kann man so heucheln?«

»Erika!« Bornholm setzte sich schwer. Er sah zu ihr hinauf. Ihre Augen waren kalt. Nie hatte er sie so gesehen, so leblos, ohne Gefühl. »Ich kann verstehen, daß du verbittert bist«, fuhr er fort. »Über ein Jahr hinter diesen schrecklichen Mauern, die Nachricht meiner Heirat mit Petra ... es ist zuviel für dich gewesen. Darum bin ich gekommen. Du sollst wieder Mut haben. Du sollst an unsere Zukunft glauben.«

»Das werde ich.« Sie blickte auf ihn hinunter, auf das kantige männliche Gesicht, die weißdurchsetzten Haare, die grauen Augen. Und je mehr sie ihn ansah, um so kälter wurde es in ihr. »Ich habe eine Zukunft ... aber allein! Ich habe die Wahrheit gesagt.«

Durch Bornholm fuhr ein gewaltiger Schlag. Er drückte ihn vom Stuhl hoch und ergriff seinen Körper wie ein Schütteln.

»Du hast ...« Seine Stimme ertrank in Heiserkeit. »Du hast mich verraten ... Erika ... du hast ...«

»Ich habe alles gesagt!«

»Bist du irrsinnig, Erika?« Es war ein Flüstern. Sein Gesicht war leichenblaß geworden. »Willst du alles vernichten?«

»Nicht alles. Nur dich.«

»Du bist wirklich verrückt!« Seine Stimme gewann wieder Kraft. Das ist es, dachte er rasend schnell. Verrückt ist sie! Haftpsychose! Ich werde drei namhafte Psychiater konsultieren. Sie werden die Unzurechnungsfähigkeit Erikas bescheinigen. Wenn es mir gelingt, sie als Schizophrene hinzustellen, wird ihre Aussage für alle Zeiten wertlos sein.

Der Gedanke an diese Möglichkeit, an diese Flucht in die letzte und größte Gemeinheit, machte ihn wieder sicher. Er versuchte sogar, zu lächeln.

»Man wird dir nicht glauben«, sagte er langsam.

»Man wird es!«

»Hast du Beweise? Eid wird gegen Eid stehen!«

»Wie gemein du bist!« sagte sie ruhig und leidenschaftslos. Sie kam auf Bornholm zu, beugte sich zu ihm über den Tisch, sah ihn groß an, dann holte sie mit der rechten Hand weit aus und schlug mitten hinein in das perfide lächelnde Gesicht.

»Darauf habe ich über ein Jahr gewartet«, sagte Erika, als sie sich wieder aufrichtete. »Und nun geht alles seinen Lauf.«

Sie wandte sich um und ging zur Tür. Bornholm war aufgesprungen. Er hatte beide Arme nach ihr ausgestreckt. Ihr Schlag brannte auf seiner Wange und färbte die Haut mit einem roten Fleck. Noch einmal versuchte er, etwas in ihr anzurühren, was längst gestorben war. Er wollte aus erloschener Asche einen Funken blasen.

»Haben wir uns nicht geliebt?« rief er. »Erika – man kann das doch nicht vergessen –«

»Du hast uns alle verraten und mißbraucht, um deiner Karriere willen. Petra, Helga Herwarth, mich, den alten Rahtenau und wer weiß, wen noch alles. Du hattest kein anderes Ziel als deinen Aufstieg ... und wer dir den Weg ebnen konnte, der wurde benutzt und weggeworfen, und wer dir im Weg stand, wurde niedergewalzt und diente dir als Straßendecke auf dem Weg zum Erfolg. Du kanntest weder Liebe noch Dankbarkeit, du bist zu überhaupt keiner Regung fähig als zu der: Empor! Empor! So wie eine gute Maschine zum Antrieb elektrischen Strom und Öl braucht, so brauchst du auf deinem Weg die Menschen.«

»Du bist irrsinnig!« schrie Professor Bornholm schrill.

Erika antwortete nicht mehr. Sie öffnete die Tür und ging aus dem Sprechzimmer. Im Nebenraum sah sie Dr. Rumholtz groß an, der neben einem Tonbandgerät saß. Langsam drehte sich die Spule.

»Ich kann nicht mehr«, sagte Erika leise.

Sie sackte zusammen, als sei sie ohne Knochen. Dr. Rumholtz trug sie zu einem Sofa und legte sie vorsichtig hin.

»Du hast dich wunderbar gehalten, Erika«, sagte er leise und streichelte ihr Gesicht. Er konnte es wagen, so zu sprechen, denn Erika war ohnmächtig geworden.

Mit schnellen Schritten verließ Professor Dr. Bornholm an der Seite der Oberaufseherin das Zuchthaus. Er sah verbissen aus, gefährlich erregt. Als das große eiserne Tor hinter ihm zuschlug, zuckte er zusammen und drehte sich um.

Ich werde sie für irr erklären lassen, dachte er wieder. Das ist die endgültige Sicherheit.

Er winkte seinem Wagen zu, der an der Ecke parkte. Ein Fahrer aus der Klinik steuerte ihn.

»Zu Professor Berrenrath!« sagte er, als er einstieg. »Aber halten Sie vorher am nächsten Telefonhäuschen ... ich muß mich anmelden.«

Im gleichen Augenblick spulte Dr. Rumholtz das Tonband zurück. Der Zuchthausdirektor und Kriminalkommissar Theo Flekken, die in einem anderen Zimmer gewartet hatten, sahen auf das zurücksurrende Band.

»Haben Sie alles drauf, Doktor?« fragte Flecken.

»Alles! Wir haben sein Geständnis!«

»Ganz wohl ist mir nicht dabei.« Kommissar Flecken drückte auf die Taste ›Wiedergabe‹. Man hörte das Zuklappen einer Tür. Bornholm betrat das Sprechzimmer. Ein Räuspern, Schritte, das Aufklinken des Fensters. »Ich glaube nicht, daß das Gericht dieses Tonband zuläßt ... es wurde heimlich aufgenommen!«

»Dann bleibt uns immer noch die Aussage der Schwester Lutetia ...«

»Auch damit werden wir es schwerhaben!« Kommissar Flecken hörte auf die beiden Stimmen, die aus dem Lautsprecher des Tonbandgerätes kamen. »Wir dürfen — wenn wir nicht danach gefragt werden — nie sagen, daß es die Aussage einer Sterbenden war.«

»Und was wird nun geschehen?« fragte Dr. Rumholtz. Er beugte sich über Erika. Sie bewegte sich und seufzte leise.

»Das ist Sache der Staatsanwaltschaft. Um eine Wiederaufnahme wird man nicht herum können. Aber es wird ein sehr schweres Ringen geben ... und unsere Position ist durchaus nicht so sicher, wie sie aussieht ...«

Mit der Tatkraft der Verzweiflung stürzte sich Professor Bornholm auf seinen Plan, Erika noch vor Beginn eines neuen Prozesses auszuschalten.

Er hatte nach seiner ersten, informatorischen Aussprache mit Professor Berrenrath erfahren, daß es gar nicht so leicht war, das Zeugnis der Schizophrenie auszustellen. Eine Fülle von Beobachtungen mußte gemacht werden, ehe man die große Verantwortung unternahm, einen Menschen endgültig aus der menschlichen Gesellschaft zu entfernen.

»Was Sie mir da schildern, Herr Kollege«, sagte Professor Berrenrath nachdenklich, »sind wirklich sehr zum Nachdenken stimmende Momente einer geistigen Verwirrung. Allerdings kann es alles andere sein als eine Persönlichkeitsspaltung. Es kann Haß sein, Rache, weiblicher Vernichtungswille ... das sind aber keine psychiatrischen Erkrankungen, sondern Charaktereigenschaften.«

»Ich würde vorschlagen, daß ein Gremium erfahrener Herren unter Ihrer Leitung, Herr Kollege, Fräulein Werner mit Erlaubnis der Staatsanwaltschaft untersucht. Ich glaube, Sie werden zu einem eindeutigen Schluß kommen! Stellen Sie sich vor ... sie widerruft ihr Geständnis nach fast eineinhalb Jahren und behauptet, ich hätte das Mädchen getötet. Dabei ist erwiesen, daß ich erst am nächsten Tag gegen 11 Uhr in die Klinik kam und das Geschehene vorfand. Die Schädigung meines Ansehens und des gesamten akademischen Standes, wenn es zu einem neuen Prozeß auf Grund dieser wahnwitzigen Aussage kommt, ist gar nicht abzusehen. Auch daran sollten wir denken. Die Öffentlichkeit hört und sieht ja mit! Es kann zu einer Vertrauenskrise gegenüber uns Ärzten kommen –«

Professor Berrenrath sah auf seine glimmende Zigarre. Sein langes Greisengesicht war sehr betroffen.

»Es ist wirklich ein großes Problem«, sagte er nachdenklich. »Ich werde mit einigen Herren und später mit der Staatsanwaltschaft darüber sprechen.«

Innerlich ein wenig wohler, aber noch nicht ganz zufrieden ließ sich Professor Bornholm in seine Klinik fahren.

Er besprach mit seinen Oberärzten den Operationsplan für den morgigen Tag, besuchte noch einmal die schweren Fälle, die er am Vormittag selbst operiert hatte, fuhr dann zurück in die Stadt und kaufte Petra ein goldenes, mit Rubinen besetztes Armband.

Den Abend verbrachte er mit ihr in der Oper. Glücklich saß Petra mit ihrem neuen Armband in der Loge und sah auf die Bühne, wo die Zigeunerin Azuzena die Herkunft des Troubadours erzählte. Bornholm saß zurückgelehnt im Sessel und starrte an die Logendecke. Jeder, der ihn sah, dachte, daß ihn die Verdische Musik völlig gefangen nehme. In Wahrheit dachte er nach, suchte neue Wege, den Kopf aus der Schlinge zu ziehen, und grübelte nach einer Möglichkeit, den Prozeß erst gar nicht beginnen zu lassen.

Hinauszögern, dachte er. Das ist eine alte und wirksame Taktik. Damit bringen die Sowjets die ganze Welt durcheinander und zerren an den Nerven. Zeit gewinnen ... das ist es. In dieser Zeit kann vieles geschehen, was man vorher nicht überblicken kann. Erika kann für nicht zurechnungsfähig erklärt werden, die Staatsanwaltschaft kann überzeugt werden, ein guter Anwalt kann vieles erreichen ... Was man braucht, ist Zeit ...

Die Hoffnung Bornholms ging nicht auf. Die Staatsanwaltschaft arbeitete schneller, als es Bornholm erwartet hatte.

Nach Prüfung der Aussage der Schwester Lutetia und nach Abhören des Tonbandes, das allerdings nicht als Beweismittel zugelassen würde, unternahm der Erste Staatsanwalt mit Weisung des Generalstaatsanwaltes, der vorsorglich gefragt wurde, keine Wiederaufnahme. Er ging massiver vor.

Er erhob Anklage gegen Professor Dr. Bornholm wegen Meineides, fahrlässiger Tötung nach § 218, Betrug und Erpressung.

Von einer Verhaftung wegen Verdunklungs- oder Fluchtgefahr sah er ab. Es gab nichts mehr zu verdunkeln.

Petra war allein zu Hause, als der Briefträger das Schreiben des Gerichtes mit Zustellungsurkunde ablieferte. Sie zögerte, den Brief zu öffnen, aber dann riß sie doch das Kuvert auf.

Unbeweglich las sie die ungeheuerliche Anklage. Sie begriff einfach nicht, wie es möglich war, so etwas zu schreiben. Was sie nicht wußte, und was ihr Bornholm verschwiegen hatte, waren die vorausgegangenen Untersuchungen und Verhöre, die Kommissar Flecken seit zwei Wochen in der Klinik mit Bornholm anstellte. Verhöre, die Bornholm wie eine Beleidigung hinnahm und die er immer wieder mit dem Hinweis auf die Unzurechnungsfähigkeit Erika Werners abbog.

»Ich verlange ein psychiatrisches Fachgutachten!« hatte er zuletzt gerufen. »Dieses Affentheater um Nichts mache ich nicht mehr mit!«

Auch die Anwälte, die Bornholm sich genommen hatte, rangen um die Zeit. Sie erhielten, wie Bornholm, an diesem Tage die Anklage und riefen sofort in der Klinik an.

Bornholm war nicht zu erreichen. Er operierte gerade. Er durfte nicht gestört werden.

So geschah es, daß Professor Bornholm zum Mittagessen nach Hause kam und das Haus verlassen vorfand. Nur das Hausmädchen saß verschüchtert in ihrem Zimmer. Es hatte die Kündigung bekommen.

»Was ist denn hier los?« rief Bornholm. »Wo ist meine Frau?«

»Bei dem Herrn Professor, ihrem Vater.«

»Und warum sitzen Sie herum?«

»Ich werde in einer Stunde abgeholt.«

»Abgeholt?!«

»Ja. Ich bin doch entlassen worden.«

»Entlassen? Ja, ist denn hier alles verrückt?« Bornholm schlug die Tür zu, rannte aus dem Haus zu seinem Wagen und fuhr in rasender Fahrt zur Villa seines Schwiegervaters.

Professor Rahtenau erwartete ihn bereits. Hoheitsvoll saß er hinter seinem Schreibtisch und erhob sich nicht, als Bornholm ins Zimmer stürmte.

»Was wird denn hier gespielt?!« rief er. »Darf ich um Aufklärung bitten?! Wo ist Petra?!«

Der alte Rahtenau sah verwundert auf seinen Schwiegersohn. »Man sollte annehmen, daß du jetzt weißt, worum es geht.«

»Kein Wort verstehe ich!«

»Ich bitte dich! Der Brief . . .«

»Welcher Brief?!«

»Petra hat ihn in Empfang genommen. Er liegt bei dir zu Hause. Bitte, rede mir nicht ein, daß du nicht wüßtest —«

»Ich habe keinen Brief gesehen! Was soll der Unsinn? Ich komme aus der Klinik und finde meinen Haushalt in der Auflösung begriffen. Das Mädchen ist gekündigt . . .«

». . . und Petra ist bereits auf dem Weg nach Italien.«

»Nach Italien?« Bornholm riß sich den Schlips auf. »Seid ihr denn alle verrückt?!« schrie er.

»Nicht ganz.« Professor Rahtenau suchte in einem Telefonverzeichnis eine Nummer, dann drehte er die Wählscheibe und hielt den Hörer Bornholm entgegen.

»Dein Anwalt! Hör dir an, was er sagt.«

Mit bleichem Gesicht legte Bornholm ein paar Minuten später den Hörer zurück. Professor Rahtenau räusperte sich.

»Nun?« sagte er.

»Diese Anklage ist purer Unsinn! Erika Werner ist schizophren. Professor Berrenrath wird es bezeugen! Ich kann beweisen —«

»Was kannst du beweisen?«

»Du glaubst doch nicht etwa auch«, stotterte Bornholm.

»Ich wage nicht daran zu denken. Auf jeden Fall halte ich es für besser, wenn Petra in Italien bleibt, bis der Prozeß zu Ende ist.«

»Du mißtraust mir?!« rief Bornholm.

Der alte Rahtenau nickte langsam. »Ja.«

»Dann bleibt mir nichts mehr zu sagen!« Bornholm rannte zur Tür zurück. Bevor er sie aufklinkte, wandte er sich noch einmal um. »Aber wenn der Prozeß die Haltlosigkeit aller Anklagen beweist, sprechen wir in einer anderen Sprache erneut miteinander!«

»Ich glaube es kaum.« Professor Rahtenau erhob sich schwer.

Wütend rannte Bornholm aus dem Haus. Im Auto beruhigte er sich etwas. Langsam fuhr er zur Stadt hinaus und parkte am Rand des Stadtwaldes, steckte sich eine Zigarette an und zwang sich, leidenschaftslos seine Situation zu durchdenken.

Er war jetzt allein. Petra war gegangen ... ob freiwillig oder unter dem Druck ihres Vaters, das war im Augenblick nicht wichtig. Seine Stellung als Chefarzt war gefestigt. Sein Ruf als Wissenschaftler war fest fundiert. Den Namen Bornholm kannte man in allen medizinischen Zentren. Was er sich einmal erträumt hatte, war Wahrheit geworden. Seine Karriere war glänzend verlaufen.

In diesem Stadium konnte man auf vieles verzichten, was einmal dringend notwendig gewesen war. Verzichten konnte man auch auf Professor Rahtenau. Er war alt geworden und jetzt nur noch ein Anhängsel, das man aus Pietät mit herumschleppte. Sein Einfluß war erschöpft. Auch auf Petra konnte man verzichten. Zwar war sie hübsch und jung, aber auch sie hatte ihre Aufgabe als Steigbügel zum Ruhm erfüllt. Sie konnte ihm jetzt nicht mehr geben als ihre Jugend und eine Liebe, die Bornholm nichts Neues mehr war.

Ein verzweifelter Gedanke setzte sich in ihm fest und nahm Gestalt an. Ein Gedanke, der eigentlich alle Probleme wegwischte, zumindest für ein paar Jahre. Was dann kam, mußte man eben abwarten.

Eine Scheidung von Petra. Abbruch aller Brücken zu Rahtenau. Ein neuer Besuch bei Erika Werner und Vorlage des Antrages auf Scheidung. Wenn sie dies sah, würde sie nicht mehr an seiner Liebe zweifeln und wiederum alles widerrufen, was sie gesagt hatte. Ihr Schweigen aber war Bornholms einzige Zukunft.

»Wenn mir dies gelingt!« sagte Bornholm vor sich hin. Er zerdrückte die Zigarette am Rand des Autoaschenbechers.

Er startete wieder, fuhr einen Halbkreis und kehrte in die Stadt zurück. Seine Rechtsanwälte warteten schon auf ihn im Sprechzimmer der Klinik. Sie hatten ziemlich betretene Gesichter, als Bornholm hereinkam.

»Aber meine Herren!« sagte er lachend. »Was betrübt Sie so? Diese Klage? Ist doch eine Dummheit! Lächerlich direkt. Aber etwas anderes erwarte ich von Ihnen ... eine schnelle und glatte Scheidung! Ich möchte mich von meiner Frau auf dem kürzesten Weg scheiden lassen!«

Während er aus seinem Wandschrank die Cognacflasche und drei Gläser holte, beobachtete er seine Rechtsanwälte.

Er hatte noch nie so viel Ratlosigkeit und Verblüffung auf einmal gesehen.

Wenn auch die Anklage erhoben worden war, so ließ der Erste Staatsanwalt doch keinen Zweifel offen, daß es eine ziemlich faule Sache war.

Dr. Plattner saß ganz offiziell dem väterlichen Freund in dessen

Büro gegenüber und hörte sich an, was die Anklagebehörde — diesmal amtlich — zu sagen hatte.

»Das Tonband ... Sie wissen, Herr Doktor —«

»Ich weiß.« Dr. Plattner nickte. »Schalten wir es als Beweismittel aus. Immerhin aber enthält es — zum Privatgebrauch gewissermaßen — das Geständnis Dr. Bornholms.«

»Ich darf es amtlich nicht zur Kenntnis nehmen!«

»Immerhin sitzt es im Hirn fest. Und wenn er leugnet und wieder schwört, wissen Sie, daß es ein Meineid ist.«

»Den ich ihm nicht beweisen kann!« Der Erste Staatsanwalt legte die Hand auf den Bogen Papier, auf den Plattner mit seinem Kugelschreiber die Aussage der Schwester Lutetia gemacht hatte.

»Das hier ist genauso ein faules Ei«, sagte der Staatsanwalt. »Die Schwester ist drei Stunden nach ihrer Aussage gestorben. Uns liegt ein Gutachten vor, daß sie seit vier Jahren an einer hochgradigen Cerebral-Sklerose litt. Sie wissen, wie das ein geschickter Anwalt auslegen kann!«

»Mist!« sagte Dr. Plattner ehrlich.

»Die Aussage kann null und nichtig werden, wenn man die gute tote Schwester Lutetia als verkalkte Greisin hinstellt, die Namen und Orte und Geschehnisse verwechselt —«

»Dazu sind ihre Ausführungen zu präzise. Es stimmen Ort, Uhrzeit, Personen ...«

»Und außerdem ist sie tot! — Dann haben wir das Zeugnis einer psychiatrischen Ärztegruppe unter Leitung von Professor Berrenrath, daß Erika Werner schizophren ist.«

»Was?« Dr. Plattner schnellte hoch. »Davon weiß ich ja noch gar nichts!« Er schlug mit der flachen Hand auf den Schreibtisch des Ersten Staatsanwaltes. »Das ist eine bodenlose Gemeinheit. Das ist ...«

»Ein Trumpf der Gegenseite, lieber Doktor. Sie sehen, man arbeitet mit allen Mitteln! Und ich befürchte, daß es solche Gegenbeweise sind, die das Gericht wiederum zu einem Freispruch Doktor Bornholms kommen lassen.«

»Der Plan Bruno Herwarths, der genau aufzeichnet, wie Bornholm in der fraglichen Nacht —«

Der Erste Staatsanwalt hob die Hand und schnitt Dr. Plattner das Wort ab.

»Eine Theorie, weiter nichts.«

»Sie deckt sich mit der Aussage der Schwester Lutetia, die den gleichen Weg beobachtet hat!«

»Gut. Das wäre ein Indiz! Aber was uns fehlt, wäre ein zweiter Augenzeuge.«

»Es gibt ihn nicht.«

»Leider! Oder vielleicht doch. An diese alte Schwester hat auch keiner gedacht. Und plötzlich war sie da. Vielleicht hat ein Kranker Bornholm gesehen. Es ist ja möglich, daß jemand in der Nacht am Fenster stand und Luft schöpfte oder von der Toilette kam und schnell mal hinaus in den Garten schaute und dabei Bornholm und das Mädchen sah.«

Dr. Plattner schüttelte verzweifelt den Kopf. »Das kann eine monatelange Ermittlungsarbeit bedeuten.«

»Wenn Sie Erfolg hat –«

»Und so lange sitzt Fräulein Werner noch im Zuchthaus. Kein Tag, keine Stunde kann ihr wiedergegeben werden.«

»Warum hat das dumme Luder bloß gestanden?!« rief der Erste Staatsanwalt wütend.

»Warum?« Dr. Plattner hob die Arme. »Wissen wir, was in einer Frau vorgeht, wenn sie liebt?«

Dr. Rumholtz war mehr als verblüfft, als der Zuchthausdirektor in Begleitung dreier Herren im Zuchthausrevier erschien und diese als drei bekannte Psychiater vorstellte.

»Herr Professor Berrenrath ist beauftragt, bei Erika Werner einige Untersuchungen vorzunehmen«, sagte der Oberregierungsrat.

»Psychiater?« Dr. Rumholtz drückte die Hände der drei Koryphäen und sah zu Professor Berrenrath hin. »Ich verstehe nicht ganz, warum –«

»Es liegt ein Antrag vor, dem die Staatsanwaltschaft stattgegeben hat.« Professor Berrenrath setzte sich und sah sich interessiert um. Es war das erstemal, daß er in einem Zuchthausrevier saß. Bisher hatten die Untersuchungen immer in der geschlossenen Abteilung seiner psychiatrischen Klinik und Heilanstalt stattgefunden. Seine Gerichtsgutachten waren bekannt wegen ihrer Klarheit und Prägnanz und ihrer sicheren Diagnose.

»Es ist ganz gut, wenn wir uns erst einmal unter uns unterhalten. Diese Erika Werner leidet unter Depressionen?«

»Ich wüßte nicht, wieso«, sagte Dr. Rumholtz. »Sie hat zwar einen Nervenschock erlitten –«

»Interessant!« Professor Berrenrath machte sich einige Notizen in einem rot eingebundenen großen Merkbuch. »Danach wollte sie nicht mehr leben. Nicht wahr?«

»Das ist psychologisch verständlich. Wenn man entdeckt, daß der Mann, für den man im Zuchthaus sitzt, ein Schwein ist ...«

»Nana!« Professor Berrenrath sah den jungen Arzt tadelnd an »Professor Bornholm ist über jeden Zweifel erhaben! Außerdem ist das nicht die richtige Ausdrucksweise unter Kollegen. Das darf ich Ihnen als der Ältere sagen.«

»Ich behalte meine Ansicht, Herr Professor!«

»Bitte!« Berrenrath zuckte mit den Schultern. »Was geschah nach diesem Nervenschock? Zeigte sie eine besonders auffällige Lethargie oder eine notorische Unruhe? Stellten Sie Veränderungen in der Sprechweise fest, unzusammenhängende Gedankengänge ...?«

»Wo hinaus wollen Sie eigentlich?« Dr. Rumholtz sah hinüber zu dem Zuchthausdirektor. Der hob bedauernd die Hände. »Will man Fräulein Werner für irr erklären?! Hat Bornholm, dieser Lump, das wirklich beantragt?! Er hat es ihr bei seinem letzten Besuch angedroht ... wir haben es alle gehört! Und Sie, Herr Professor, geben sich dazu her, als Gutachter —«

»Ich möchte die Kranke sehen!« sagte Berrenrath schroff. Er sagte nicht mehr: Die Strafgefangene oder Erika Werner ... er sagte klar: Die Kranke! Dr. Rumholtz merkte sofort den Unterschied.

»Erika Werner ist nicht krank!« sagte er laut.

»Diese Beurteilung bitte ich mir zu überlassen.«

Dr. Rumholtz biß sich auf die Lippen. Es hatte keinen Sinn, einen Skandal zu entfesseln. Er würde den kürzeren ziehen. Mit schnellen Schritten ging er voraus und riß die Tür zu dem kleinen Zuchthaus-OP auf. Professor Berrenrath und die anderen Herren folgten ihm.

Erika Werner stand am OP-Tisch. Friedel Bartnow, die Mörderin, lag ausgestreckt auf ihm, das genagelte Bein in einer Gipswanne. Sie drehte den Kopf zur Seite, als die Tür aufgerissen wurde und tippte mit der Hand Erika an.

»Du, Doktorin ... 'ne Seltenheit! Ein ganzer Schwarm Männer bei uns! Wenn dat die Helga Pilkowski wüßte! Die knabberte die Gitter an!«

»Ruhig liegen!« sagte Erika. Sie drehte sich nicht um. Nur ihr Kopf beugte sich tiefer über das Bein. Sie spürte, daß nichts Gutes in den OP gekommen war.

»Was macht sie denn da?« fragte Professor Berrenrath erstaunt. Er hatte eine Zuchthausinsassin in ihrer groben Anstaltskleidung erwartet und fand ein gepflegtes Mädchen in einem weißen Arztkittel vor.

»Sie assistiert mir, Herr Professor.« Dr. Rumholtz steckte die Hände in die Kitteltaschen. Er hatte die Fäuste geballt und man sollte es nicht sehen. »Mit höchster Erlaubnis übrigens. Fräulein Werner kontrolliert gerade einen komplizierten Knochenbruch, den sie vor drei Wochen mit einem Küntschernagel richtete.«

»Mit einem ...« Professor Berrenrath sah sich um. »Hier?«

»Ja, hier! So etwas bringen ja wohl auch nur Irre fertig.«

Professor Berrenrath schluckte diesen giftigen Vorwurf. Mit hochrotem Gesicht trat er an den OP-Tisch heran. Er war zwar

Psychiater und verstand überhaupt nichts von Knochenbrüchen, aber er tat so, als habe er nie etwas anderes getan, als Küntschernägel eingeschlagen.

Plötzlich zuckte sein Kopf hoch. Seine grauen Augen sahen Erika scharf an.

»Warum sind Sie hier?«

»Weil ich einen Lumpen liebte«, sagte Erika ruhig.

Professor Berrenrath nickte. Sein Gesicht wurde freundlicher. Haßpsychose, dachte er. Vom Manischen her kommende seelische Selbstverstümmelung.

»Sie fühlen sich unschuldig?«

»Ich bin es.«

»Was würden Sie tun, wenn man Sie jetzt freiließe und Ihnen sagte: Sie sind wirklich unschuldig?«

»Ich weiß es nicht ...«

»Das wissen Sie nicht?«

»Nein. Ich habe Angst vor dem lauten Leben da draußen. Hier ist es ruhig ... die Kranken, auch wenn sie Verbrecherinnen sind, sind dankbar für jede kleine Liebe, die man ihnen entgegenbringt. Und am Abend hat man sein kleines Zimmer mit dem vergitterten Fenster, und man weiß ... durch dieses Gitter kannst du nicht heraus ... aber auch niemand, nichts kann herein. Du bist irgendwie geborgen.«

Professor Berrenrath sah seine beiden Begleiter vieldeutig an. »Geborgen – nennen Sie das?!« sagte er gedehnt. »Allerdings, so kann man es auch auffassen. Sie wollen also vom Leben nichts mehr wissen?«

»Was nennen Sie Leben? Der Haß und Streit, die Mißgunst und das gegenseitige Betrügen, diese Kloake von Gemeinheit, um die sich vier Fünftel dessen dreht, was man Leben nennt?! Zählen Sie mir jetzt nicht die Schönheiten auf, die das Leben zu bieten hat ... sie wiegen ein Gramm gegen die Zentner des Ekelhaften, das wir mit uns herumschleppen!«

»Danke!«

Professor Berrenrath nickte wieder kurz und verließ den Zuchthaus-OP. Im Nebenzimmer nahm er die Brille ab und putzte sie umständlich. Der Zuchthausdirektor und Dr. Rumholtz standen wartend vor ihm.

»Ich muß sie vierzehn Tage in meiner psychiatrischen Klinik beobachten!« sagte er langsam. »Sie neigt zu manischen Handlungen als komplexe Reaktionen depressiver Schübe. Das muß ich beobachten, um ein klares Bild zu bekommen! Ich werde die Kranke für die Psychiatrie anfordern.«

Dr. Rumholtz straffte sich. »Ich werde das verhindern!« sagte er laut.

»Was fällt Ihnen ein?« Professor Berrenrath setzte seine Brille mit einem Ruck auf. Seine Hand zitterte dabei etwas vor beherrschter Erregung. »Sie bilden sich reichlich viel ein, junger Kollege! Im übrigen lehne ich es ab, mich weiter mit Ihnen zu unterhalten!«

Grußlos verließ er das Zuchthausrevier, gefolgt von dem Zuchthausdirektor.

Im OP lag die Mörderin Friedel Bartnow noch immer auf dem Tisch, den einen Arm unter den Nacken geschoben.

»Was war denn das für ein Heini?« fragte sie.

»Ein Psychiater.« Erika wusch sich die Hände. Sie hatte sich abgewendet, damit die Mörderin nicht die Tränen sah, die sich in ihre Augen drängten.

»Ach, einer aus der Klapsmühle? Was wollte der denn hier?!«

»Oh, nichts Besonderes.« Erika senkte tiefer den Kopf. »Er will nur der Gerechtigkeit zum Sieg verhelfen.«

Und plötzlich weinte sie. Sie konnte nicht anders.

Es wurde kein Sensationsprozeß. Die Zeitungen zeigten wenig Interesse. Ost-West-Verhandlungen, die Regierungsbildung, Unruhen in Algerien, ein Taifun in Japan mit 4000 Toten und 30 000 Obdachlosen — das alles war viel wichtiger als der Prozeß gegen einen Arzt, dessen Ruhm noch zuwenig Zeit gehabt hatte, aus den Fachkreisen in die Öffentlichkeit zu dringen. Außerdem würde Professor Bornholm sowieso freigesprochen werden. Mit Sensationen war nicht zu rechnen.

Rechtsanwalt Dr. Plattner hatte in den letzten Tagen vor dem Prozeß jeden Tag mit Erika Werner gesprochen. Immer wieder ging er mit ihr die Taktik durch, die sie anwenden sollte. Nicht auf Bornholm schimpfen. Zurückhaltend, aber sicher auftreten. Vor allem nicht die Nerven verlieren. Darauf würde Bornholm rechnen. Er würde versuchen, sie fertigzumachen. Um dem Gericht dann sagen zu können: Da seht ihr selbst — sie ist krank. Sie weiß nicht, was sie tut.

»Sie müssen ganz ruhig bleiben!« mahnte Dr. Plattner kurz vor dem Prozeßbeginn noch einmal. »Und wenn Bornholm noch so viel Gemeinheiten zum besten gibt, lächeln Sie. Das macht ihn unsicher, das lockt ihn aus der Reserve. Er wird alle Karten auf den Tisch legen! Also: immer lächeln!

Sie sagen zunächst nur, was im Protokoll steht: Ich bin unschuldig. Ich habe damals eine falsche Aussage gemacht, um Bornholm zu decken. Dann schildern Sie den Vorfall, wie er war. Nichts weiter! Er wird sagen: Lüge! Sie werden antworten: Es ist die Wahrheit! Dann wird er versuchen, Sie als Kranke hinzustellen, der man kein Wort glauben kann.«

»Und was dann?« fragte Erika kläglich. »Was sollen wir dagegen unternehmen?«

»Untersuchen lassen! Zur Beobachtung in eine Klinik einweisen lassen!« Dr. Plattner rieb sich die Hände. »Wenn seine Behauptung sich als falsch erwiesen hat, glaubt ihm das Gericht die anderen auch nicht mehr.«

»Sie sind so siegessicher«, Erika faltete die Hände, »und ich soll nach dem Zuchthaus nun auch noch in eine Nervenklinik? Mein Gott.«

Dr. Plattner stand auf: Hier war Mitleid nicht am Platz. Was Erika brauchte, war Klarheit.

»Sie vergessen, daß Sie sich das alles selbst eingebrockt haben«, sagte er hart. »Wenn Sie wieder herauswollen aus dem Sumpf, dann müssen Sie selbst auch etwas dazu tun. Ich bin nur Ihr Anwalt und kein Zauberer.«

Vergeblich hatte Bornholm versucht, noch einmal mit Erika zu sprechen. Dr. Rumholtz hatte jeden Besuch verboten. Aus Gesundheitsrücksichten. Einen Brief, den Bornholm darauf an Erika schrieb, übergab der Zuchthausdirektor der Staatsanwaltschaft. Da er nach Zustellung der Anklageschrift geschrieben war, konnte er als Beweismittel verwendet werden.

Bornholm wußte das, aber es störte ihn nicht. So hatte er wenigstens einen Trumpf in der Hand, den er im Prozeß noch ausspielen konnte. Vielleicht war es sogar besser, wenn Erika seine Trennung von Petra erst vor Gericht erfuhr. Um so sicherer mußte sie umfallen — vor allem, wenn er dann noch erklärte, er würde sie am Tag nach ihrer Entlassung heiraten ...

Lächelnd fuhr Bornholm um 9.45 Uhr vor dem Gericht vor. Seine Anwälte und Professor Berrenrath warteten auf dem Gang. Bornholm zog den Psychiater zur Seite. »Bleiben Sie dabei, Herr Kollege?« fragte er drängend.

Berrenrath sah auf: »Ich kann kein Gutachten abgeben. Dazu hätte ich Fräulein Werner über längere Zeit gut beobachten müssen. Bei unserem kurzen Gespräch hatte ich jedenfalls nicht den Eindruck, daß sie krank ist.«

Ärgerlich ließ Bornholm den Kollegen stehen und ging zu seinen Anwälten.

Auf einer Bank neben der Tür saßen die Zeugen. Bruno Herwarth, die Oberin mit drei Schwestern, Kriminalkommissar Theo Flecken, Dr. Rumholtz, die Oberaufseherin Katharina Pleuel, der Zuchthausdirektor. Sogar der Pfarrer, der Schwester Lutetia die Letzte Ölung gegeben hatte, war geladen. Er war zwar an sein Beichtgeheimnis gebunden, aber der Staatsanwalt wollte ihn etwas anderes fragen, worüber er Auskunft geben durfte.

Bornholm betrachtete die Zeugen verwundert. Aber dann begrüßte er die Oberin wie eine alte Freundin, nickte Flecken zu und sah über Plattner und Rumholtz hinweg, als ob sie gar nicht da wären.

Pünktlich um 10 Uhr wurde die Saaltür geöffnet. Sachverständige, Zeugen, Presse und Zuschauer betraten den kleinen Saal und wurden vom Justizwachtmeister auf ihre Plätze verteilt.

Als Bornholm eintrat, gefolgt von seinen Anwälten in ihren wallenden schwarzen Roben, saß Erika Werner schon neben der Aufseherin auf der Zeugenbank. Mit hoch erhobenem Kopf ging Dr. Bornholm an Erika Werner vorbei. Er sah nicht zur Seite. Er beachtete sie gar nicht.

Erika senkte den Kopf. Ihre Hände verkrampften sich in ihrem Schoß. Dr. Plattner, der neben ihr saß, beugte sich zu ihr hinüber.

»Ruhe!« flüsterte er. »Haltung, Mädchen! Das gehört alles zu seiner Taktik. Weichmachen will er Sie! Heben Sie den Kopf, lächeln Sie! Seien Sie freundlich! Vergessen Sie nicht: Ihr Lächeln erreicht mehr als tausend Worte!«

Gehorsam hob Erika den Kopf und lächelte.

Bornholm, der sie aus den Augenwinkeln beobachtete, biß sich auf die Lippen.

Durch die Tür an der Stirnwand des Raumes betrat das Gericht den Saal.

Der Prozeß begann.

Der Vorsitzende verlas den Eröffnungsbeschluß.

Erika Werner hörte kaum hin. Als sie mit den anderen Zeugen den Saal verlassen mußte, hielt sie den Kopf gesenkt. Schweigend wartete sie in dem kleinen Zimmer, bis im Saal die Anklageschrift verlesen und der Angeklagte zur Person vernommen worden war. Stumm ließ sie sich über den Gang führen, als der Staatsanwalt sie als erste Zeugin rufen ließ. Rumholtz und Plattner, die draußen auf der Bank warteten, nickten ihr freundlich zu. Sie bemerkte es kaum. Erst als sie allein vor dem Richtertisch stand, hob sie den Kopf und sah den Vorsitzenden an.

Ihre Aussage machte sie sachlich, als ob sie mit einem Kollegen einen Fall durchzusprechen hätte. Niemand sah ihr an, unter welch ungeheurer innerer Spannung sie stand.

Der ältere von Bornholms Verteidigern erhob sich.

»Fräulein Werner«, begann er in dem begütigenden Tonfall, in dem man mit Kranken und mit bockigen Kindern spricht, »Sie sind sich klar darüber, daß alles, was Sie jetzt gesagt haben, in direktem Gegensatz zu Ihren früheren Aussagen steht?«

Erika sah zum Vorsitzenden hin. Er nickte ihr zu. Sie mußte antworten.

»Ja«, sagte sie leise.

»Sie wurden damals auf Grund Ihrer eigenen Aussage verurteilt?« fragte er weiter.

»Ja«, bestätigte sie wieder.

»Sie haben diese Aussage seinerzeit gemacht, obwohl Sie wußten, daß Sie dafür ins Zuchthaus kommen würden?«

»Ja.«

»Sie haben nun das Gegenteil von dem behauptet, was Sie damals unter so erschwerenden Umständen gesagt haben. Stimmt das?«

»Ja«, antwortete Erika zögernd. Sie verstand nicht, worauf er hinauswollte, aber sie spürte die Gefahr.

»Wenn das Gericht Ihnen Ihre neue Aussage glaubt«, fragte der Anwalt weiter, »das bedeutet doch zugleich, daß Sie dann freigelassen werden?«

»Ich . . .«, stammelte sie.

»Beantworten Sie bitte meine Frage«, verlangte er kühl.

»Ich — ich glaube, ja.«

»Damals sagten Sie: Ich war es — obwohl Sie dafür ins Zuchthaus mußten. Heute sagen Sie: Er war es — weil Sie hoffen, dadurch frei zu werden, nicht wahr?«

Erika schwankte. Bevor sie etwas sagen konnte, sprang der Staatsanwalt auf.

»Ich erhebe Einspruch! Das war eine Suggestivfrage. Außerdem wird der Zeugin damit eine strafbare Handlung unterstellt.«

»Dem Einspruch wird stattgegeben«, entschied der Vorsitzende.

Der Verteidiger verneigte sich und nahm mit zufriedenem Gesicht Platz. Er hatte erreicht, was er wollte: die Zeugin verdächtig gemacht.

Sein Anwaltskollege stand auf. »Ist es wahr«, fragte er Erika, »daß Sie im Zuchthaus einen Nervenzusammenbruch erlitten haben, als Sie erfuhren, daß Professor Bornholm geheiratet hat?«

Erika nickte. Ihr Mund bewegte sich. Aber ihre Antwort war nicht zu hören.

»Bitte, sprechen Sie lauter«, forderte der Vorsitzende sie auf.

»Ja«, brachte sie schließlich heraus. Ihre Stimme war heiser vor Aufregung.

»Ist es wahr«, fragte der Verteidiger weiter, »daß Sie nach Ihrem Zusammenbruch längere Zeit in Lebensgefahr geschwebt haben?«

»Das ist wahr«, sagte Erika mühsam. In ihren Augen standen Tränen. Sie fühlte sich hilflos einer fremden, bösartigen Gewalt ausgeliefert.

»Ihr Zusammenbruch war also schwer? Sie haben sehr darunter gelitten, daß Professor Bornholm eine andere Frau geheiratet hat? Sie wollten nicht weiterleben?« feuerte er seine nächste Frage ab.

Erika antwortete nicht. Sie zitterte so sehr, daß ihr das Taschentuch aus der Hand fiel.

»Sagen Sie die Wahrheit?« forderte der Anwalt.

»Ja«, stöhnte sie.

»Und in dieser Stimmung«, sagte er langsam und deutlich, damit dem Gericht kein Wort verlorenging, »in dieser Verfassung haben Sie, die Zuchthäuslerin, Ihre neue Aussage gemacht, mit der Sie einen unserer angesehensten Ärzte vernichten wollen!«

Einen Augenblick herrschte Stille. Dann erfüllte ein Gewirr von Stimmen den Saal. Vergeblich verlangte der Vorsitzende Ruhe. Der Stoß hatte zu gut gesessen.

Bornholm sah, wie der Anwalt wieder vor ihm Platz nahm und ein zufriedenes Lächeln hinter der vorgehaltenen Hand verbarg. Jetzt, dachte er. Das ist der richtige Moment für meinen großen Auftritt. Jetzt kann der Staatsanwalt sich seine Anklageschrift an den Hut stecken.

Er sprang auf und hob die Arme. Seine Stimme übertönte den Lärm.

»Halt!«

Alle Gesichter wandten sich ihm zu. Es wurde still. Erwartungsvoll sahen ihn alle an. Sie schienen sich noch nicht der Tatsache bewußt zu sein, wie ungewöhnlich es war, daß ein Angeklagter so in den Ablauf des Prozesses eingriff.

»Halt!« rief er noch einmal, leiser diesmal. Dann wandte er sich dem Vorsitzenden zu und sagte höflich: »Ich habe eine wichtige Aussage zu machen. Darf ich?«

Der Vorsitzende warf dem Staatsanwalt einen fragenden Blick zu. Der nickte. Keine Einwände, hieß das. »Bitte.«

Bornholm lächelte gewinnend. Es war das Lächeln, mit dem er immer Erfolg gehabt hatte. Ein herzliches, gewinnendes Lächeln, das den ganzen Saal einschloß.

»Ich möchte sagen, daß mir das alles herzlich leid tut«, erklärte er. »Es tut mir leid, daß Sie alle irregeführt worden sind. Es tut mir leid, daß das Hohe Gericht in einer Sache bemüht worden ist, die eigentlich nur zwei Personen angeht: Fräulein Werner und mich. Vor allen Dingen aber tut mir leid, daß Fräulein Werner durch mich – durch meine Heirat so gelitten hat.«

Er machte eine höchst wirkungsvolle Kunstpause und fuhr dann fort: »Fräulein Werner hat die Aussage, die zu diesem Prozeß führte, nur gemacht, weil sie mich liebte. Sie liebt mich auch heute noch.« Er wies mit großer Geste auf Erika, die zitternd und völlig benommen plötzlich im Mittelpunkt aller Blicke stand. Hilflos senkte sie den Kopf. Es war niemand im Saal, der diese Geste nicht als Bestätigung für Bornholms Worte genommen hätte. Niemand außer dem Staatsanwalt, der den großen Auftritt des Angeklagten mit widerwilliger Bewunderung verfolgte.

Bornholm räusperte sich. Gehorsam wandten sich die Gesichter wieder ihm zu.

»Ich kann Fräulein Werner die Unannehmlichkeiten nicht verzeihen, die sie mir bereitet hat«, fuhr er fort. Wieder machte er eine Pause, um die Spannung noch zu steigern. Dann stieß er zu.

»Ich habe ihr nämlich nichts zu verzeihen. Soll ich ihr verzeihen, daß sie mich liebt? Soll ich ihr verzeihen, daß sie unglücklich war über meine Ehe mit Petra Rahtenau? Sie hatte ja recht. Meine Ehe war ein Irrtum. Meine Frau und ich – wir haben uns getrennt. Wir werden uns scheiden lassen. Fräulein Werner hatte recht. Ich habe ihr nichts zu verzeihen. Zu verzeihen hat ihr das Hohe Gericht, daß sie in einem Zustand vorübergehender Unzurechnungsfähigkeit, den auch mein Kollege Berrenrath, der berühmte Psychiater, für wahrscheinlich hält, eine solche Verwirrung gestiftet hat. Ich hoffe sehr, daß ihr daraus keine nachteiligen Folgen erwachsen werden.«

Er hob die Hand und unterband damit das leise Geräusch aufgeregt flüsternder Stimmen.

»Ich habe noch etwas zu sagen – hier in diesem Raum, der sonst andere Geständnisse gewöhnt ist. Ich habe endlich begriffen, daß es für mich nur eine Frau gibt.« Er beugte sich vor und sah Erika zwingend an.

»Erika – wenn du frei bist und wenn ich frei bin, dann bitte ich dich, meine Frau zu werden!«

Mit einem leisen Aufschrei schlug Erika Werner die Hände vors Gesicht.

Im Arztzimmer des Gerichtsgebäudes bemühten sich Dr. Rumholtz und der Gerichtsarzt, Erika Werner zu beruhigen.

»Laßt mich«, waren die einzigen Worte, die sie aus ihr herausbekamen.

»Der Schuft! Er hat sie völlig fertiggemacht!« stöhnte Rumholtz. »Wenn ich nur wüßte, was passiert ist.«

Er packte ihre Schultern. »Mädchen, Erika! Seien Sie doch vernünftig! Kollegin! Nehmen Sie sich zusammen! Was haben Sie denn?«

Ein neuer Tränenstrom war die Antwort.

Ratlos starrte er auf ihre zuckenden Schultern.

»So geht das nicht«, mahnte der Gefängnisarzt. »Wir müssen ihr eine Spritze geben.«

Die Injektion wirkte schnell. Erika wurde still. Ihre Schultern zuckten nicht mehr. Mit einem Seufzer streckte sie sich und schloß die Augen.

»Wie geht es unserer Patientin?« fragte eine Stimme von der Tür her.

Dr. Rumholtz wandte sich langsam um.

»Sie schläft«, antwortete er dem Staatsanwalt.

Dessen Finger trommelten nervös auf der Türklinke.

»Wie lange?« fragte er plötzlich.

Rumholtz sah den Gerichtsarzt an, der die Spritze noch in der Hand hielt. »Ich weiß nicht, wie stark ...«

»Zwei Stunden, würde ich sagen«, erklärte sein Kollege.

Der Staatsanwalt biß sich auf die Lippen. »Meine Herren, Sie haben da — wie soll ich sagen — etwas willkürlich in den Verlauf des Prozesses eingegriffen. Fräulein Werner ist meine wichtigste Zeugin. Jetzt werden wir wahrscheinlich die Verhandlung unterbrechen müssen.«

Rumholtz hob die Schultern.

»Das war leider nicht zu ändern. Wir sind als Ärzte für die Gesundheit der Zeugin verantwortlich, nicht für den Gang der Verhandlung.«

»Sicher, sicher«, der Staatsanwalt nickte, »das weiß ich. Aber Sie entschuldigen mich jetzt, bitte. Ich muß ...« Die Tür schloß sich hinter ihm und schnitt ihm das Wort ab.

Die beiden Ärzte sahen sich lächelnd an. Aber Rumholtz wurde schnell wieder ernst. So unrecht hatte der Staatsanwalt nicht. Wie sollte es jetzt weitergehen?

»Entschuldigen Sie«, sagte er und ging zur Tür. »Ich will mich wenigstens erkundigen, was eigentlich passiert ist. Ich komme gleich ...« Dann schnitt die Tür auch diesen Satz ab. Gleichmütig wandte sich der Gerichtsarzt wieder der Patientin zu. Er hatte es längst aufgegeben, sich über das Benehmen anderer Leute den Kopf zu zerbrechen.

Draußen auf dem Gang drängte Dr. Rumholtz sich zwischen diskutierenden Menschen durch, bis er Dr. Plattner fand. Er packte den Freund am Arm und zog ihn aus dem Gewühl heraus.

»Was ist denn los, um Gottes willen?«

»Das wollte ich dich fragen. Aber sie haben mich nicht ins Zimmer gelassen. Wie geht es Fräulein Werner?«

»Sie schläft. Wir haben ihr eine Beruhigungsspritze gegeben. Offenbar ein Schock. Wie ist das passiert? Ich denke, du hast sie auf alles vorbereitet?« fragte Rumholtz.

»Soviel ich gehört habe, hat Bornholm ihr drinnen eine Liebeserklärung gemacht. Er läßt sich scheiden und heiratet sie, hat er gesagt. Aktenkundig, vor Gericht ausgesagt — ein ungewöhnliches Geständnis auf jeden Fall«, berichtete Dr. Plattner, was Zuhörer ihm erzählt hatten.

»Und Erika?«

»Ist zusammengebrochen. Ich habe keine Ahnung, ob aus Verzweiflung über die Gemeinheit des Mannes, den sie einmal geliebt hat...«

»Oder weil sie ihre Aussage gegen ihn bereut, meinst du? Das kann ich nicht glauben.«

»Das willst du nicht glauben, nicht wahr? Weil du sie liebst. Aber wenn es nun doch stimmt? Wenn sie ihr zweites Geständnis auch widerruft und unser ganzes mühsam aufgebautes Kartenhaus zerschlägt? Wenn sie den Kerl in Wirklichkeit doch noch liebt?«

»Dann«, sagte Rumholtz langsam, »dann wäre ein gewisser Dr. Rumholtz ein Idiot. Ein Trottel, der sich in Zukunft darauf beschränken wird, gebrochene Arme zu schienen, was ihm der Zuchthausdirektor übrigens empfohlen hat...«

»Und ein gewisser Doktor Plattner, ein junger, aufstrebender Anwalt«, Plattner grinste spöttisch, »wird sich am besten um eine Anstellung im Staatsdienst bemühen. Vielleicht beim Finanzamt. Da hat er mit nüchternen Zahlen zu tun, nicht mit verliebten Frauen.«

»Mist!« sagte Rumholtz so laut, daß sich ein paar Leute nach ihm umdrehten. »Das darf doch nicht...«

Aber auch dieser Satz blieb unvollendet. Der Justizwachtmeister erschien in der Tür des Saales, räusperte sich vernehmlich und verkündete: »Die Verhandlung wird um 14 Uhr fortgesetzt.«

Dann trat er einen Schritt zurück und schloß mit beiden Armen die Flügel der Saaltür.

Professor Rahtenau ging unruhig in seinem Arbeitszimmer umher. Er nahm ein Aktenstück vom Schreibtisch, blätterte darin und warf es wieder hin. Dann ging er zum Schrank und betrachtete die Titel der Bücher, als sähe er sie zum erstenmal.

Schließlich ging er zum Panzerschrank. Der Schlüssel steckte. Rahtenau schloß auf. Mit zitternden Händen wühlte er in den Papieren. Dann hatte er das Blatt in der Hand, das er suchte. Ein handgeschriebener Brief ohne Anrede, aber mit Datum und mit der vollen Unterschrift: Helga Herwarth.

Der Brief, der monatelang wie eine Bombe in seinem Safe gelegen hatte. Der Brief, den zu vergessen er monatelang versucht hatte. Weil er das Glück seiner Tochter nicht gefährden wollte. Weil er selbst nach einer langen und ehrenvollen Laufbahn nicht abtreten wollte als Helfer eines Verbrechers.

Nein, wehrte sich Rahtenau gegen den eigenen Vorwurf. Alf Bornholm ist kein Mörder. Er ist ein gewissenloser kaltblütiger Schuft. Aber gemordet hat er nicht. Selbst wenn man ihm einen Mord zutrauen könnte — er ist zu schlau, um sein Opfer in die

Klinik zu bringen, wo es jederzeit entdeckt werden konnte. Auch Erika Werner — nein, einen Mord hätte sie nicht gedeckt. Auch nicht aus Liebe.

Aber spricht mich das frei? Entschuldigt die Liebe eines Vaters zu seiner einzigen Tochter alles? Gibt mir mein Ansehen ein Anrecht darauf, daß ich ein Verbrechen decke?

Stöhnend ließ der Professor sich in einen Sessel sinken. Noch einmal las er den Brief Helga Herwarths, so wie er ihn damals gelesen hatte. Aber diesmal kamen ihm die Sätze nicht unklar vor. Diesmal verwandelte sich jedes Wort des Briefes in eine Anklage gegen Bornholm — und gegen ihn selbst, gegen den berühmten Professor Rahtenau, der alles gewußt und der dennoch geschwiegen hatte, bis es zu spät war.

Zu spät? Der alte Mann sah auf die Uhr. Vor drei Stunden hatte der Prozeß gegen Bornholm angefangen. Vielleicht war es noch gar nicht zu spät? Vielleicht könnte seine Aussage noch rechtzeitig kommen, um alles zu klären, alles zu entscheiden?

Wie unter einem Zwang griff er zum Hörer und ließ sich mit dem Gerichtsgebäude verbinden.

Rumholtz und Plattner beugten sich über die schlafende Erika Werner.

»Ist sie okay?« fragte der junge Anwalt besorgt.

Dr. Rumholtz zog die Decke glatt.

»Ein Dummer kann mehr fragen, als zehn Weise beantworten können«, zitierte er. »Warte gefälligst, bis sie aufwacht. Ich bin kein Hellseher.«

Dr. Plattner wollte ihm eine heftige Antwort geben. Aber er hielt sie zurück.

»Schon gut, Peter«, sagte er besänftigend. »Entschuldige die dumme Frage. Ich verstehe ja, daß du Angst um deine Erika hast. Aber du mußt auch begreifen, wie mies mir zumute ist. Du weißt, wie ich mich für eure Sache eingesetzt habe. Wenn Bornholm jetzt freigesprochen wird, dann wird er mich wahrscheinlich verklagen. Du weißt, was das bedeutet.«

Dr. Rumholtz schüttelte den Kopf. »Verdammt noch mal, jetzt habe ich aber genug. Hör doch endlich auf mit deiner Schwarzmalerei! Ich wollte dich vorhin schon fragen: Weshalb, zum Teufel, meinst du denn, daß Bornholm freigesprochen werden könnte? Es sind doch noch mehr Zeugen da als Erika. Wir beide, Herwarth, der Kommissar, die Oberin, der Geistliche — zählen wir denn nicht?«

»Doch, schon. Aber wir alle zusammen wiegen nicht soviel wie deine Erika. Wenn sie ihr zweites Geständnis widerruft und das erste bestätigt, dann kann es sein, daß man uns nicht einmal mehr fragt. Bornholm und sein Verteidiger haben – nach allem, was ich erfahren konnte – ihre Chance glänzend genutzt. Den Erfolg«, er zeigte auf die Schlafende, »siehst du hier.«

Dr. Rumholtz nickte schweigend. Er lauschte auf Erikas gleichmäßige Atemzüge.

»Und jetzt?« fragte er schließlich.

Der junge Anwalt hob resignierend die Arme.

»Die Frage hast du dir selbst vorhin schon beantwortet: Wir müssen warten, bis sie aufwacht. Nach den Überraschungen, die wir schon mit ihr erlebt haben, wage ich keine Vorhersage.«

Rumholtz sah ihn fast flehend an.

»Aber es muß doch einen Weg geben. Wir können doch nicht einfach alles treiben lassen. Sie ist doch unschuldig. Glaubst du denn wenigstens selbst an sie, Hermann?«

»Natürlich. Ich bin nach wie vor überzeugt, daß Erika Werner unschuldig ist. Aber ich bin fast ebenso überzeugt: Wenn wir sie nachher wieder in den Gerichtssaal schleifen lassen, dann fällt sie uns zum zweitenmal um – und damit fällt die ganze Anklage gegen Bornholm.«

»Und du siehst keinen Ausweg? Gar keinen?« fragte Rumholtz verzweifelt.

»Auswege gibt es immer«, sagte Plattner mit einem Anflug seiner alten Leichtigkeit. »Man muß sie nur finden.«

»Mensch!« Rumholtz packte den Freund an den Schultern und schüttelte ihn. »Denke nach! Laß dir was einfallen! Hilf uns – hilf Erika!«

»Lieber Freund«, ein Lächeln huschte über Plattners Gesicht, »Gedanken sind keine Äpfel, und ich bin nicht der Baum, von dem du sie herunterschütteln kannst.«

Beschämt ließ Rumholtz die Hände sinken.

»Laß uns zusammen überlegen.« Plattners Stimme wurde lebhafter. »Erstens: Mit Erika Werner können wir nicht rechnen. Zweitens: Die anderen Zeugen reichen nicht aus. Aber mir ist eben eingefallen, daß es doch noch jemanden gibt, der etwas über Bornholm weiß. Einen Mann, der mir indirekt zu verstehen gegeben hat, daß er selbst an Bornholms Schuld glaubt. Ich vermute sogar, daß er recht konkrete Beweise in der Hand hat.«

Rumholtz blickte verständnislos.

»Ein angesehener Mann«, ergänzte der Anwalt. »Angesehener als Bornholm. Ich habe ihm auf den Kopf zugesagt, daß ich Bornholm für den Schuldigen halte. Seine Antwort darauf war: ›Sie verlangen von mir, daß ich das Glück meiner Tochter opfere.‹ Das war alles. Kein Leugnen, kein Hinauswurf. Nichts. Nur eine lahme Entschuldigung.«

»Professor Rahtenau«, sagte Rumholtz langsam.

»Richtig. Das wäre der Mann, der uns helfen könnte.«

»Aber er will doch nicht, sagst du selbst.«

»Ich habe nur gesagt: Er wollte damals nicht. Heute sieht es anders aus. Bornholm läßt sich scheiden. Das Glück von Rahtenaus Tochter — wenn es überhaupt ein Glück war — ist also ohnehin zerstört. Darauf braucht er keine Rücksicht mehr zu nehmen.«

»Aber sein eigener Ruf? Er ist doch erledigt, wenn er jetzt eingesteht, daß er die ganze Zeit gewußt hat, daß Bornholm ein Verbrecher ist.«

Plattner schüttelte lächelnd den Kopf.

»Du denkst schlecht von deinem großen Kollegen, nicht wahr? Kennst du ihn?«

»Nur dem Namen nach. Gesehen habe ich ihn nie.«

»Aber ich kenne ihn. Ich habe mit ihm gesprochen. Meiner Meinung nach ist er ein prächtiger alter Herr, der sein Leben lang anständig und verantwortungsbewußt gewesen ist und dem nur dieses einemal die Liebe zu seiner Tochter einen Streich gespielt hat.«

»Eine schöne Liebe, deretwegen andere unschuldig im Zuchthaus sitzen müssen!«

»Wir wollen nicht ungerecht sein, Peter. Ich würde mich wundern, wenn er jetzt nicht in seinem Zimmer herumrennt und bitter bereut, daß er nicht längst den Mund aufgemacht hat.«

Rumholtz fuhr herum. »Warum rufst du ihn nicht an?«

»Das hätte ich schon vor fünf Minuten getan, wenn du mich nicht immer mit deinen dummen Fragen aufhalten würdest«, sagte er und ging zur Tür.

Professor Bornholm saß mit seinen Anwälten im besten Speiserestaurant der Stadt.

»Sagen Sie, Herr Professor«, fragte der ältere der beiden Anwälte und zerteilte vorsichtig eine Forelle. »Sie haben mich nicht wenig erschreckt vorhin. Wir hatten die Glaubwürdigkeit der Zeugin erschüttert, da kamen Sie plötzlich und warfen alles über den Haufen. Gewiß, der Erfolg hat Ihnen recht gegeben. Aber das war doch«, er hüstelte, »ich möchte sagen: ein recht ungewöhnliches Vorgehen.«

»Mit dem ich Erfolg hatte, wie Sie richtig sagen.«

»Gewiß — aber wir sind immerhin Ihre Anwälte. Ich will Ihnen keine Vorschriften machen, Herr Professor, aber eigentlich geht das nicht. Sie haben uns bloßgestellt, meinen Kollegen und mich. Wir haben Ihre Verteidigung korrekt und — wie ich meine — auch erfolgreich geführt. Es tut mir leid, aber ich muß mich dagegen verwahren, daß Sie auf so — merkwürdige Weise Ihre Verteidigung selbst in die Hand nehmen.«

Bornholm lächelte siegessicher. »Aber das kann doch nicht Ihr Ernst sein. Gerade jetzt, wo wir so großartige Fortschritte gemacht haben, kommen Sie mit solchen Bedenken? Ich bitte Sie, Doktor, nehmen Sie Vernunft an. Wir haben den Sieg in der Tasche! In ein paar Wochen spricht niemand mehr davon, wie wir ihn errungen haben. Dann sind Sie beide obenauf. Dann sind Sie die erfolgreichen Verteidiger des unschuldig verfolgten Professors Bornholm — und Ihr dickes Honorar haben Sie außerdem in der Tasche!«

Der ältere Anwalt richtete sich steif auf. Aber bevor er etwas sagen konnte, legte sein Partner das Besteck mit einer heftigen Bewegung nieder.

»Ober, zahlen!« sagte er laut.

Bornholm sah ihn erstaunt an. »Was haben Sie denn plötzlich?« fragte er ironisch.

Der Anwalt beugte sich vor. »Das will ich Ihnen gern sagen, Herr Professor — und ich bin sicher, daß ich auch im Sinne meines Kollegen spreche. Ich habe gehört, was Sie vorhin zu Professor Berrenrath sagten. Sie haben von ihm verlangt, er solle eine falsche Aussage machen — als vereidigter Gutachter!«

»Das ist nicht wahr!«

»Das ist sehr wohl wahr«, entgegnete der Anwalt kühl. »Sie haben es anders ausgedrückt, aber im Endeffekt kam es auf das gleiche heraus. Außerdem habe ich Ihre Aussage gehört. Ich bin zu der Überzeugung gekommen: So handelt kein Unschuldiger.«

Bornholms Augen glühten. Sein Kinn schob sich eckig vor und gab seinem Gesicht den brutalen Ausdruck, den er gewöhnlich hinter seinem strahlenden Lächeln verbarg.

»Was wollen Sie damit sagen?« fragte er scharf.

»Die Frage dürften Sie sich selbst beantworten«, entgegnete der Anwalt ungerührt. Er zog einen Schein aus der Brieftasche und hielt ihn dem Kellner hin. »Ich bin kein Richter. Als Anwalt habe ich sowohl Unschuldige als auch Schuldige zu verteidigen. Nur eine Art von Leuten verteidige ich nicht: solche, die ihre eigenen Verteidiger lächerlich machen.«

Er erhob sich ruhig. Sein Partner folgte seinem Beispiel.

»Wir legen hiermit Ihre Verteidigung nieder, Herr Professor Bornholm. Guten Tag.«

Bornholm erwiderte die knappe Verbeugung nicht. Er starrte vor sich hin. Erst als der Kellner zum drittenmal »Herr Professor« sagte, sah er auf.

Vor ihm stand Professor Rahtenau.

»Du gestattest, daß ich mich setze«, sagte Professor Rahtenau mit Würde.

»Selbstverständlich.« Verwirrt wollte Bornholm aufspringen.

Aber der Kellner hatte dem alten Herrn den Stuhl schon zurechtgerückt. Rahtenau setzte sich.

»Ich habe das Gericht angerufen und mich nach dem Stand des Prozesses erkundigt«, begann er sofort. »Ich habe gehört, daß deine — Beredsamkeit wieder einmal einen Sieg errungen hat.«

Bornholm hörte ihm mit unbewegtem Gesicht zu. Nur seine Augen glänzten fieberhaft. Daß seine Anwälte, die er als bessere Diener angesehen hatte, seine Verteidigung niederlegten, hatte seinem Selbstbewußtsein einen schweren Stoß versetzt. Ganz abgesehen von dem Eindruck, den dieser Schritt auf das Gericht machen mußte. Er hätte Zeit gebraucht, um damit fertig zu werden. Um sich etwas auszudenken. Wie er den Anwälten gekränkte Eitelkeit vorwerfen könnte. Wie er sie anschwärzen konnte, bis er wieder als der schuldlos verfolgte Held dastand.

Aber er hatte keine Zeit. Rahtenau saß ihm gegenüber. Eine neue Gefahr. Größer als alle anderen vielleicht. Weshalb konnte der Alte nicht die Schnauze halten!

»Außerdem habe ich mit Doktor Plattner gesprochen«, fuhr Professor Rahtenau fort. »Er hat mir sehr eindringlich geschildert, welche menschlichen und moralischen Folgen deine — Handlungen bisher gehabt haben und in Zukunft noch haben werden.«

»Diese Verleumder! Ich werde . . .«

Rahtenau ließ ihn nicht ausreden.

»Dr. Plattner hat die Wahrheit gesagt.«

»Er hat gelogen!« schrie Bornholm. Seine Lippen zitterten. Rote Flecke erschienen auf seinen Wangen.

»Beherrsche dich«, befahl Rahtenau kalt. »Du bist hier nicht in deiner Klinik. Die Herren drüben am Fenstertisch hören sowieso schon recht interessiert zu.«

Bornholm ließ sich zurücksinken. Er öffnete und schloß die Hände in hilfloser Wut.

»Wenn du denkst, daß du mich hier in die Enge treiben kannst«, preßte er zwischen den Zähnen hervor, »dann irrst du dich. Ich weiß immer noch Mittel . . .«

»Niemand braucht dich in die Enge zu treiben«, sagte der alte Professor. »In diese Enge hast du dich ganz allein getrieben. Durch deine Handlungen, für die du auch ganz allein verantwortlich bist. Ich weiß«, er hob abwehrend die Hand, »bis vor ein paar Minuten hast du geglaubt, daß alles in Ordnung sei. Daß dir nichts passieren könne. Du hast gedacht, der Prozeß wäre schon gewonnen. Jetzt bist du überrascht und verwirrt. Aber spiele bitte vor mir nicht die gekränkte Unschuld. Denn ich weiß, daß du allein der Schuldige bist!«

»Fünf Minuten vor eins«, sagte Dr. Plattner. Unruhig streifte er die Armbanduhr ab und zog sie auf. »Ich werde langsam selbst nervös.«

Dr. Rumholtz wandte den Blick von der noch immer schlafenden Erika.

»Mit deiner Zuversicht scheint es aber auch nicht weit her zu sein, mein Lieber. Eben warst du noch ganz sicher, daß alles gutgeht, und jetzt zappelst du wieder herum.«

»Entschuldige, Peter.« Plattner schob die Uhr wieder übers Handgelenk. »Immerhin ist das mein erster großer Fall. Wenn ich nur wüßte . . .«

»Was?«

»Was Rahtenau jetzt zu Bornholm sagt.«

»Ich denke, du hast Vertrauen zu ihm?«

»Schon. Er hat sich nur so unklar ausgedrückt. Ich soll mir keine Sorgen machen, hat er gesagt. Er wird die Sache zu einem guten Ende bringen.«

Erika atmete tief und dehnte sich im Schlaf.

»Wacht sie nicht bald auf?« fragte der Anwalt.

Rumholtz nickte. »Wenn nicht, dann müssen wir sie wecken. Wir brauchen Zeit, um mit ihr zu reden. Ich . . .«

»Was ist los? Warum sprichst du nicht weiter?«

Rumholtz wandte sich langsam zu dem Freund um. »Wir brauchen uns nichts vorzumachen, Hermann. Im günstigsten Fall wird Erika völlig verwirrt sein – und im ungünstigsten«, seine Stimme wurde leise und hoffnungslos, »im ungünstigsten Fall wird sie ihre Aussage zurücknehmen, weil sie dem Schuft für alle Zeit verfallen ist.«

Hinter ihm knarrte das Bett. Er spürte die Bewegung in seinem Rücken wie eine körperliche Berührung.

»Reden Sie doch nicht solchen Unsinn«, sagte eine schwache Stimme hinter ihm.

»Rolle nicht die Augen und mach den Mund zu«, sagte Professor Rahtenau sachlich. »Du bietest den Kellnern sowieso schon ein Schauspiel, an das sie sich noch nach Jahren erinnern werden. Was bist du nur für ein Mensch? Erst eroberst du alle Herzen und faszinierst die Kollegen mit einer Theorie, deren praktische Anwendbarkeit zwar noch nicht erwiesen ist, die aber auf jeden Fall von wissenschaftlichem Wert ist – nebenbei begehst du ein Verbrechen und hältst es für ganz selbstverständlich, daß alle Welt dich vor der verdienten Strafe schützt – und jetzt, wo du durch deine eigene Schuld in Gefahr geraten bist, benimmst du dich wie ein Schurke in einem schlechten Stummfilm. Sei doch wenigstens jetzt ein Mann! Kannst du nicht wenigstens als Schuft Format haben, wenn du es schon als Mensch nicht hast?«

Bornholm biß die Zähne zusammen. Seine Schläfenadern traten hervor von der Anstrengung, mit der er sich beherrschte.

»Du hast recht«, sagte er heiser. »In einem Punkt hast du recht. Ich werde mich zusammennehmen. Aber in dem anderen Punkt hast du unrecht: Ich bin kein Verbrecher! Ich habe Helga Herwarth nicht getötet. Erika Werner sitzt nicht unschuldig im Zuchthaus. Sie war es. Sie hat Helga auf dem Gewissen. Denkst du denn, ich wäre so ungeschickt – bei einem so leichten Eingriff? Das ist doch lächerlich! Ich bin doch kein Stümper!«

Rahtenau schüttelte den Kopf. »Ich will mich nicht auf fachliche Diskussionen mit dir einlassen. Ich will auch nicht weiter darauf eingehen, daß du schon durch deine Ausdrucksweise und durch die Kälte, mit der du von der Toten sprichst, sehr wohl zeigst, wes Geistes Kind du bist. Mir geht es um etwas anderes, und ich bitte – hörst du, ich, der alte Rahtenau bitte dich, mir zuzuhören.«

Bornholm verzog spöttisch den Mund. Er fühlte sich wieder obenauf. Wenn der Alte bat – na schön. Wer bittet, hat keine Beweise, dachte er.

»Gut«, sagte er. »Ich verspreche dir, daß ich in Ruhe anhören werde, was du mir zu sagen hast. Aber mach schnell. In einer halben Stunde muß ich weg. Um 14 Uhr geht die Verhandlung weiter.«

»So lange brauche ich nicht.« Rahtenaus Gesicht war unbewegt. Nicht unfreundlich – eher traurig. Es war das Gesicht eines Mannes, der sich die Klarheit, zu der er sich durchgerungen hat, durch nichts und niemanden mehr streitig machen läßt.

»Zuerst eine Frage. Du glaubst, daß du den Prozeß schon gewonnen hast, nicht wahr?«

»Die Gerechtigkeit wird siegen«, erwiderte Bornholm und lächelte zynisch.

»Das wird sie«, bestätigte Rahtenau. »Aber anders, als du dir das vorstellst. Du kennst die Beweise nicht, die gegen dich vorliegen.«

»Die ...«, wollte Bornholm protestieren, aber diesmal beherrschte er sich. »Bitte, sprich nur weiter.«

»Du glaubst«, fuhr Rahtenau fort, »daß diese Beweise sich erschöpfen in dem Plan des Architekten Herwarth, den ich übrigens seit langem kenne und für richtig halte, in den Behauptungen der Herren Prattner und Rumholtz und im übrigen in der Aussage von Erika Werner, die du – deiner Meinung nach – ausgeschaltet hast. Du siehst, ich bin ganz gut unterrichtet.«

Bornholm nickte spöttisch.

»Was du nicht weißt«, fuhr der alte Professor fort, »ist, daß die Staatsanwaltschaft noch wesentlich bessere Beweise hat. Sie besitzt zum Beispiel ein Tonband, auf dem dein letztes Gespräch mit Erika Werner aufgenommen ist.«

Bornholm biß sich auf die Unterlippe. Sonst zeigte er keine Bewegung.

»Dieses Tonband«, fuhr Rahtenau fort, »ist noch nicht alles. Da ist noch eine Zeugin, die gesehen hat, wie du Helga Herwarth in die Klinik gebracht hast.«

Bornholm starrte ihn fassungslos an. Er brauchte Sekunden, bis er die Bedeutung dieses Satzes begriff.

»Das ist doch nicht möglich«, stöhnte er.

»Doch. Eine Ordensschwester. Ihre vor Zeugen unterschriebene Aussage liegt vor.«

Die Zigarette verglomm in Bornholms bewegungsloser Hand. Er spürte die Hitze nicht. Seine Gedanken drehten sich rasend im Kreis. Ohne Ziel, ohne Ausweg. Zum erstenmal war er wirklich ratlos. Keinen Augenblick dachte er daran, daß die Aussage vielleicht anzufechten war. Ihm war, als ob er es die ganze Zeit geahnt hätte. Irgendein Rest von Gewissen regte sich und triumphierte: Das mußte doch kommen!

Alle Angst, die er so lange unterdrückt hatte, wurde frei und konzentrierte sich auf diesen einen Punkt: Hier ist die schwache Stelle in meiner Verteidigung. Jetzt trifft ein, wovor ich mich die ganze Zeit über gefürchtet habe. Eine Ordensschwester! Kein Mensch wird an ihrer Aussage zweifeln. Warum mußte das jetzt noch passieren? Weshalb muß jetzt alles zusammenbrechen, was ich so geschickt aufgebaut habe? Warum?

»Das ist noch nicht alles«, hörte er Rahtenau sagen. Gewaltsam zwang er sich, zuzuhören. Die Worte kamen wie durch einen Vorhang.

»Wenn du nicht selbst weißt, was du zu tun hast, dann werde auch ich noch aussagen müssen. Als neuer Zeuge, der sich freiwillig meldet.«

Rahtenaus Stimme schwankte nicht. Sein Entschluß war gefaßt. Er sprach nur aus, was längst entschieden war.

»Dann werde ich diesen Brief hier«, er zog ein Papier aus der Brusttasche, »dem Gericht vorlegen. Nein, streck die Hand nicht danach aus. Ich gebe ihn dir nicht. Aber ich werde ihn dir vorlesen. Helga Herwarth schreibt hier, wenige Tage vor ihrem Tode:

›Alf ist der Vater meines Kindes, und jetzt stößt er mich weg. Ich habe seit Wochen nichts mehr von ihm gehört. Immer redet er sich heraus mit Arbeit, Vorträgen, Forschungen. Ich bin ganz verzweifelt. Neulich habe ich sogar gehört, daß er die Tochter seines Chefs heiraten will. Wenn das stimmt, dann gibt es einen

Skandal. Ich bin doch keine Dirne. Ich habe geglaubt, daß Alf mich wirklich liebt. Sonst wäre das alles nie geschehen ...‹

Bornholm verspürte keinen Schreck. Er war wie betäubt. Nicht einmal Angst hatte er mehr. Der Schock war zu schwer. Er überstieg die Möglichkeit, sich zu fürchten.

»Diesen Brief, an dessen Echtheit kein Zweifel besteht, werde ich dem Gericht übergeben, wenn es nötig sein sollte«, schloß Rahtenau mit Betonung.

Noch immer fühlte Bornholm nichts. Er wunderte sich selbst darüber, daß ihm eigentlich sogar leicht zumute war. Daß diese Erleichterung daher stammte, daß auf einmal der Zwang zum Lügen von ihm genommen war, begriff er nicht mehr.

Das Schweigen dauerte an. Es zerrte an Bornholms Nerven. Immer stärker wurde die Versuchung: Sag es! Sag ihm alles! Dann bist du es los. Dann ist Ruhe. Endlich Ruhe ... Mit trüben Augen starrte er Rahtenau an.

»Das wolltest du mir sagen?« fragte er tonlos.

»Ja. Das mußte ich dir sagen.«

Bornholm stand auf mit den steifen Bewegungen eines Roboters. Die Bewegung schien ihn zu beleben. Sein Blick wurde klarer.

»Es — es ist gut«, sagte er und wunderte sich darüber, daß seine Stimme so sachlich klang. »Du hast recht. Ich danke dir, daß du es mir gesagt hast. Es wäre furchtbar gewesen — in der Verhandlung.«

Er wandte sich ohne Gruß ab und ging mit schweren, allmählich schneller werdenden Schritten zur Tür.

Es klopfte. Ein Justizwachtmeister steckte den Kopf herein.

»Ich soll fragen, ob die Zeugin ... Wo ist denn unser Arzt?« unterbrach er sich und sah sich suchend um.

»Der Gerichtsarzt ist nicht hier«, erklärte Dr. Rumholtz. »Aber ich bin der Arzt der Zeugin.« Er warf Erika einen prüfenden Blick zu. Sie nickte. »Die Zeugin ist in der Lage, mit der Aussage fortzufahren«, ergänzte er.

»Danke. Ich wollte nur Bescheid sagen, daß in fünf Minuten die Verhandlung weitergeht. Die Kollegin hier draußen«, er wies mit dem Kopf nach hinten auf die Zuchthausaufseherin, »wartet schon, um die Zeugin 'reinzubringen.«

»Na, denn man los«, sagte Plattner, als die Tür sich wieder geschlossen hatte. Die beiden anderen blieben reglos stehen. »Was habt ihr denn auf einmal?« fragte er erstaunt.

Sie beachteten ihn nicht.

»He, ihr zwei!« rief er. »Es geht weiter!«

Statt zu antworten, ging Rumholtz auf Erika zu und legte ihr den Arm um die Schultern.

»Kopf hoch, Kollegin!« sagte er. »Nur ein paar Minuten, dann haben Sie es überstanden. Kommen Sie.«

Mit ernsten Gesichtern gingen sie hinaus. Plattner trottete hinterher. Draußen schloß sich ihnen die Aufseherin an. Schweigend ging der kleine Zug den Gang entlang.

Aber die Verhandlung wurde nicht wieder aufgenommen. Nach der Auseinandersetzung mit dem Klienten hatten sich die Rechtsanwälte geeinigt, die Vertretung Professor Dr. Bornholms niederzulegen. Das war eine kleine Sensation.

Das Gericht vertagte sich, bis Bornholm einen neuen Anwalt bestimmte. Es mußte in spätestens zwei Tagen geschehen.

»Eine Galgenfrist«, sagte Dr. Plattner zu Erika und Dr. Rumholtz. »Er ist in einem Teufelskreis geraten. Und er wird nicht mehr herauskommen ... Er mag wohl jetzt der einsamste Mann der Welt sein.«

Professor Bornholm stand vor seinem Wagen. Niemand sah ihm an, daß in und um ihn die Entscheidung gefallen war. Jetzt an der Schwelle des Unterganges, zeigte er eine Haltung, die einer besseren Sache würdig gewesen wäre.

Er stieg ein, fuhr schnell an und hinterließ eine verwehende Staubwolke.

Spät in der Nacht erreichte er sein Krankenhaus.

Der Nachtportier stürzte aus dem Glaskasten, als er den Wagen des Chefs vorfahren sah. Er hatte vor maßloser Verblüffung gar keine Zeit mehr gehabt, die Nachtwachen zu alarmieren. Das ärztliche Nacht-Team lag in den Betten und schlief. Sogar die Schwestern der Wachstation, auf der die Frischoperierten lagen, hatten sich hingelegt. Es war gegen 3 Uhr nachts. Die Zeit des toten Punktes bei allen Nachtwachen.

»Herr – Herr Professor«, stammelte der Nachtportier. »Ist etwas Besonders? Soll ich ...«

»Lassen Sie alles in Ruhe.« Bornholm klopfte dem verwirrten Mann auf die Schulter. »Ich weiß, daß alles im Hause pennt. Habe es früher ja selbst so gemacht! Wenn es drauf ankommt, sind sie ja doch alle da!« Er ging in die Halle der Klinik, sah auf das große Marienbild, das vom flackernden Schein des Lichtes wie ein Schemen an der Rückwand des unteren Flures tanzte, und wandte sich dann um.

»Ich möchte nicht gestört werden. Ich habe zu arbeiten.«

»Selbstverständlich, Herr Professor.«

»Was auch im Haus geschieht ... es macht alles das Nacht-Team. Ich bin gar nicht hier.«

»Ich verstehe! Der Herr Professor sind gar nicht im Haus.«

»Richtig.« Bornholm griff in die Tasche. Er holte eine volle Packung Zigaretten hervor und drückte sie dem Nachtportier in die Hand. Ehe sich dieser bedanken konnte, war Bornholm in den Fahrstuhl gestiegen und ließ sich nach oben fahren.

In den ersten Stock. Zum Operationstrakt.

Der Nachtportier rannte in seine Glaszelle zurück. Das alte Gesetz, Alarm zu geben, wenn der Chef im Haus war, durfte auch zu dieser Zeit nicht verletzt werden. Er drückte auf alle Knöpfe der Nachtwachezimmer und verkündete durch die Haussprechanlage den sich verschlafen meldenden Stimmen:

»Der Chef ist eben gekommen!«

»Mist!« Der Oberarzt III gähnte laut. »Wenn Chefs Langeweile haben. Danke Ihnen, Schmidt.«

Das Krankenhaus erwachte. Diskret, leise, unauffällig. Die Wachstationen waren besetzt mit lesenden Schwestern, im Ärztezimmer spielte das Nacht-Team einen müden Skat. In der Teeküche nebenan kochte Kaffeewasser. Wenn der Chef durchkam, war alles in Ordnung.

Aber Professor Bornholm kam nicht.

Vom Fahrstuhl war er durch die Milchglaspendeltür in den Operationstrakt gegangen. Hier brannten auf dem langen, gekachelten Flur nur drei kleine Notlämpchen. Die Türen standen offen, Vorbereitungsraum, aseptischer Saal ... Vorbereitungszimmer, septischer Saal ... Verbandszimmer ... Gipskammer ... OP-Apotheke ... Wäschekammer ... Ärztezimmer mit Röntgendiagnosekästen ... Schwesternzimmer ...

Unruhig ging Dr. Bornholm von Zimmer zu Zimmer. Überall drehte er das Licht an.

Ein Arzt, der vom Fenster der Wachstation hinübersehen konnte zum OP-Trakt, warf die Karten hin.

»Der Alte ist im OP und macht Festbeleuchtung! Was soll denn das?«

Der Oberarzt III hob die Schultern. »Will vielleicht kontrollieren, ob alle Birnen brennen ...«

Professor Bornholm hatte den OP-Trakt dreimal durchschritten. Es fiel ihm schwer, zu denken, daß diese Welt, in der er gelebt hatte, mit dem Beginn des neuen Morgens nicht mehr für ihn vorhanden war. Sein Untergang würde vollkommen sein. Aberkennung der Professur, Wegnahme des Chefarztpostens, Entzug der Approbation ... er würde ein Namenloser sein, wenn er morgen den Gerichtssaal verließ.

Bornholm ließ die Lichter brennen, fuhr mit dem Fahrstuhl zur Halle hinab und rief dem Portier zu:

»Ich komme gleich wieder.«

Dann fuhr er durch die schlafende Stadt zum Gericht und warf einen Brief in den großen Briefkasten. Eine halbe Stunde später war er wieder in seinem Krankenhaus.

Bornholm hatte die Türen zu den einzelnen Operationszimmern geschlossen. Im aseptischen Operationssaal hatte er den OP-Tisch langgeklappt, den Hocker herangezogen und seine Jacke darauf gelegt. In seinem weißen Operationsmantel und in weißen Leinenschuhen, so wie er seit Jahren an den geöffneten Leibern gestanden hatte, ging er hinüber zur OP-Apotheke, holte eine große Flasche Narkoseäther, schob einen Tropfapparat in den OP und füllte vorsichtig den Glasbehälter mit dem Narkoseäther. Mit dicken Mull-Lagen verschloß er darauf die Öffnung, schob den Apparat an den OP-Tisch, legte sich auf ihn und schob eine Narkosemarke über seine Nase.

Genau stellte er den Hahn auf die Maske ein, machte eine Tropfkontrolle, richtete ihn noch etwas aus und drehte dann den Tropfhahn wieder auf.

Lang ausgestreckt, ganz ruhig, mit geschlossenen Augen lag er auf dem OP-Tisch und wartete auf das Weggleiten aus dieser Welt.

Das Leben war schön, dachte er, verdammt schön ...

Dann holte er tief Atem ...

Es war gegen 4 Uhr morgens, als die Wachstation Alarm erhielt.

Ein schwerer Autounfall wurde eingeliefert. Zusammenstoß auf der Autobahn. Ein Toter, drei Schwerverletzte. Von der Autobahn war angerufen worden ... in zehn Minuten kamen die Krankenwagen.

»Alles vorbereiten zur Operation!« sagte Oberarzt III. »Wenn die Verletzten kommen, können sie sofort versorgt werden. Ich gehe zum Chef hoch ...« Er sah aus dem Fenster. Im OP-Trakt brannten noch die Lichter. »Vielleicht operiert er sogar mit. Jetzt bin ich fast froh, daß er da ist. Mit Unfall-Chirurgie hab' ich wenig Erfahrung!«

Er ging zum Fahrstuhl und fuhr nach oben. Der 2. Assistent holte unterdessen telefonisch die OP-Schwestern aus den Betten.

Fünf Minuten später gellte die Alarmglocke durch das ganze Haus. Schrill, in allen Stationen.

Großalarm! Die Ärzte rannten zum OP-Trakt. Plötzlich waren auch Schwestern da ... zehn ... fünfzehn ... mit verschlafenen Gesichtern ...

Im Eingang zum aseptischen OP stand wachsbleich der Oberarzt III.

Er trat zur Seite und gab den Blick frei.

Auf dem OP-Tisch lag Professor Bornholm. Neben ihm, auf

dem Boden zersplittert, die Tropfflasche in dem eisernen Gestell. Der Oberarzt hatte sie umgestoßen, als er durch die Ätherluft zum Fenster rannte und die großen Glasflügel aufstieß. Nun fegte der Wind durch den OP und ließ die weißen Haare Bornholms flattern.

»Beatmungsgerät!« schrie der 2. Assistent.

»Zu spät ...« Der Oberarzt senkte den Kopf. »Er ist seit einer halben Stunde schon ...«

Der zweite Verhandlungstag fand nicht statt.

Das Gericht hatte den Brief Bornholms mit seinem Geständnis und seiner Erklärung, daß er aus dem Leben scheiden würde, erhalten. Als der Vorsitzende entsetzt bei der Staatsanwaltschaft anrief, sagte er nichts Neues. Seit 4 Uhr morgens war der Polizeiapparat bereits angelaufen. Der Oberarzt hatte sofort den Vorfall gemeldet. Die Leiche war beschlagnahmt worden. Die Untersuchungen der Kriminalpolizei ergaben einen einwandfreien Selbstmord durch Äther.

Die Staatsanwaltschaft bereitete die Aufhebung aller Maßnahmen und den Antrag auf Freispruch in einem schnellen internen Revisionsverfahren ohne Verhandlung vor. Die Unschuld Erika Werners war erwiesen. Was jetzt kam, war nur noch ein Verwaltungsakt. Die sofortige Entlassung aus dem Zuchthaus wurde angeordnet. Jeder Tag länger erhöhte die Entschädigung, die Dr. Plattner einklagen wollte.

Dr. Rumholtz hatte es nach einer Rücksprache mit dem Zuchthausdirektor übernommen, Erika davon zu unterrichten. Noch wußte keiner von der veränderten Situation, noch wurde Erika als Zuchthäuslerin behandelt. Sie war am Abend eingeschlossen worden und wurde am Morgen von der Revierbeamtin geweckt. Sie zog ihre rauhe Anstaltskleidung an und darüber den weißen Arztkittel.

Dr. Rumholtz schnellte hoch, als sie in sein Zimmer kam.

»Wir haben zwei böse Furunkulosen«, sagte sie. »Eine müssen wir heute morgen noch schneiden.« Sie sah auf die Uhr an der Wand. »Wann beginnt der Prozeß? Wieder um 11 Uhr? Sollen wir gleich operieren?«

»Ich muß Ihnen etwas sagen, Erika.«

»Ist etwas geschehen?« fragte Erika leise.

»Ja.«

»Es wird nicht verhandelt?«

»Nein. Der Prozeß findet nicht mehr statt.«

»Aber ...«

»Erika. Ich ...« Dr. Rumholtz suchte nach Worten. Erika Werner kam ihm entgegen, unbewußt, als sie fragte:

»Bornholm hat gestanden ...«

»Ja. Er hat gestanden. Sie werden morgen schon entlassen werden. Als freier Mensch. Ich freue mich so für Sie, Erika.«

»Und Bornholm?«

»Bei ihm wird alles seinen vorgeschriebenen Gang gehen«, sagte Dr. Rumholtz ausweichend.

»Ich hätte nicht gedacht, daß er so kampflos aufgibt.«

»Wir haben das alle nicht erwartet ...« Dr. Rumholtz wandte sich den Krankengeschichten zu, die auf dem Tisch lagen. »Ihr letzter Tag im Zuchthauskrankenhaus, Erika. Gut. Operieren wir die Furunkulose. Im übrigen liegt in Block E ein Appendix. Noch nicht akut, aber ...«

»Nehmen wir ihn gleich mit.« Erika strich sich die Haare aus der Stirn. »Heute bin ich noch da ... morgen sind Sie ja wieder ...«, sie stockte und sprach es dann leise aus: »... wieder allein.«

Dr. Rumholtz wandte sich ab. Jetzt könnte ich ihr sagen, wie sehr ich sie liebe. Aber das Schicksal ist gemein. Der Tod Bornholms steht zwischen uns. Ehe sie es nicht weiß, kann ich nichts zu ihr sagen. Nicht der geringste Betrug soll zwischen uns sein.

»Es war eine schöne Zeit ... auch für unsere Kranken«, sagte er mit belegter Stimme. »Für die Zuchthäuslerinnen waren Sie so etwas wie ein Sonnenstrahl, der durch die Gitter schien. Die Mörderinnen und Diebinnen, die Dirnen und Betrügerinnen werden Sie vermissen ... vielleicht ebensosehr wie ihre Freiheit ...«

»Ich habe viel gelernt.« Erika sah an sich herunter, auf den blauen Leinenrock, die dicken Strümpfe, die flachen, geflickten Schuhe. »Ich habe mehr vom Menschen gelernt als in all den Studiensemestern und Klinikjahren. Dort hatten wir kranke Körper, manchmal nicht einmal das, sondern nur eine Krankheit und eine Nummer auf der Untersuchungsliste ... hier habe ich den kranken Menschen kennengelernt, den Menschen mit all seinen verborgenen Nöten und versteckten Sehnsüchten. Das war schön ... trotz allem. Ich werde vielleicht sogar ohne Gram zurückdenken können.«

»Das wäre schön.« Dr. Rumholtz schluckte. Er hatte plötzlich einen dicken Kloß im Hals. »Und wenn Sie in diese Gedanken auch mich ab und zu einbauen würden ...«

»Bestimmt, Peter ...« Es war das erstemal, daß sie seinen Vornamen nannte. Dr. Rumholtz ließ die Krankenblätter, die er in der Hand hielt, fallen und drehte sich herum.

»Erika«, sagte er leise.

»Bitte, Peter. Ich weiß seit Monaten, was Sie mir immer sagen wollen. Bitte, nicht jetzt. Erst will ich draußen die freie Luft einatmen ... ich will über eine Straße gehen, ohne die Angst, die Pleuel folgt mir ... ich will in einem Café sitzen und eine Torte essen ... in ein Geschäft gehen und mir Schuhe kaufen mit hohen, ganz hohen Absätzen ... und ein buntes Kleid, dünne, ganz dünne Strümpfe ... und Dauerwellen will ich haben und rote Nägel und rote Lippen ... und ... und alles, was es hier nicht gegeben hat ... zwei Jahre lang. Können Sie das verstehen? Und wenn ich dann weiß, wenn ich es fühle, sehe, begreife vor allem: Du bist ja frei! Du kannst ja tun, was du willst ... dann wollen wir uns wiedersehen. Ich verspreche es Ihnen, Peter.«

Dr. Rumholtz nickte. Seine Kehle war wie zugeschnürt. Er würgte an den Worten.

»Ich werde warten, Erika ... Und nun zu den Patienten. Zu Ihrer letzten Zuchthausvisite ...«

Am Morgen des nächsten Tages war alles geklärt.

Die Strafgefangene Erika Werner, Zuchthaus-Registriernummer 12 456, wurde wegen erwiesener Unschuld entlassen.

Aber noch immer hatte niemand Erika Werner gesagt, welche Tragödie sich im Bornholmschen Krankenhaus abgespielt hatte. Man wollte es ihr mitteilen, wenn sie aus dem Zuchthauskomplex hinaus war, zu Hause vielleicht, bei einer Tassee Kaffee. Dr. Plattner übernahm dafür die Verantwortung, nachdem Dr. Rumholtz bekannt hatte, daß es ihm unmöglich sei, Erika dies schonend beizubringen.

An diesem Vormittag war alles wieder wie bei der Einlieferung ins Zuchthaus ... nur auf dem umgekehrten Weg.

Dr. Rumholtz untersuchte Erika und schrieb den Entlassungsbefund. Dann kam sie ins Bad, wurde gebraust und gebadet. An der Seite der Pleuel, die wütend durch die Korridore stampfte, kam sie in die Kleiderkammer.

Nach den herzlichen Entlassungsworten des Zuchthausdirektors und der Aushändigung der Entlassungspapiere brachte Dr. Rumholtz Erika Werner durch alle Sperren hinaus zum Ausgangstor.

Dort stand bereits Dr. Plattner mit einem Wagen und schwenkte fröhlich seinen Hut.

Erika gab Dr. Rumholtz beide Hände.

»Auf Wiedersehen, Peter«, sagte sie gepreßt. »Es ist keine leere Rede.«

»Ich werde warten. Und viel, viel Glück im neuen Leben. Fahren Sie erst einmal in Urlaub, in die Berge, an die See ... genießen Sie die Freiheit.«

»Ich will's versuchen.«

Sie drehte sich schnell um und ging zu Dr. Plattner. Er riß die Wagentür auf, klopfte ihr auf die Schulter, winkte seinem Freund an der Zuchthauspforte zu und fuhr dann aus der Einfahrt hinaus auf die Straße.

»Wohin, Sie Engel?« fragte er fröhlich. »Ich habe da keine Erfahrung. Wohin will eine Frau zuerst, wenn sie aus dem Zuchthaus kommt? Zum Friseur? Ins Café? Zum Modesalon? Sie müssen mir helfen.«

»Zum nächsten Zeitungsstand ...«

Dr. Plattner umklammerte das Lenkrad. Die Fröhlichkeit war wie weggeblasen.

»An genau das habe ich nicht gedacht! Das hat auch Zeit. In der Politik ist nichts los ... im Schauspielhaus spielen sie den ›Lear‹ ... an der Rungestraße sind zwei Autos zusammengestoßen ...«

»Ich möchte eine Zeitung. Bitte.«

Dr. Plattner ergab sich in sein Schicksal. Er hielt den Wagen vor einem Zeitungsstand und ließ Erika aussteigen. Mit der Zeitung kam sie zurück, faltete sie auf und wollte die Lokalseite aufschlagen, als ihr von der Rückseite einige große Todesanzeigen entgegenschrien.

Professor Dr. med. Alf Bornholm ... Durch einen tragischen Unglücksfall ... Unverhofft, mitten aus schöpferischer Arbeit ... Wir verlieren einen weltweit anerkannten Wissenschaftler in ihm ... einen beliebten Kollegen ... unseren hochverehrten Chef ... meinen Schwiegersohn ...

»Er hat sich ...«, sagte Erika leise. Es war mehr ein Seufzer. Dr. Plattner nickte.

»Seit vierundzwanzig Stunden versuchte Peter, es Ihnen zu sagen. Er konnte es einfach nicht«, sagte Plattner. »Eines kann ich Ihnen sagen: Sie haben keinen Anteil an dieser Tragödie. Bornholm war zu tief in seiner Schuld verstrickt ... er sah einfach keinen Ausweg mehr. Ein Leben ohne die Sonne des Ruhmes gab es für ihn nicht ...«

»Ich weiß.« Erika legte die Hände vor ihr Gesicht. »Fahren Sie mich zurück«, sagte sie kaum hörbar.

»Wohin?« Dr. Plattner atmete tief.

»Zurück zum Zuchthaus.«

»Aber —«

»Bitte.«

Widerspruchslos wendete Dr. Plattner den Wagen und fuhr langsam den kurzen Weg zurück. Als sie in die Einfahrt einbogen, stand Dr. Rumholtz noch immer im Tor, als habe er die Rückkehr vorausgesehen.

Er kam Erika entgegen, zog sie aus dem Wagen, wortlos, schlug die Tür wieder zu und nickte Dr. Plattner zu. Dieser zögerte einen

Augenblick, dann fuhr er schnell an und verschwand um die nächste Straßenecke.

»Ich möchte bei dir bleiben«, sagte Erika und legte den Kopf an Dr. Rumholtz' Schulter. »Was soll ich allein in dieser Welt? Ich habe plötzlich Angst, so allein zu sein.«

»Komm«, sagte er. Er legte den Arm um die Schulter und ging mit ihr zurück zum Zuchthaustor. Dort aber stand ein Beamter und hob die Hand.

»Wohin? Zurück ins Zuchthaus? Das geht nicht! Ohne Einweisung?! Wo kämen wir hin, wenn alle ins Zuchthaus wollten?! Sie sind entlassen worden und müssen draußen bleiben!«

»Fräulein Dr. Werner kommt privat zu mir. Als meine zukünftige Frau.«

»Privatbesuche im Zuchthausbereich müssen gemeldet werden. Ich muß mit dem Herrn Direktor sprechen.«

Hand in Hand saßen sie im Zimmer der Hauptwache und warteten auf die Erlaubnis, zurück ins Zuchthaus zu dürfen. Der Direktor kam selbst, aufgeregt, ungläubig und führte sie in sein Zimmer.

»Was soll diese Komödie?!« rief er. »Eine Kompanie von Männern bemüht sich, Sie freizulassen, und Sie ...«

»Wir werden heiraten!« Dr. Rumholtz drückte Erika Werner an sich. »Und außerdem brauche ich wirklich dringend eine Assistentin für das Revier. Ich schaffe es nicht mehr allein.«

»Dafür ist keine Planstelle vorgesehen!«

»Dann muß sie geschaffen werden. Ich werde dem Ministerium einen Antrag einreichen.«

»Tun Sie das, Doktor.« Der Zuchthausdirektor seufzte. »Und da sagt man, das Leben sei langweilig.«

Acht Wochen später wurde Dr. Erika Werner außerplanmäßig als Assistentin dem Anstaltsarzt Dr. Rumholtz zugewiesen. Es geschah am gleichen Tage, an dem sie im Standesamt das Aufgebot bestellten.

Diesmal waren die Türen des Reviers mit Girlanden verziert, als Erika Werner zurück ins Zuchthaus kam, freiwillig, als Ärztin und Helferin, als Freundin der Ausgestoßenen und Hilfesuchenden. Als ein klein wenig Licht, das in die dunklen Abgründe der Seelen leuchtete.